Invitation to Software Architecture

소프트웨어 아키텍처로의 초대

- 소프트웨어 아키텍처 설계의 근본 원리들 -

강성원 저

도서출판 홍릉

저자소개

강성원

KAIST 전산학부 교수(2009 ~ 현재)

1982	서울대학교 사회과학대학 정치학사
1989	미국 Iowa 대학교 전산학 석사
1992	미국 Iowa 대학교 전산학 박사
1993 ~ 2001	KT 선임연구원
1995 ~ 1996	미국 국립표준기술연구소(NIST) 객원연구원
2001 ~ 2009	한국정보통신대학교 공학부 교수
2003 ~ 2014	미국 카네기멜론 대학교 소프트웨어공학석사(MSE) 프로그램 겸임교수
저서	강성원, 체계적인 소프트웨어 제품라인 개발, 홍릉과학출판사, 2017

소프트웨어 아키텍처로의 초대 제4판

Invitation to Software Architecture

2012년 10월 22일 초판 발행
2015년 5월 15일 개정판 발행
2018년 8월 30일 제3판 발행
2021년 6월 30일 제4판 발행

저 자: 강성원
발행인: 송 준
발행처: 도서출판 홍릉
주 소: 01093 서울시 강북구 인수봉로 50길 10

등 록: 1976년 10월 21일 제5-66호

전 화: 02-999-2274~5, 903-7037
팩 스: 02-905-6729
e-mail: hongpub@hongpub.co.kr
http://www.hongpub.co.kr
ISBN: 979-11-5600-870-5(93000)

정 가: 27,000원

Foreword

The basic idea of software architecture – that the structure of a complex system has a strong impact on its resulting properties – has been recognized since the earliest days of software engineering. In the 1970s and 1980s this intuition led to a rich dialog about ways to structure software systems and the emergence of fundamental principles of modularization, such as information hiding, module interconnection languages for describing the high-level structure of software, and tools for managing software configurations.

However, it wasn't until the 1990's that software architecture began to take hold as an identifiable discipline. At that time, the software engineering community realized that the collective experience from decades of system building could be mined to provide specific guidance on how to design systems from an architectural perspective. During that time – what some people have called the "golden age of software architecture" – a large number of fundamental architectural concepts emerged. These included taxonomies of architectural styles and patterns, ways to represent architectural requirements, languages for formalizing the description and documentation of software architectures, tools to assist software architects, principles for the creation of architectures in support of product lines, and techniques to assess how well a software architecture addresses its systemic requirements.

Since then software architecture has continued to mature as an engineering discipline. Today one can safely say that it has become an essential skill for any software engineer who hopes to develop or compose complex software systems, and an essential competency for any company or organization that creates systems that rely on software.

This book invites the reader to partake of this rich discipline through an understanding of its fundamental principles and the ways those principles can be applied to solve real problems. As such, it is both comprehensive and practical: it surveys the entire landscape of the field, while at the same time providing enough depth to understand how the essential concepts that underlie software architecture can be applied to real system design. This book represents an important and useful addition to the literature on software architecture and an excellent guide to the field for students who hope to understand what it means to become a software architect.

David Garlan
Carnegie-Mellon University

머리말

"인간의 이성은 본질적으로 아키텍처적(architectonic) 이다." [1] [2]

- Immanuel Kant (순수이성비판(Critique of Pure Reason) p. B502)

최근 우리의 생활과 비즈니스에서의 소프트웨어의 역할이 나날이 증대되면서, 소프트웨어의 기본적인 기능을 구현하는 능력을 넘어서 큰 규모의 소프트웨어를 만들고 나아가 사용자의 품질에 대한 높아진 기대를 충족시키는 능력은 소프트웨어 개발 경쟁력에 있어서 매우 중요한 요소가 되었다.

1990년경 이래 소프트웨어 아키텍처는 소프트웨어 시스템 개발에 있어서 필수불가결한 중요한 단계로 인식되면서 그 개념을 비롯하여, 구성요소,

---

1. "Human reason is by nature architectonic."
2. Merriam-Webster 사전에 따르면 'architectonic'은 "1) 아키텍처의 원리에 관한 혹은 일치하는; 2) 아키텍처적인 설계를 내포하는 조직화되고 통일된 구조를 가진"을 뜻한다. http://mw1.merriam-webster.com/dictionary/architectonic
'Architectonic'이라는 단어는 19세기 철학자 Kant가 사용한 용어로, 인간의 지식의 체계적인 구조 혹은 아키텍처를 나타낸다. Kant에 따르면 인간의 지식은 전부 하나의 가능한 체계에 속하고 철학의 목표는 철학적 성찰 자체를 포함하여 그 체계의 성격을 밝히는 것이다.
"Term associated with Kant, denoting the systematic structure or architecture of our knowledge. All our knowledge belongs to a possible system, and a goal of philosophy is to uncover the nature of the system, including the place in it that is occupied by philosophical reflection itself." - The Oxford Dictionary of Philosophy, by Simon Blackburn, Oxford University Press.

표현 언어, 설계방법, 분석과 평가 방법 등에 관한 많은 연구가 이루어졌다. 또한 최근 국내외에서 소프트웨어개발에 있어서 그 중요성에 대한 인식이 크게 높아졌다. 따라서 소프트웨어 회사나 일반 회사의 IT부서에 소프트웨어 아키텍트라는 직책이 속속 생기고 있다. 이는 기업의 경쟁력을 높이기 위해 소프트웨어가 중요할 뿐만 아니라, 소프트웨어를 잘 만들기 위해서는 아키텍처와 아키텍트가 중요하다는 것을 기업이 인식하였기 때문이다.

인류 역사에서 철을 잘 다루는 사람들이 철기시대를 지배하고, 기계를 잘 만드는 사람들이 산업혁명시대를 지배했던 것처럼, 소프트웨어 시대인 현대에는 소프트웨어를 잘 다루는 사람들이 앞으로 세상을 지배하게 된다고 하여도 과언이 아닐 것이다. 소프트웨어를 잘 다루는 데에는 아키텍처와 아키텍트의 역할이 핵심적이다. 소프트웨어 아키텍처는 큰 규모의 소프트웨어를 다루고 품질 좋은 소프트웨어를 만들 수 있도록 하여 주고, 아키텍트는 아키텍처를 설계하고 개발을 기술적으로 지휘하기 때문이다.

이 책은 독자를 소프트웨어 아키텍처의 세계로 인도하기 위한 책이다. 저자는 이 책을 통하여 일반 독자들은 소프트웨어와 소프트웨어 아키텍처가 무엇인지를 이해하고 나아가 소프트웨어 아키텍트의 꿈을 키우고, 소프트웨어 아키텍트는 더 높은 기량으로 소프트웨어 산업을 이끌 수 있기를 희망한다.

이 책의 제목은 피터 버거(Peter Berger: 1929~)의 저서 "사회학으로의 초대(Invitation to Sociology: A Humanistic Perspective)"[3]에서 가져왔다. 피터 버거의 저서가 일반인들에게 사회학을 소개하기 위한 책이었던 것처럼, 이 책도 소프트웨어 아키텍처가 무엇인지를 궁금해하는 일반독자를 위한 책이기 때문에 "소프트웨어 아키텍처로의 초대"라는 제목을 붙였다. 그러나 이 책은 소프트웨어 아키텍처에 대한 초보적인 내용을 설명하는데 그치지 않고, 소프트웨어 아키텍처의 전문가들도 기존의 문헌을 보면서 갖게

3. Peter L. Berger, *Invitation to Sociology: A Humanistic Perspective*, Doubleday, 1963.

되는 소프트웨어 아키텍처에 대한 많은 "왜"라는 질문에 답을 줄 수 있도록, 원리의 관점에서 소프트웨어 아키텍처를 소개한다. 소프트웨어 아키텍처의 주된 관심사가 아키텍처 설계이기 때문에 이를 위한 12개의 원칙들을 통하여 독자를 소프트웨어 아키텍처의 세계로 인도한다.

책 표지의 그림은 1854년 Gustave Doré 가 그린 "언어의 혼란(The Confusion of Tongues)"이다. 바벨탑은 높은 곳에 이르려는 인간의 욕망을 나타낸다. 이는 보다 더 고도화된 문명을 만들어가려는 인류의 노력을 나타내며, 최근 소프트웨어는 인류문명을 형성하는데 큰 부분을 차지하게 되었다. 바벨탑의 신화는 원대한 인간의 노력이 "언어의 혼란"으로 인하여 덧없이 수포로 돌아간다는 것을 알려주면서 협동에 있어서 언어의 중요성을 상징적으로 보여준다. 소프트웨어 아키텍처도 크고 복잡하여 우리에게 도전을 주는 소프트웨어를 구축하는데 있어서, 협력을 가능하게 하는 공동의 언어를 만들고자 하는 노력이다. 따라서 규모와 복잡도를 다루는 원리뿐만 아니라, 소프트웨어 아키텍처가 공동의 언어가 될 수 있도록 하는 방법들도 이 책의 중요한 내용이다.

이 책은 총 4부로 구성되며, 각 부의 내용은 다음과 같다:

제 I부 소프트웨어 아키텍처 개요 – 소프트웨어 아키텍처의 개념과 중요성을 설명하고, 제 II부에서 상세히 논의하게 될 아키텍처 설계 원리들의 역할을 아키텍처 설계 공정의 관점에서 설명한다.

제 II부 소프트웨어 아키텍처 설계의 근본 원리들 – 소프트웨어 아키텍처 설계에 기본이 되는 12개의 원리에 대하여 상세히 설명한다.

제 III부 소프트웨어 아키텍처 설계 문서화 – 제 II부에서 제시한 12개의 소프트웨어 아키텍처 설계 원리들을 적용한 설계 문서화 방법을 제시하고, 그 적용 사례를 살펴본다. 이를 위하여 먼저 이 책이 권고하는 아키텍처 설계 문서 템플릿을 제시하고, 이 책에서 고려하는 아키텍처 뷰들에 대한 기술언어들을 예시적으로 보여주고, 이들을 준수한 아키텍처 설계 문서화 사례를 제시한다.

제 IV부 좋은 아키텍처 설계를 위하여 – 여기서는 제 II부에서 소개한 아키텍처 설계의 12개 원리나 제 III부의 아키텍처 문서화 이외에, 좋은 아키텍처 설계를 위하여 더 알아야 할 기술과 지식이 무엇이 있는지 살펴보고, 이에 대한 상세한 내용을 어디에서 더 찾아볼 수 있는지 알아본다. 끝으로 소프트웨어 아키텍처 연구가 앞으로 해결해야 할 어떤 문제들이 있는지 알아본다.

이 책은 다음과 같은 특징을 가진다:

(1) 독자는 이 책을 통하여 소프트웨어 아키텍처 설계에 필요한 중요한 원리들을 접하게 되고, 소프트웨어 아키텍처 설계에 적용되는 공통적인 개념들과 근본원리를 이해할 수 있다.

(2) 이 책은 한편으로는 소프트웨어 아키텍트가 되기 위한 첫 걸음을 위한 책이면서, 다른 한편으로는 확고한 근본원리의 이해를 바탕으로 독자가 실무에서는 소프트웨어 아키텍처를 설계하고, 연구에서는 그 기술을 더욱 더 발전시켜나가는데 발판이 될 수 있는 책이다.

(3) 이 책은 소프트웨어 아키텍처의 핵심 내용만을 다루며, 소프트웨어 아키텍처와 관련된 상세한 내용들과 소프트웨어 아키텍트가 알아야 되는 많은 사항들을 세세히 다루지 않는다. 소프트웨어 아키텍처에 관한 꼭 필요한 지식을 독자가 쉽게 얻을 수 있도록 이 책은 아키텍처 설계의 필수적인 기술 측면에 초점을 맞춘다.

(4) 이 책은 소프트웨어 아키텍처 연구자들이 과거에 발견한 여러 가지 원리들도 담고 있다. 그러나 소프트웨어 아키텍처 지식들 가운데에는 아직도 명확하지 않아서 많은 사람들에게 혼란을 주는 것들도 있다. 이 책의 원리들은 그러한 이슈들에 대한 저자의 정리된 입장을 담고 있다.

소프트웨어 아키텍처의 연구자들이 지적해 온 것처럼 소프트웨어 아키텍처의 학문 분야는 과거의 눈부신 발전에도 불구하고 아직까지 의견일치(consensus)에 이르지 못한 여러 가지 개념들도 있다. 이러한 개념들에 대하여 저자는 이 책에서 저자 나름대로의 그러나 합리적인 근거가 있는 해석을 내린다. 그 해석에 대한 최종적인 판단은 독자에게 달려 있지만, 저자는 그러한 개념들을 '혼란'의 상태에 두어서는 안된다고 믿기 때문에, 저자의 일관성 있는 정리된 입장을 제시한다. 그 내용은 다음과 같다:

(1) **컴포넌트와 커넥터.** 이 두 개념이 갖는 단순성에도 불구하고, 다양한 뷰와 같이 결합하여 사용되면서 문헌 속에서 단순하지 않은 개념이 되었다. 이 책에서는 이 개념들의 근본적인 역할에서 출발한 정의를 내려, 다양한 문맥에서 모호성 없이 사용될 수 있도록 한다. 커넥션 컴포넌트라는 보조적인 개념을 사용하여 이 개념들 간의 관계를 명확히 한다. (제 II부 4장 참조)

(2) **아키텍처 설계문제 분석.** "아키텍처 설계문제 분석"의 개념은 연구자들 사이에 의견이 일치하지 않는 대상이라기 보다는, 많은 연구자들이 간과하고 있는 개념이다. 그러나 좋은 설계를 만들기 위하여 반드시 설계에 선행되어야 하는 활동이다. 아키텍처 문제 분석은 기존의 요구분석보다 한 발 더 나아간 "아키텍처 설계를 겨냥한 요구분석"을 지칭한다. 이 주제는 지식체계가 아직 잘 확립된 상태가 아니므로, 이 책에서는 아키텍처 설계문제 분석을 위하여 좋은 발판이 되는 과거 연구를 소개한다. 그러나, 미래에는 소프트웨어 아키텍처 설계에서 아키텍처 설계문제 분석의 역할이 더 중요하게 인식되고 적용될 것이므로 이 책에서는 이를 하나의 아키텍처 설계 원리로 제시한다. (제 II부 3장 참조)

(3) **아키텍처 스타일과 아키텍처 패턴.** 이 두 개념은 많은 연구자들에 의하여 동일시 되기도 하고 구별되기도 하는데, 이 책에서는 서로 다른

개념으로 본다. 나아가 이들의 역할도 개발공정에서의 다른 단계에 있는 것으로 본다. 특히 아키텍처 스타일은 아키텍처 전체의 윤곽이 결정되는 초기 단계에서 사용되고, 아키텍처 패턴은 아키텍처의 기술적인 세부사항이 활발히 결정되는 단계에서 사용되는 개념으로 본다. (제 II부 5장, 9장 참조)

(4) **아키텍처 관점 체계.** 많은 연구자들에 의하여 다양한 아키텍처 관점 체계가 제시되었다. 이 책에서는 하나의 좋은 관점 체계가 모든 시스템 개발에 사용되어야 한다는 입장이 아니라, 적절한 관점 체계는 개발 대상 시스템에 따라 달라지고, 따라서 개발 대상에 따라 사용자가 적절한 관점체계를 선택해야 한다고 본다. (제 II부 6장 참조)

(5) **평가와 분석.** 이 두 개념은 많은 연구에서 뚜렷이 구별되지 않는 개념으로 보기도 하고, 상호 대치되는 개념으로 보기도 한다. 이 책에서는 분석은 설계의 부분으로 보고 평가는 설계결과를 대상으로 하는 서로 다른 개념으로 본다. (제 II부 11장, 12장 참조)

이 책은 각주를 많이 활용하여 비전문가는 각주 없이 내용을 이해하고, 전문가는 각주를 통하여 좀더 깊이 있는 이해를 할 수 있도록 하였다. 저자는 이 책에서 가능한 한 간결한 내용으로 소프트웨어 아키텍처 설계에 대한 핵심적인 내용을 전달하려고 하였다. 그러나 책 한 권에 소프트웨어 아키텍처에 관한 모든 것을 담을 수는 없다. 보다 더 전문적 내용을 찾아 보고, 다양한 다른 의견들을 참조할 수 있도록, 본문에서는 다루지 않았지만 생각해볼 사항들을 논의하기 위하여 각 장의 끝에 관련연구 절을 두었다. 또한 관련연구 뒤에는 참고문헌을 두어 본문에서 언급되었던 서적 또는 논문을 일목요연하게 찾아 볼 수 있도록 하였다.

이 책에서 내용의 이해를 돕기 위하여 많은 도형이 사용된다. 도형은 UML 표기법과 같은 표준적인 기호를 가급적 따르기 위해 노력하였다. 다양한 UML 다이어그램이 사용되고 있고, 특히 많이 사용되는 기호는 다음과 같다:

○ : 처리, 활동, 태스크

□ : 데이터, 모델, 산출물(artifact)

⟶ : 활동흐름, 워크플로우

- - -▸ : 자료흐름

제 4판에서 달라진 내용

제 4판에서는 여러 가지 작은 변경 외에 크게 두 가지 점에서 개선이 있었다. 하나는 아키텍처 설계의 출발점이 되는 요구사항과 아키텍처 드라이버에 대한 논의가 개선된 것이다. 특히 품질속성을 시스템 품질속성과 개발 품질속성으로 나누고 시스템 품질속성을 소프트웨어 품질속성과 서비스 품질속성으로 나누어, 개발 품질속성이 제품 외적인 품질속성을 지칭하도록 하여 이들도 아키텍처 설계 결정에 어려움을 제기하는 사항들임이 명확히 드러날 수 있도록 하였다. 또 다른 개선은 제 III부 3장의 아키텍처 설계 문서화 사례가 확장보완된 것이다. 시나리오뷰의 시나리오를 추가하여 좀 더 현실성 있는 예가 되도록 하였고 그 외에도 제 3판의 사례에서 생략되었던 여러부분들을 넣었다.

차 례

제 I부

소프트웨어 아키텍처 개요

"우리 문명은 소프트웨어로 움직여지고 있다."[4]

- Bjarne Stroustrup

4. "Our civilization runs on software."
(http://www.handbookofsoftwarearchitecture.com/index.jsp?page=main&part=Preface 에서 재인용)

1장 컴퓨터 소프트웨어

1.1 소프트웨어와 컴퓨터 소프트웨어

소프트웨어라는 용어는 컴퓨터 하드웨어에 대비되는 표현으로서, 컴퓨터를 위한 프로그램을 지칭하는 용어로 사용된다. 컴퓨터 소프트웨어는 처음에는 컴퓨터를 동작하게 하는 일련의 컴퓨터 명령을 의미하였다. 그러나 프로그래밍 언어, 프로그램 라이브러리, 프로그램 프레임워크, 미들웨어 등의 발전으로 컴퓨터와의 세부적인 연결을 직접 표현하지 않고도 사용자가 필요한 연산, 데이터 처리, 활동 등을 표현할 수 있게 되면서, 컴퓨터를 제어하는 용도보다는 인간생활의 니즈(needs)를 표현하는 용도로 사용되는 방향으로 발전되어 가고 있다.

따라서 컴퓨터를 명령하기 위한 표현으로서의 소프트웨어를 넘어서, 소프트웨어가 무엇이며, 무엇을 위한 것인지를 생각해 볼 필요성이 자연스럽게 대두 되었다. 그것은 컴퓨터 소프트웨어의 역할이 본질적으로 무엇인가를 생각하며, 현대적인 컴퓨터가 존재하기 이전의 세계로 그 역할을 투영해 봄으로써 더 잘 생각해 볼 수 있을 것이다.

1.2 역사 속의 소프트웨어 개념

인류는 오랫동안 천을 짜는 기계인 방직기를 이용하여 다양한 무늬를 갖는 천을 만들어 왔다. 다양한 무늬를 만들기 위하여 먼저 카드에 방직기의 동작을 제어할 수 있는 구멍을 무늬에 맞게 뚫는데, 이때 방직기는 하나의 하드웨어이고 카드 구멍의 배열은 하나의 소프트웨어로 방직기를 위한 프로그램인 것이다.[5] Ada Augusta (1815~1852)는 Charles Babbage (1791~1871)의 해

5. Joseph Jacquard(1752-1834)는 1801년 이렇게 동작하는 자동 방직기를 설계하였다.

석기관(Analytical Engine)[6]을 위한 프로그램을 설계하였는데, 이 프로그램을 최초의 컴퓨터 소프트웨어로 간주하기도 한다. 또한 초기의 컴퓨터에는 전기-기계식 컴퓨터[7]도 있었으며 프로그래머가 스위치 보드 하드웨어에 직접 프로그래밍을 하기도 하였다.

이와 같이 현대적 컴퓨터가 존재하기 이전에도 소프트웨어는 존재하였고 사람들은 프로그래밍 활동을 하였다. 현대적 컴퓨터의 등장으로 새로운 국면을 맞게 되지만, 소프트웨어와 프로그래밍은 긴 역사를 가지고 있다고 볼 수 있다.

1.3 서비스, 소프트웨어 서비스, 컴퓨터 소프트웨어 서비스

컴퓨터 소프트웨어는 하나하나의 단계가 엄밀히 수행될 수 있는 알고리즘으로서의 특징을 통하여 우리가 필요로 하는 계산, 정보의 전달, 물품의 구매, 전통적인 제반 분야의 서비스 등의 니즈를 달성하는 서비스 매체로서의 특징을 갖는다. 거꾸로, 컴퓨터를 사용하지 않더라도, 그러한 니즈를 달성하게 해주는 엄밀한 절차가 존재한다면 그것을 소프트웨어라고 부를 수 있을 것이다. 과거에는 오늘날 컴퓨터 소프트웨어가 하는 많은 서비스를 컴퓨터 소프트웨어 없이 인간의 두뇌를 통하여 달성하였던 것이다.

그림 1-1은 전통적인 서비스 개념과 소프트웨어 서비스 개념 그리고 컴퓨터 소프트웨어 서비스 개념 간의 관계를 보여 준다. 전통적인 산업 분류에서 1차, 2차 산업은 각각 원료의 수집과 가공을 통한 유형적 물건의 조달 및 제조활동이었던데 비하여, 무형적인 대상으로 사용자의 니즈를 충족시켜주는 행위는 3차 산업인 서비스 산업으로 분류되었다. 소프트웨어 서비스는 정보와 컨텐츠를 제작, 전달, 가공하는 활동을 포함한다. 또 서비스는 우리가

6. Charles Babbage는 결국 해석기관을 완성하지 못하였다.

7. 1940년대 Konrad Zuse(1910-1995)는 최초의 전기-기계식 컴퓨터 Z3를 만들었다.

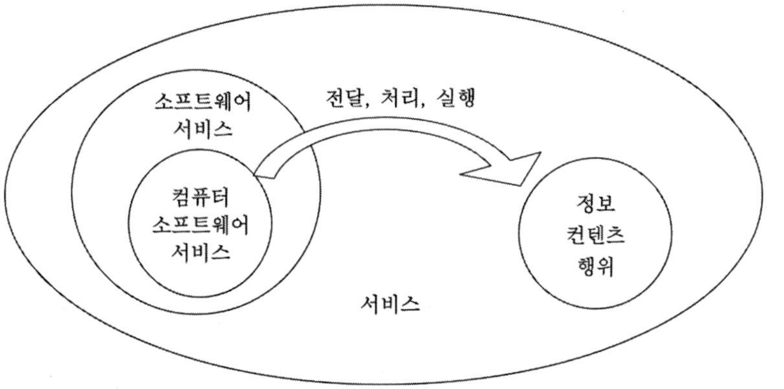

그림 1-1. 서비스, 소프트웨어 서비스, 컴퓨터 소프트웨어 서비스의 개념

소프트웨어 서비스라고 부르는 것과 아울러 정보와 컨텐츠를 포함한다. 정보와 컨텐츠는 디지털화 되면 컴퓨터 소프트웨어 서비스가 가능한 형태가 되어, 전달, 처리 등의 컴퓨터 소프트웨어 서비스를 통하여 가공되어 부가가치를 창출하는 새로운 것이 될 수도 있다.[8]

1.4 컴퓨터 소프트웨어의 역할의 발전

소프트웨어라는 용어가 컴퓨터 소프트웨어라는 용어를 통하여 일상화 된지는 오래되지 않았지만, 소프트웨어가 인간 사회에 등장한 것은 매우 오래 전이었다. 그러던 중 컴퓨터의 등장으로 인하여 인간이 소프트웨어를 이용하는 방법은 극적으로 넓어져, 이제는 컴퓨터 소프트웨어는 산업과 생활을 위하여 업무, 공장, 오락, 교육 등 광범위한 분야에서 필수적인 기능을 수행하게 되었고 나아가 과학기술의 발전을 이끄는 도구로서도 눈부신 역할을 하게 되었다. 그림 1-2는 이런 컴퓨터 소프트웨어 역할의 발전 과정을 보여준다.

---

8. 이와 같은 통찰은 다시, 어떤 전통적인 산업분야나 생활분야가 컴퓨터 소프트웨어의 도움을 받아 발전될 수 있는가의 방향을 시사할 것이다.

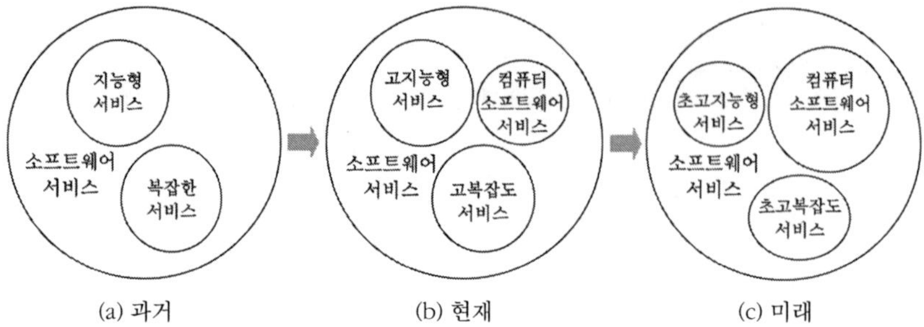

그림 1-2. 컴퓨터 소프트웨어의 역할의 발전

소프트웨어 서비스 중에서 높은 지능을 요구하는 서비스나 복잡한 서비스가 아닌 단순하고 간단한 것들은 컴퓨터의 등장과 함께 바로 컴퓨터 소프트웨어 서비스로 바뀌어, 현재에는 컴퓨터 소프트웨어 서비스로 제공되게 되었다. 그림 1-2(c)가 보여주는 바와 같이, 미래에는 매우 높은 복잡도를 갖는 서비스나 매우 높은 지능을 요구하는 서비스들을 제외하고, 많은 소프트웨어 서비스들이 컴퓨터 소프트웨어 서비스에 의하여 제공될 것이다.

1.5 컴퓨터 소프트웨어 기술의 중요성

컴퓨터는 컴퓨터 소프트웨어를 이용하기 위한 장치이고 컴퓨터 소프트웨어를 이용 가능하게 만들어 주는 도구이다. 석기시대에는 돌을 잘 다루는 부족이, 철기시대에는 철을 잘 다룰 줄 아는 국가가, 산업혁명의 시대에는 기계를 잘 만들어 다룰 줄 아는 민족이 세계를 지배했던 것처럼 컴퓨터 시대에는 컴퓨터 소프트웨어를 잘 만들어 다루는 사람들이 세상을 지배하게 될 것이라고 보아도 과언이 아닐 것이다.[9] 이와 같은 추측을 뒷받침하는 증거로, 현대 전쟁이 로봇병사와 무인비행기를 이용하여 수행되고 있고, 현대 기업

9. 제 I부의 모두에서 인용한 Bjarne Stroustrup의 "우리 문명은 소프트웨어로 움직여지고 있다"는 말은 이를 잘 요약해 주고 있다.

이 비즈니스를 컴퓨터 소프트웨어로 수행하여 비용을 절감하고 실시간으로 고객의 취향을 파악함으로써 경쟁력을 갖게 되는 등의 예에서 볼 수 있다. 그리고 컴퓨터소프트웨어를 잘 만드는 방법에 대한 연구도 당연히 컴퓨터의 역사만큼이나 길었다.

Mark Weiser는 수많은 컴퓨터가 우리 생활 속에 밀집되어 퍼져있는(pervasive) 새로운 문명세계에 대한 비전을 제시하였다 [Weiser 91]. 이 비전은 이미 현실로 되어 가고 있다. 이러한 현상은 많은 컴퓨터들이 원하는 대로 기능하도록 하기 위한 다양한 컴퓨터 소프트웨어가 필요하다는 것을 의미하고, 나아가 이들 컴퓨터를 이용한 다양한 (소프트웨어) 서비스들도 만들어져야 한다는 것을 의미한다.

1.6 컴퓨터 소프트웨어 기술로서의 소프트웨어 아키텍처 설계

좋은 소프트웨어를 만들기 위해서는, 우선 정확한 요구사항의 명세가 있어야 한다. 올바른 명세를 확보한 후에는 물론 그것을 잘 설계하고 구현하여야 한다. 또한 시험을 철저하게 하여야 할 뿐 아니라, 이 전체를 위한 공정이 잘 계획되고 준수되어야 한다. 그러나 좋은 소프트웨어가 만들어 지기 위해서는 무엇보다도 설계가 잘 되어야 한다. 예를 들어 시험이나 공정이 아무리 효과적이어도, 잘못된 구현이나 설계의 문제점을 지적해 줄 뿐이고, 올바른 구현과 설계를 만드는 작업은 다시 수행되어야 하기 때문이다. 또한 구현이 설계에 의존하기 때문에 구현에 문제가 있을 때보다 설계에 문제가 있을 경우 이를 바로 잡는데 훨씬 더 많은 비용이 들어가게 된다.

어느 정도의 규모를 가진 소프트웨어는 반드시 설계를 거쳐서 구현해야 한다는 것은 이미 잘 알려진 사실이다. 만들어야 하는 소프트웨어의 규모가 커지고 복잡도가 높아짐에 따라, 이 두 가지를 정면으로 다룰 수 있는 방법이 필요하게 되었다. 이를 위하여 설계는 다시 아키텍처 설계와 상세 설계로 나뉘어져 아키텍처 설계단계에서 이러한 문제들에 대한 해결을 시도하게 된다.

2장 소프트웨어 아키텍처의 개념과 중요성

1969 NATO Conference on Software Engineering Techniques에서 Ian P. Sharp는 다음과 같이 말하였다:

> "우리에게 필요한 것은 소프트웨어공학 이외에도 더 있다. 그것에 관하여 우리가 조용히 얘기하여 왔지만, 공개적으로 논의하고, 관심을 가져야 할 것이다. 그것은 바로 소프트웨어 아키텍처이다. 아키텍처는 공학과 다르다. 이 말의 의미를 생각해 보기 위하여 OS/360 운영체제의 예를 들어 보자. OS/360은 각 부분별로는 코딩이 매우 잘 되어 있다. 세부적으로 들어가 보면 OS의 부분 부분은 우리가 좋은 프로그래밍 기법이라고 보는 기법들과 모든 개념들을 쓰고 있다. 그런데 OS/360가 형체 없는 프로그램의 덩어리(amorphous lump of program)가 된 이유는 아키텍트가 없었기 때문이다. 설계는 많은 그룹의 엔지니어들에게 위임되었고, 그들은 각자의 아키텍처를 반영하여야 하였다. 그리고 이 덩어리들을 최종적으로 통합하였을 때에는 전체가 부드럽고 아름다운 소프트웨어가 되지 못하였다."
> [Kruchten 06]

2.1 전통적 설계 접근 방법의 불충분성

Ian P. Sharp의 말은 소프트웨어 개발에 있어서 아키텍처가 어떤 역할을 수행해야 하는지를 잘 보여준다. 전통적으로 소프트웨어는 그림 2-1이 보여주는 것처럼 요구사항분석, 설계, 구현, 통합 및 시험이라는 단계를 거쳐 개발되었다. 그러나 전통적 소프트웨어 개발에서 설계의 역할은 오늘날 우리가 아키텍처에 기대하는 역할에 크게 미치지 못하였다.

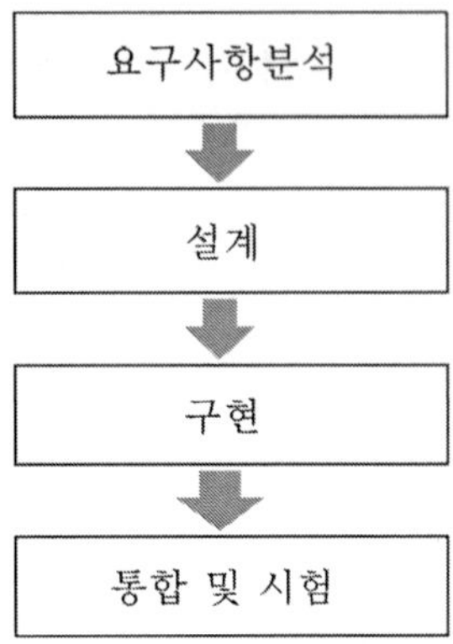

그림 2-1. 개발순기

그림 2-2는 즉흥적인 개발 방법, 전통적인 설계방법에 기초한 개발 방법, 그리고 아키텍처 기반의 개발 방법을 비교하여 보여준다. 그림 2-2에서 네모는 산출물 혹은 모델을 나타내고 화살표는 자료의 흐름을 나타낸다.

그림 2-2(a)처럼 설계나 아키텍처 설계 없이는 구현자는 즉흥적인 방법으로 구현을 하게 된다. 전통적인 구조적 설계방법([Myers 78][Yourdon 79])이나 객체지향 설계방법([Rumbaugh 91][Jacobson 92][Booch 94])도 요구사항과 구현의 간격을 메워 이들을 연결시키는 체계적인 길을 제시한다(그림 2-2(b)).

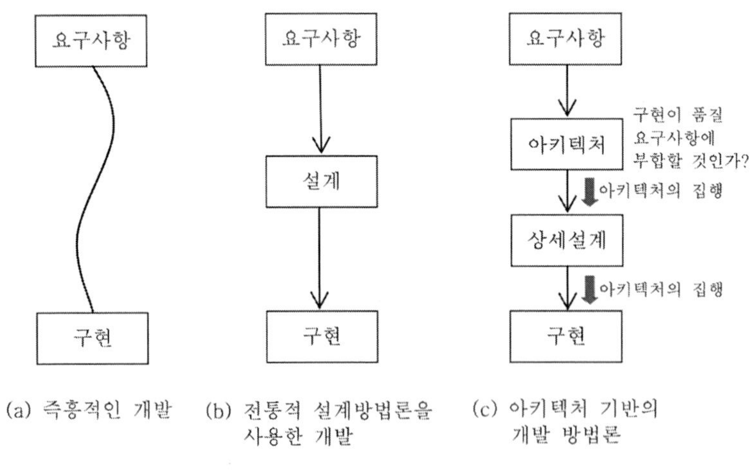

그림 2-2. 아키텍처 기반 개발의 장점

그러나 아키텍처 기반의 개발 방법(그림 2-2(c))과 전통적인 설계방법에 기초한 개발 방법은 두 가지 면에서 큰 차이가 있다.

첫째로, 아키텍처가 품질 요구사항 충족을 핵심적인 관심사로 보는데 비하여 전통적인 설계방법은 기능 요구사항 충족에 초점을 둔다. 객체지향 설계는 도메인 개체를 식별하고 이들을 서브시스템으로 그룹핑하고 상속관계를 정의하는데, 이 과정은 재사용성과 유지보수성의 반영에 지나지 않는다. 반면에 아키텍처 설계에서는 요구되는 다양한 품질 충족에 주된 관심을 두고, 이 과정에서 이들 간의 상충관계를 분석하고 서로 다른 대안 아키텍처 전략들 중 선택을 하게 된다.

둘째로, 아키텍처 설계는 시스템을 구성하는 컴포넌트들의 식별과 이들을 연결하는 커넥터들의 구성에 초점을 두며, 설계 절차는 하향식(top-down), 재귀(recursion)적으로 진행되어 시스템은 컴포넌트로 분해되고, 다시 이 컴포넌트들은 더 작은 컴포넌트들로 분해될 수 있다. 그러나 객체지향 설계는 객체의 식별로부터 시작하여 상향식(bottom-up)으로 진행된다.

2.2 소프트웨어 아키텍처의 역할

따라서 M. Shaw, D. Garlan, P. Kruchten, D. W. Perry를 비롯한 소프트웨어 아키텍처 연구의 선구자들은 소프트웨어 개발의 중추적인 역할(pivotal role)을 수행하는 아키텍처의 필요성을 역설하였다. 중심축(pivot)은 그림 2-3과 같이 한 방향으로부터 온 힘을 다 받아서, 다른 방향으로 전달하는 역할을 수행한다.

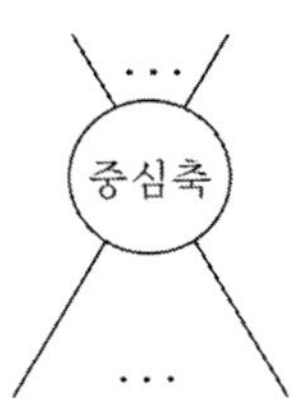

그림 2-3. 중심축의 개념

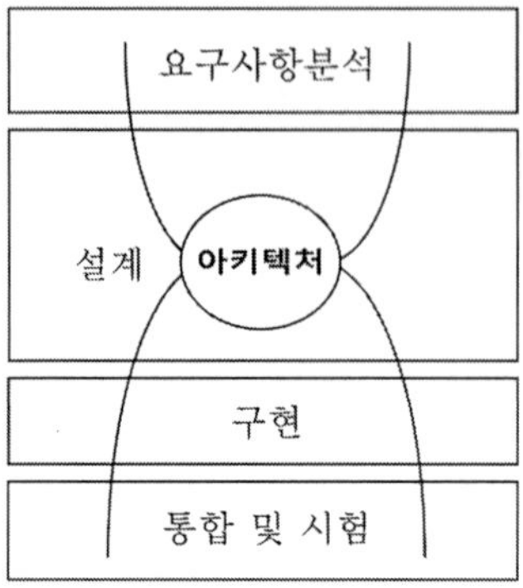

그림 2-4. 소프트웨어 개발의 중심축으로서의 아키텍처

소프트웨어 개발에서 아키텍처도 바로 이러한 역할을 수행한다. 따라서 그림 2-4가 표현하고 있는 것처럼, 아키텍처 설계는 궁극적으로 요구사항 분석 활동으로 얻어진 요구사항을 모두 충족시킬 수 있는 시스템이 만들어 질 수 있도록 하기 위한 설계 활동으로서, 설계 및 구현을 위한 구조적(structural) 및 비구조적(nonstructural) 틀을 제공하는 것이다. 여기서 '틀'은 아키텍처 설계의 결과물로서 집행을 요구하는 결정 혹은 모델을 말한다. 따라서 구조적 틀이라 함은 시스템을 컴포넌트로 구성된 구조로 보아 시스템 개발문제를 용이하게 끌어가도록 결정된 컴포넌트의 구조모델을 말하고, 비구조적 틀은 이 구조모델 이외의 다른 아키텍처 설계에서 이루어진 결정들을 말한다.

소프트웨어 아키텍처는 요구사항을 충족시키는 소프트웨어 개발이라는 문제를 해결하는데 중추적인 역할을 수행하는 한편, 재사용과 품질확보를 용이하게 하고 개발 대상 시스템에 관한 의사소통 수단을 제공하는 등 많은 혜택을 준다.

3장 소프트웨어 아키텍처의 정의

제 2장에서는 소프트웨어 아키텍처의 기본적인 개념을 살펴보았다. 이 장에서는 소프트웨어 아키텍처 설계를 논의하는데 필요한 기반 지식인 소프트웨어 아키텍처를 정의한다.

3.1 아키텍처와 소프트웨어 아키텍처

1980년대까지 아키텍처라는 용어는 컴퓨터 아키텍처를 의미하는데 쓰였고, Fred Brooks, Butler Lampson, David Parnas, John Mills 등을 통하여 시스템의 '소프트웨어 조직'을 지칭하는 것으로도 쓰이기 시작하면서 소프트웨어 아키텍처에 대한 연구가 본격적으로 시작되었다.

3.2 설계의 다양한 수준

건물, 교량, 도시를 건설할 때 건축가는 먼저 설계를 한다. 설계는 중요한 결정들을 하기 위한 아키텍처 설계와 세부 작업의 바탕이 되는 상세 설계로 나눌 수 있다. 예를 들어 교량의 아키텍처 설계에는 강물의 속도와 강의 폭, 단위 시간에 교량을 건너는 차량의 평균 수 및 최대 수, 차의 최대 무게 등을 고려하여 다리의 공법, 구조, 폭과 강도가 결정되어야 할 것이다. 교량의 상세 설계에서는 교량의 아키텍처 설계와 관련된 결정들이나 다른 상세 설계 작업에 큰 파급효과가 없는 사항들이 결정된다.

이와 같이 소프트웨어 개발에도 다양한 수준의 설계 작업이 있고, 소프트웨어 시스템 아키텍처 설계에 제약을 주는 상위 설계로서의 시스템 아키텍처 설계가 있으며 소프트웨어 아키텍처가 부여하는 제약 안에서, 세부적인 설계 작업을 수행하게 되는 상세 설계가 있다. 그림 3-1은 이 세 개념들

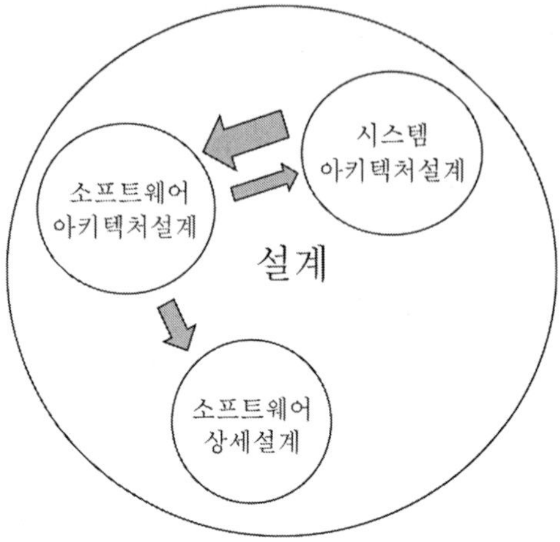

그림 3-1. 설계의 종류와 설계간의 관계

사이의 관계를 보여준다.

이들은 공통적으로 설계 활동의 하나로서 설계가 갖는 일반적인 특성을 갖는다. 그러나 이들은 또한 각기 다른 수준의 설계를 지칭한다. 즉 시스템 아키텍처는 하드웨어와 소프트웨어로 구성된 시스템의 아키텍처를 지칭하며 소프트웨어 아키텍처의 결정을 제약하게 되고, 소프트웨어 아키텍처 설계는 소프트웨어 상세 설계에 대한 결정을 제약하게 된다. 그림 3-1에서 화살표의 굵기는 영향력의 크기를 나타낸다.

3.3 과거 연구자들의 소프트웨어 아키텍처 정의

소프트웨어 아키텍처는 우리말로는 소프트웨어 얼개 혹은 구조라고 할 수 있다. 얼개는 "각 부분을 모아 짜 이룬 뼈대"[10]를 의미한다. 과거 많은 소프트웨어 아키텍처 연구자들이 소프트웨어 아키텍처에 대하여 다양한 정의를 내렸다. 그 중 대표적인 정의는 다음과 같다:

---

10. 출처: 야후 국어사전.

"소프트웨어 시스템의 아키텍처는 연산 컴포넌트들과 그 컴포넌트들 간의 상호작용으로 그 시스템을 정의한다" [Shaw 96].

소프트웨어 아키텍처란 "시스템의 근본적인 조직 형태로 그것은 구성 컴포넌트들과, 그들 서로의 관계와 환경과의 관계 그리고 그 설계와 진화를 관장하는 원칙들로 실체화되어 있다" [IEEE 1471 00].[11]

소프트웨어 "아키텍처란 1) 시스템 구조를 나타내는 구조적 구성요소와 그들을 결합시키는 인터페이스, 2) 그들의 협동을 통해 나타나는 구조적 구성요소와 행위적 구성요소들을 점진적으로 더 큰 서브시스템으로 통합, 3) 시스템 구조를 가이드 하는 아키텍처 스타일 선택"에 관한 중요한 결정들의 집합이다" [Jacobson 99][Kruchten 01].[12]

"시스템의 소프트웨어 아키텍처란 그 시스템에 관하여 추론하는데 필요한 구조들의 집합으로서 소프트웨어 구성요소들과 그 구성요소 사이의 관계들, 그리고 이 둘이 갖는 속성들로 이루어진다" [Bass 13].[13]

---

11. Software architecture is "the fundamental organization of a system, embodied in its components, their relationships to each other and the environment, and the principles governing its design and evolution"[IEEE 1471 00].

12. "An architecture is the set of significant decisions about the organization of a software system, the selection of the structural elements and their interfaces by which the system is composed, together with their behavior as specified in the collaborations among those elements, the composition of these structural and behavioral elements into progressively larger subsystems, and the architectural style that guides this organization - these elements and their interfaces, their collaborations, and their composition" [Jacobson 99][Kruchten 01].

13. "The software architecture of a system is the set of structures needed to reason about the system, which comprise software elements, the relations among them, and properties of both" [Bass 13]p. 4.

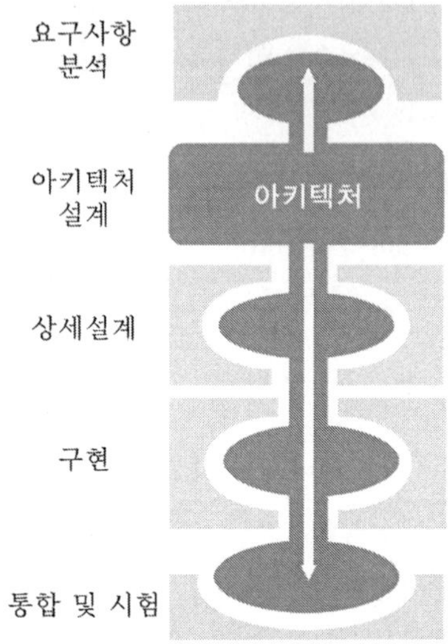

그림 3-2. 개발순기에 있어서 아키텍처의 역할

3.4 소프트웨어 아키텍처 정의

소프트웨어 아키텍처는 소프트웨어 시스템을 구현하기 이전에 소프트웨어 시스템에 관한 많은 중요한 결정을 내릴 수 있게 하고, 아키텍처 수준에서 소프트웨어 시스템에 대한 분석을 가능하게 함으로써 계획된 소프트웨어 개발이 가능하도록 한다. 그림 3-2는 소프트웨어 아키텍처가 아키텍처 설계에 필요한 형태로 요구사항이 철저히 분석될 수 있도록 가이드 하는 한편, 아키텍처 설계 단계에서 내려진 소프트웨어 구조를 포함한 제반 아키텍처적인 결정들이 상세설계, 구현, 통합 및 시험에 까지 집행될 수 있도록 가이드 하는 구체적인 산출물임을 보여준다.

소프트웨어 시스템은 개발 이후에도 많은 시간과 비용을 들여 진화하게 되는데, 아키텍처는 소프트웨어 진화에도 영향을 미친다. 따라서 이 책은 다음과 같이 소프트웨어 아키텍처를 정의한다.

소프트웨어 아키텍처의 정의

소프트웨어 아키텍처는 소프트웨어 시스템이 요구되는 기능과 품질을 갖고, 또한 소프트웨어 시스템을 용이하게 구축하고 지속적인 운용과 개선을 위하여 필요한 진화성을 갖도록 하는 소프트웨어 시스템 구조 및 개발 전 공정에 대한 중요한 결정들이다.[14]

3.5 시스템에 내재하는 아키텍처와 그 모델로서의 아키텍처

많은 문헌들이 "모든 소프트웨어 시스템은 (하나의) 그 자체의 아키텍처를 갖는다(Every system has an architecture)"고 언급하고 있다.[15] 제 II부 6장에서 상세히 논의하겠지만, 이처럼 내재하는 아키텍처는 직접적으로 인지하고 분석할 수 있는 대상이 아니기 때문에, 다양한 아키텍처 뷰를 사용하여 인지하고 분석할 수 있는 모델을 만들고자 한다. 그러나 이 모델은 불가피하게도 시스템에 내재하는 아키텍처에 대한 불완전한 표현이다. [IEEE 1471]는 "이 권고안은 개념적인 시스템 아키텍처와 구체적인 산출물로서의 시스템 아키텍처에 대한 기술을 구별한다. 이 권고안의 주제는 아키텍처 기술이다"[16]라고 선언하여 모델을 떠나 시스템에 내재한 아키텍처와 시스템 아키텍처에 대한 모델로서의 아키텍처 뷰가 혼동되서는 안될 서로 다른 개념임을 분명히 하였다.

---

14. 이 정의는 [Garlan 95] 에서 1994년에 SEI에서 논의되었다고 하는 "프로그램/시스템의 컴포넌트들이 갖는 구조, 그들의 관계 그리고 그들의 설계와 시간이 흐르면서 발생하는 진화를 지배하는 원칙과 가이드라인(The structure of the components of a program/system, their interrelationships, and principles and guidelines governing their design and evolution over time)" 이라는 정의와 유사한 점이 있다.

15. 예를 들어, [IEEE 1471].

16. "This recommended practice distinguishes the architecture of a system, which is conceptual, from particular descriptions of that architecture, which are concrete products or artifacts. Architectural descriptions (ADs) are the subject of this recommended practice." ([IEEE 1471 00] p. 4)

4장 소프트웨어 아키텍처의 설계

소프트웨어 아키텍처를 제 3장에서와 같이 정의한다면, 소프트웨어 아키텍처는 어떻게 만들 수 있을까? 즉, 소프트웨어 아키텍처는 어떻게 설계하여야 하는가? 라는 문제가 대두된다. 이 장에서는 소프트웨어 아키텍처 설계 활동의 본질적인 특징들을 살펴본다.

4.1 분할정복 방식의 설계 활동

분할정복은 복잡한 문제를 풀기 위하여 원래의 문제를 작은 문제들로 나누고 먼저 작은 문제들에 대한 답을 얻은 뒤에 이 답들을 연결 혹은 통합하여 전체 문제에 대한 답을 제시하는 방법이다.

문제의 규모가 작고 복잡도가 낮을 경우에는 이런 접근 방법이 불필요할 수 있다. 그러나 문제의 규모가 클 경우 문제를 분할하여 작은 문제로 바꾸고 이들에 대한 해결을 통합하여 전체를 해결하려 하는 것은 자연스럽고도 강력한 문제 해결 방법이다. 소프트웨어 아키텍처 설계는 본질적으로 규모와 복잡성을 다루는 접근방법이므로, 분할정복이 아키텍처 설계의 지배적인 해결 방식인 점은 아키텍처 설계를 일반적인 설계와 차별화해 주는 가장 큰 특징이다.

4.2 합성과 분석의 반복인 설계 활동

아키텍처 설계를 포함한 모든 설계는 창조적인 합성(synthesis)의 활동이다. 합성은 "전체를 형성하도록 부분 혹은 요소들을 구성 또는 결합하는 것"[17]을

17. "The composition or combination of parts or elements so as to form a whole."(출처: http://www.merriam-webster.com/dictionary/synthesis)

의미하며, 주어진 요구사항을 만족시키는 답을 얻는 과정으로 보통 직관을 동반한다.[18]

한편 설계가 좋은 결과를 얻기 위해서는 분석(analysis)이라는 과정을 동반해야 한다. 따라서 좁은 의미의 설계는 합성만을 의미하지만, 넓은 의미의 설계는 이 둘을 포함한다. 그림 4-1은 합성과 분석이 서로 맞물려 반복적으로 이어질 때, 좋은 설계 결과가 만들어짐을 보여준다.[19] 아키텍처 설계도 하나의 설계 활동으로서 설계가 갖는 이러한 일반적인 특징을 갖는다.

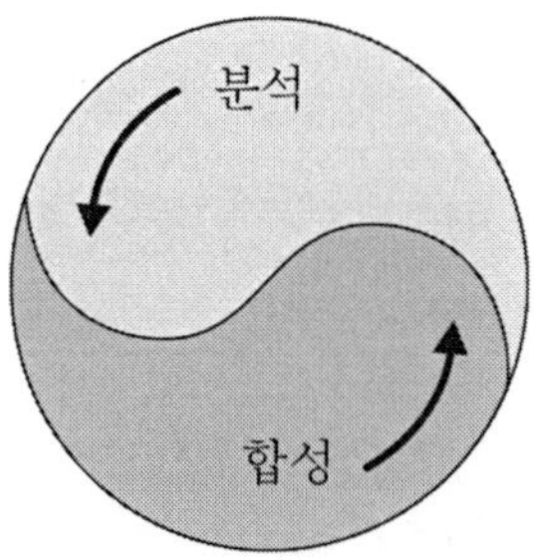

그림 4-1. 합성과 분석의 반복인 설계 활동

4.3 경험과 창의성이 결합된 설계 활동

설계 문제를 해결하기 위해서는 경험적 수단과 창의적 수단이 모두 동원되어야 한다. 앞서 말한 합성과 분석은 일반적인 방법으로써 원칙적으로 모든 문제에 대한 답을 줄 수 있는 틀이다. 그러나 합성과 분석에만 의존하는 것이 가장 효율적인 방법은 아니다. 경험적인 지식이 적용 가능할 때에는, 이를 잘 활용함으로써 많은 경우 짧은 시간에 더 높은 품질의 설계 결과에 도달할 수 있다.

18. 따라서 지적으로 "난이도가 높은(challenging)" 활동이다.

19. Kruchten은 [Kruchten 05]에서 설계의 성격을 이와 같이 규정한다.

4.4 아키텍처 설계의 입력물과 출력물

설계가 합성과 분석의 반복적인 과정이라는 점에서 한 걸음 더 나아가서, 좀 더 상세히 설계의 과정을 들여다보기로 한다. 방법 혹은 과정은 그것이 어떤 것이든, 그것의 진행을 위하여 필요한 입력물이 있고,[20] 진행의 결과로서 만들어지는 출력물이 있다. 그렇다면 아키텍처 설계라는 활동의 입력물과 출력물은 무엇인가? 그림 4-2는 이를 도식적으로 보여준다.

소프트웨어 개발의 출발점은 요구사항이다. 아키텍처가 소프트웨어 개발을 체계적이고 목적에 맞게 달성할 수 있도록 하는 역할을 수행하기 때문에 아키텍처 설계 역시 요구사항에서 출발하지만, 시스템 개발이 모든 요구사항을 달성 대상으로 하는 것과 달리, 아키텍처에 관련된 대표적인 요구사

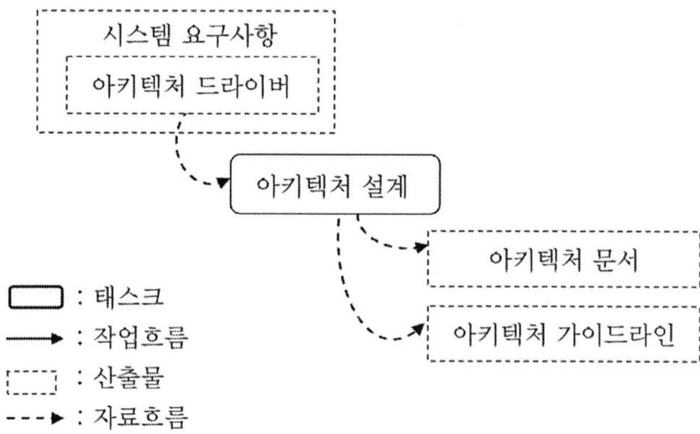

그림 4-2. 아키텍처 설계의 입력물과 출력물[21]

---

20. 입력물을 필요로 하지 않는 방법 혹은 과정은 그다지 흥미롭지 못하다. 왜냐하면 그 결과가 항상 동일하거나, 달라질 경우에도 결과를 결정짓는데 그 방법(또는 과정)의 이용자가 역할을 수행할 수 없기 때문이다. 시스템의 이용자는 유용한 방법 혹은 과정에서는 필요한 출력물이 나오도록 적절한 입력물을 제공하는 역할을 수행한다.

21. 그림에서 "산출물(artifact)"이라 함은 소프트웨어 개발과정에 만들어지는 모든 결과물들을 총칭한다. "태스크(task)"는 한 명의 수행자가 수행하는 일을 지칭하며, 소프트웨어 설계 모델링의 표준적인 언어인 UML의 활동 다이어그램(activity diagram)은 더 이상 분해하지 않는 일의 단위를 태스크라 부르고 다른 태스크 혹은 활동으로 구성된 일의 단위를 활동이라고 부르고 있다. 그림의 다이어그램도 UML과 일관된 기호를 사용하고 있다.

항들만이 주된 관심 대상이다. 이러한 특별한 요구사항들을 아키텍처 드라이버라고 부른다. 한편 설계 결과는 아키텍처를 문서화한 아키텍처 문서가 주된 출력물이고, 이에 대한 추가적인 관련사항을 정리한 아키텍처 가이드라인이 이차적인 출력물이다.

5장 소프트웨어 아키텍처 설계의 근본 원리들

이 장에서는 아키텍처 설계 절차를 문제 파악, 아키텍처 모델링 방법 결정, 아키텍처 설계 수행 그리고 설계된 아키텍처 평가의 네 개의 단계 군으로 구성된 것으로 보고, 이들 단계 군 안에서 그리고 단계 군 간에 필요한 아키텍처 설계 원리들에 대하여 알아본다. 이 책은 소프트웨어 아키텍처 설계에 필요한 근본적인 원리를 다음 12개로 본다:

1. 아키텍처 드라이버
2. 품질속성, 검증가능성, 품질속성시나리오
3. 아키텍처 설계문제 분석
4. 컴포넌트, 커넥터, 인터페이스
5. 아키텍처 스타일
6. 소프트웨어 아키텍처를 보는 관점체계
7. 설계의 일반원리
8. 아키텍처 설계 절차
9. 아키텍처 패턴
10. 품질속성 설계전략
11. 아키텍처 분석
12. 아키텍처 평가

그림 5-1은 12 개의 원리들이 아키텍처 설계 과정에 적용되는 단계를 보여준다. 그림 5-1에서 볼 수 있듯이 아키텍처 설계 절차는 네 개의 단계 군으로 구성된다. 그림 5-1의 절차는 아키텍처 설계 원리 적용의 논리적인 순서이며, 실제 아키텍처 설계 프로세스를 의미하지는 않는다. 아키텍처 설계 프로세스는 개발 프로젝트에 따라 달라지며, 개발 프로세스와 연결하여 반복적인 프로세스로 상세화 될 수 있다.

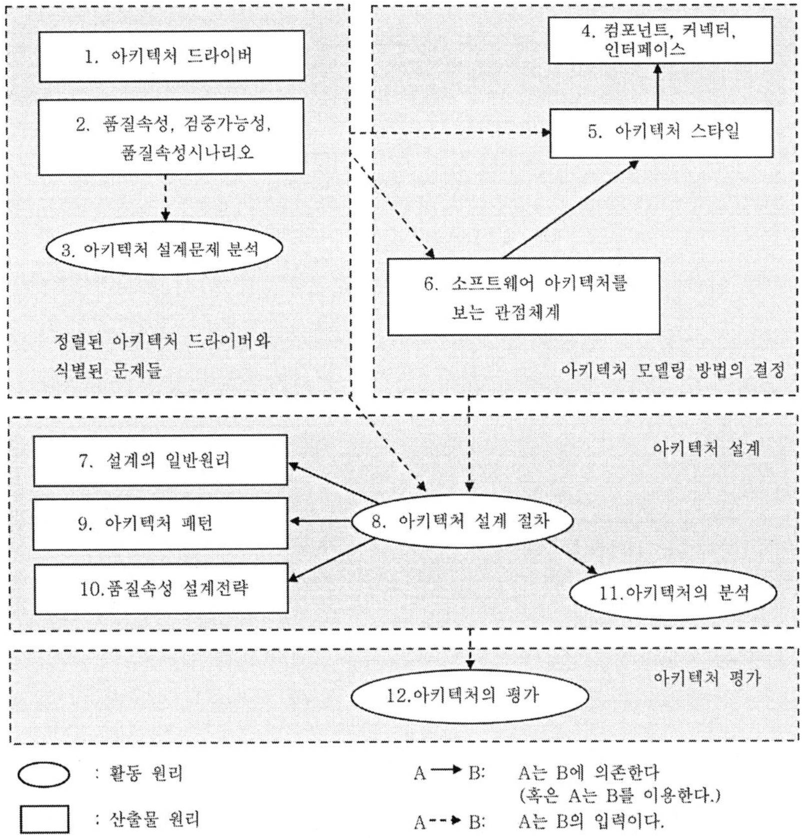

그림 5-1. 아키텍처 설계 절차와 설계에 적용되는 원리[22]

네 개의 단계 군 가운데 첫 번째 단계 군은 요구사항을 아키텍처 설계가 적용되기 좋은 형태로 만들어 가는 원리에 대한 것이다. 이 단계가 시작되기 전에 소프트웨어 요구사항 문서가 작성되어 있어야 한다. 두 번째 단계 군은 아키텍처를 어떻게 표현할 것인가에 대한 원리로써 아키텍처를 보는

---

22. Brooks는 그의 저서 [Brooks 10] Ch.8에서 설계의 접근방법을 합리적 방법과 경험적 방법으로 나누었다. 경험과 통찰에 의한 설계가 설계전문가들의 방법이고, Brooks는 설계자들은 "시각적이고 공간적 경향을 가진 오른쪽 뇌가 발달한 사람들"이라고 말한다. 이 장에서 제시하는 설계 절차는 합리적 방법과 "시각적이고 공간적인" 방법이 서로 배타적이지 않음을 보여준다.

시각과 결과 모델의 형태를 결정짓는다. 특히 컴포넌트와 커넥터의 이분법은, 아키텍처 스타일이나 아키텍처 관점과 같은 아키텍처의 보다 구체적인 형태들의 공통적인 기반을 제시한다. 세 번째 단계 군은 이 두 그룹의 원리를 적용한 결과에 기반한 아키텍처 설계를 수행하는 원리들의 그룹이다. 이들은 일반적인 설계 원리와 경험적인 지식을 이용하는 원리의 두 가지로 구성된다. 이 세 번째 단계 군은 전체 설계 절차 중에서도 설계결과가 직접 결정되는 단계이므로 이 단계 군을 좁은 의미의 아키텍처 설계라고 부르고, 이와 구별하기 위하여 전체 설계 절차를 넓은 의미의 아키텍처 설계라고 부르기로 한다. 네 번째 단계 군에서는 아키텍처 평가가 수행되는데, 아키텍처 설계 결과가 나오면 그에 대한 평가를 하여 아키텍처를 채택 또는 수정 결정을 하거나, 다른 대안을 찾는 결정을 내릴 수도 있다.

이 장의 이하에서는 아키텍처 설계 절차에 필요한 이들 12개의 원리의 역할에 대하여 하나씩 설명한다.

5.1 아키텍처 드라이버

소프트웨어 시스템은 소프트웨어 시스템에 대한 요구사항으로부터 만들어진다. 소프트웨어 아키텍처는 소프트웨어 시스템 아키텍처이기 때문에 아키텍처가 시스템에 대한 요구사항으로부터 설계된다는 것은 당연한 사실이다. 그러나 시스템에 대한 모든 요구사항이 아키텍처 설계를 위하여 필요하지는 않다. 시스템에 대한 요구사항들은 아키텍처에 영향을 주는 요구사항들과 그렇지 않은 요구사항들로 나뉘어 진다. 전자에 해당하는 요구사항을 아키텍처 드라이버라고 부른다. 아키텍처 설계에 더 잘 집중 할 수 있기 위하여는, 아키텍처 드라이버를 먼저 잘 가려낸 후 아키텍처 설계에 효과적으로 반영하여야 한다.

5.2 품질속성, 검증가능성, 품질속성 시나리오

아키텍처 드라이버 중에서도 어떠한 결정요인들은 쉽게 아키텍처에 반영이 되는데 비하여, 어떤 결정요인들은 간단히 아키텍처에 반영될 수 없는 요인들이 있다. 예를 들어, '시스템이 계층적 구조를 가져야 한다'라는 제약사항이 있으면, 이 요구사항은 시스템 아키텍처가 계층적 구조를 갖도록 함으로써 충족된다. 그러나, 예를 들어, '높은 성능을 가져야 한다'라는 요구사항을 아키텍처 설계에 반영하는 것은 간단치 않다. 이러한 요구사항은 일견 문제가 없어 보일 수 있으나, 잠시 생각해 보면 도대체 성능이 무엇을 말하는 것인지, 어느 정도의 성능을 충분히 높은 성능으로 볼 수 있는지 전혀 구체적이지 않다. 이러한 모호성은 당장 아키텍처 설계를 어떻게 해야 되는지에 대한 문제를 남길 뿐 아니라, 최선의 노력을 기울여 개발한 후에도 개발된 시스템에 대하여 고객이 높은 성능을 가진 것으로 판단할지 그렇지 않을 지를 전혀 알 수 없는 문제점을 갖고 있다. 따라서 아키텍처 드라이버들을 먼저 검증할 수 있는 형태로 먼저 바꾸는 것이 필요하다.

특히 품질속성[23]이라고 불리는 일군의 요구사항들은 아키텍처에 영향을 미치면서, 고객의 도움 없이는 개발자 단독으로 검증 가능한 형태로 바꾸기 어려운 요구사항 유형이다.

검증 가능한 형태의 품질속성은 시나리오 형태를 갖는다. 따라서, 아키텍처 설계에 들어가기에 앞서 품질속성을 검증 가능한 품질속성 시나리오 형태로 바꾸어 주어야 한다.

---

23. 품질속성의 예로 성능(performance), 보안성(security), 신뢰성(reliability), 확장성(extendibility), 사용용이성(usability) 등이 있다.

5.3 아키텍처 설계문제 분석

좋은 아키텍처 설계 절차와 기법들을 우리가 잘 알고 있다고 하여도, 요구사항이 제기하는 문제와 그 중요성, 문제에 대해 선택할 수 있는 해결방법 및 그 파급효과 등을 잘 파악하지 못한다면 올바른 아키텍처 설계가 나오기 힘들다. 따라서 아키텍처 드라이버들을 포함한 아키텍처 설계요인이 해결을 요청하는 아키텍처 설계문제들을 이러한 시각에서 분석함으로써 아키텍처 설계를 준비한다.

5.4 컴포넌트, 커넥터, 인터페이스

소프트웨어 아키텍처를 사람들이 이해할 수 있는 형태로 나타내는 것을 소프트웨어 아키텍처 모델링이라고 한다. 소프트웨어 아키텍처는 어떤 모습으로 모델링 되어야 하는 가? 소프트웨어는 궁극적으로 컴퓨팅 자원(data processing, data storage, data transfer)을 활용하여 이용자에게 필요한 서비스를 제공하도록 하는 '컴퓨팅 자원의 제어논리'로 볼 수 있다. 그렇다면 컴퓨팅 자원의 제어논리인 소프트웨어를 어떻게 나타내어야 하는가? 소프트웨어 아키텍처 연구자들은 보통 컴포넌트와 커넥터로 표현해야 한다고 말한다. 여기서 컴포넌트는 처리(processing) 혹은 저장(storage) 혹은 전달(transfer)을 수행하는 소프트웨어 시스템 구성 요소를 말하며, 커넥터는 컴포넌트를 연결하는 요소를 지칭한다.

커다란 컴포넌트의 경우 다시 그 자체가 컴포넌트와 커넥터들로 구성될 수 있다. 커넥터는 컴퓨터 메모리의 어느 주소로 이동(jump)하라는 간단한 실행주소의 변경(transfer)과 같이 간단한 것에서부터 응용소프트웨어들을 연결하는 미들웨어에 이르기까지 매우 다양한 종류와 규모가 있다. 한편 미들웨어와 같은 커다란 커넥터는 그 자체가 더 작은 컴포넌트와 커넥터로 이루어진 하나의 컴포넌트이기도 하다. 이와 같이 컴포넌트와 커넥터의 양면성을 가진 아키텍처 요소를 이 책에서는 특별히 커넥션 컴포넌트라고 부르기로 한다.

컴포넌트와 커넥터의 구별은 아키텍처 표현 형태를 결정짓는 가장 근본적인 시각이며 이는 계속해서 설명하는 아키텍처 스타일과 아키텍처 관점의 결정에 앞서 아키텍처 모델링의 기본적인 틀을 제공한다.

5.5 아키텍처 스타일

아키텍처 스타일은 아키텍처 유형을 말한다. 음악에도 재즈, 소울, 락 등의 다양한 '스타일'의 존재하는 것처럼, 아키텍처도 다양한 스타일이 있다는 시각이다. 그리고 적절한 아키텍처 스타일 선택은 대상 시스템 개발을 효율적이고 효과적으로 만들 수 있다는 시각이다.

같은 스타일의 노래들이 서로 다르면서도 많은 공통점을 가진 것처럼, 같은 아키텍처 스타일을 갖는 시스템들 간에는 많은 공통점이 존재한다. 예를 들어, 필터(filter)라는 유형의 컴포넌트들과 파이프(pipe)[24]라는 유형의 커넥터들로 구성된 다양한 시스템들이 존재할 수 있는데, 이러한 시스템들은 '파이프-필터 스타일'을 가졌다고 말할 수 있다.

여기서 주목하여야 하는 것은, 아키텍처 스타일은 그 자체로서 주어진 요구사항을 충족시키는 해법을 제시하지는 않는다는 것이다. 단지 그러한 종류의 요구사항을 충족시키기 위하여는 이런 스타일의 아키텍처가 효과적일 것으로 예견하기 때문에, 그 스타일을 선택하게 되는 것이다. 구체적인 시스템에 도달하기 위하여는 스타일이 주는 장점들을 잘 활용할 필요가 있다. 그러나 시스템의 구체적인 아키텍처를 설계하기 위하여는, 아키텍처 스타일 결정에 이어 설계의 일반원리나 아키텍처 패턴 혹은 품질속성 설계전략 등의 설계기법 원리들도 적절히 활용하여야 한다.

24. 파이프는 구성상 필터와 필터 사이에서 필터들을 연결하는 커넥터이다.

이 책에서는 아키텍처 스타일이 직접적으로 설계결과를 주지 않고 간접적으로 효과적인 설계를 지원하기 때문에, 아키텍처 스타일을 설계 단계 군에 속하는 설계 기법 원리의 하나로 보지 않고, 아키텍처 모델링 방법의 결정 단계 군에 속하는 원리로 보았다.

5.6 소프트웨어 아키텍처를 보는 관점체계

그러면 이러한 입력물로부터 진행되는 설계활동의 궁극적 결과물은 어떻게 표현되어야 (혹은 나타내야) 하는가? 소프트웨어 아키텍처 연구를 통하여 사람들은 소프트웨어 아키텍처는 그 자체로서 우리가 볼 수 있는 혹은 '알 수 있는' 대상이 아니라, 오직 우리가 특정한 '관점'으로 볼 때에만, 그 관점의 빛이 투영된 그림자로서 볼 수 있게 된다는 것을 발견하였다. 또한 하나의 관점만 존재하는 것이 아니라 여러 가지 관점이 존재하고 적절한 여러 개의 관점을 동원할 때 아키텍처를 더 잘 포착할 수 있다는 것을 발견하였다. 그렇다면 소프트웨어 아키텍처를 어떠한 관점들로 볼 수 있고, 어떠한 관점들의 집합이 개발 대상 시스템에 대한 적절한 관점들의 집합을 이루게 되는가 하는 문제가 대두된다.

여기서 한 가지 우리가 주목해야 하는 점은 아키텍처 스타일에 따라 적합한 관점체계가 서로 다를 수 있다는 것이다. 예를 들어, J2EE 기반의 응용, BPMS 기반의 SOA 응용, 내장소프트웨어, Web 응용 등의 서로 다른 아키텍처 스타일에 적절한 관점체계는 동일하지 않다.

5.7 설계의 일반원리

소프트웨어 아키텍처 설계도 다른 설계와 마찬가지로 적용되는 보편적인 원칙이 있다. 여기서 말하는 설계는, 아키텍처 드라이버부터 아키텍처 평가까지의 아키텍처 설계의 전체 과정을 말하는 것이 아니라, 정렬된 아키텍처 드라이버들로부터 설계 선택들의 집합으로 옮아가는 단계를 말한다. 이 단계를 위하여 적용할 수 있는 많은 원리들이 존재한다. 그러나, 그 중에서도 많은 상황에 적용할 수 있고, 많은 문제들의 해결에 단서가 되는 설계 원리는 무엇인가? 이 방법들은 우리가 의식하건 의식하지 않건 오랜 세월을 두고 인간이 생활과 학문에서 생기는 문제들을 해결하는데 적용하여 왔고, 따라서 종종 너무나 당연한 것으로 받아들이기 쉬운 그러한 원리들이다. 우리는 (좁은 의미의) 설계를 수행하는 데 이들 설계의 일반원리를 잘 활용할 수 있어야 한다.

이러한 설계의 일반원리들은 그림 5-1의 아키텍처의 설계 절차에도 이미 반영되어 있다. 분할정복 원리는 컴포넌트와 커넥터의 이분법을 요구하고, 합성과 분석의 원리는 설계 절차의 형태를 결정하고, 경험과 창의성의 결합원리는 설계에 적용되는 기법의 원리를 결정한다.

5.8 아키텍처 설계 절차

아키텍처 설계 절차는, 아키텍처를 결정짓는 요구사항들로부터 먼저 어떤 아키텍처적인 설계 선택들이 있는가를 판단함으로써 시작된다. 하나의 요구사항에 대하여 여러 가지 설계 선택이 있을 수도 있고, 여러 개의 요구사항들에 대하여 여러 개의 설계 선택들이 존재할 수 있다. 아키텍처 드라이버들을 충족시킬 수 있도록 어떻게 설계 선택들을 잘 찾아가고 이들로부터 어떤 판단 하에 구체적인 선택으로 선택의 범위를 압축하여 가느냐 하는 것이 합성과 분석의 기술이다. 다양한 선택들을 찾는 것은 창조적인 과정이고, 그들 중에 장단점을 따져서 좋은 선택으로 좁혀가는 과정이 아키텍처 분석이다.

소프트웨어 아키텍처 설계는 일반적인 원리만이 아니라, 경험적 지식을 활용함으로써 설계의 효율을 높일 수 있다. 이미 검증된 아키텍처 설계를 새로이 발명할 필요는 없다. 경험적 지식은 흔히 많은 사람들에 의하여 오랜 기간 동안 확인된 좋은 해법이다. 그러한 처방(prescription)에는 크게 아키텍처 패턴(혹은 패턴)과 품질속성 설계전략 (혹은 품질속성 전략)이 있다.

5.9 아키텍처 패턴

아키텍처 패턴은 반복적으로 발생하는 문제에 대하여 미리 만들어진 솔루션으로, 아키텍처 스타일이 구체적인 요구사항의 해결을 제공해 주지 않는 것과 달리, 패턴은 시스템 전체 혹은 서브시스템에 대한 아키텍처 해법을 제시한다. 따라서 흔히 패턴에 대한 체계적이고 깊은 이해는 훌륭한 아키텍트의 필수 조건으로 간주되기도 한다.

패턴은 특정한 문제를 해결하는 준비된 처방이며, 품질속성 설계전략과 대조적으로 특정 품질속성에 국한되지 않는다. 따라서 아키텍처 설계자들은 설계의 해법을 패턴에서 먼저 찾고, 적절한 해답이 없는 경우 품질속성 설계전략을 사용하게 된다.

5.10 품질속성 설계전략

품질속성 설계전략은 단일 품질속성 응답을 제어하는데 영향력 있는 설계 결정이다. 시스템이 보통 여러 가지 품질속성을 동시에 충족시킬 것을 요구하므로, 아키텍처 설계는 보통 여러 요구사항들 간 충돌을 해결하여야 한다. 패턴은 문제에 대하여 일반적인 솔루션을 제공하여, 여러 가지 요구사항을 동시에 해결할 수 있는 패턴이 존재할 경우 이를 사용하면 되지만, 그렇지 않을 경우, 품질속성 설계전략을 사용하여 문제를 해결하게 된다. 이 경우 여러 힘들 간의 충돌문제를 추가적으로 해결해야 한다.

5.11 아키텍처 분석

설계의 창조적 단계를 통하여 제시된 아키텍처가 적절한지 판단하기 위해서 분석이 필요하다. 예를 들어, '특정 시스템에 이 아키텍처가 제공할 수 있는 처리량은 얼마인가?'와 같은 문제가 분석될 수 있다. 분석 관점에 따라 분석 결과의 모습이 달라진다. 분석 결과는 아키텍처 평가를 위한 데이터로 활용될 수 있다.

5.12 아키텍처 평가

아키텍처 분석이 아키텍처에 대하여 주어진 분석관점에서 분석결과를 도출하는 활동인데 반하여, 아키텍처 평가는 아키텍처 분석 또는 다른 방법을 통하여 얻어진 데이터를 종합하여 아키텍처에 대한 중요한 판단을 내리는 활동이라는 점에서 이 둘은 서로 다른 활동들이다.

문제의 해결방법에는 여러 가지가 존재할 수 있고, 각각의 해법마다 장단점이 있기 때문에 아키텍처 평가가 필요하다. 아키텍처 분석은 설계 활동 안에서 더 나은 대안들을 제시하기도 한다. 그리고 평가 후에는 완결된 설계를 대안과 비교한 결과에 따라 설계라는 큰 과정을 다시 수행해야 할 수도 있다.

관련연구

소프트웨어 아키텍처에 관한 많은 책이 쓰여졌다. 그 중에서 [Shaw 89]는 소프트웨어 아키텍처 책의 효시에 해당된다. 가장 많이 읽히는 책은 아마도 [Bass 03a][Bass 13]이다. 이 책들은 주로 카네기멜론 대학교(Carnegie-Mellon University: CMU)의 교수진 또는 SEI의 연구진에 의하여 쓰였는데, 근래에 출간된 책인 [Taylor 09]는 University of Southern California 연구진

이 쓴 책으로 소프트웨어 아키텍처에 대한 포괄적인 내용을 담고 있으며, CMU와는 다른 시각을 볼 수 있다. 앞서 소개한 책들이 일반입문서에 해당된다면, 좀더 전문화된 책으로 [Hofmeister 00]은 Siemens에서 개발한 소프트웨어 아키텍처 설계 방법을 상세한 예제와 더불어 소개하고, [Clements 11]은 소프트웨어 아키텍처 문서화를 중심주제로 하고 있다.

제 II부

소프트웨어 아키텍처 설계의 근본 원리들

"과학의 원리와 법칙은 자연의 표면에 드러나 있지 않다. 그것들은 감추어져 있어서 적극적이고 세심한 탐구의 기술에 의하여 발굴되어야 한다."[25]

- John Dewey (Reconstruction in Philosophy)

'원리(principle)'는 "인간이 만드는 장치의 동작을 가능하게 하는 자연의 법칙 혹은 사실"을 말한다.[26] 소프트웨어 아키텍처 설계에도 소프트웨어 아키텍처 설계 활동에 적용될 수 있는 좋은 설계 방법과 좋은 설계 결과를 만들어 낼 수 있는 보편적 법칙 혹은 사실들인 근본 원리들이 있다.

제 II부에서는 제 I부 5장의 그림 5-1에 제시된 소프트웨어 아키텍처 설계에 필수적인 12개의 근본 원리를 하나씩 살펴보며, 그 원리가 아키텍처 설계에 왜 필요하며 어떻게 그 역할을 달성하는지 알아본다.

---

25. "Scientific principles and laws do not lie on the surface of nature. They are hidden, and must be wrested from nature by an active and elaborate technique of inquiry."
26. "The laws or facts of nature underlying the working of an artificial device" (http://www.merriam-webster.com/dictionary/principle)

1장 아키텍처 드라이버

"아키텍처 과학은 아키텍처 드라이버에 관한 정보를 수집하고 정리하는 것이고, 아키텍처 예술은 상충관계, 상호의존성, 우선순위에 따라 이것들을 해결하는 솜씨 있는 선택을 하는 것이다."

- Craig Larman ([Larman 02] p. 493)

시스템의 개발은 요구사항(requirements)[27]에서 출발한다. 따라서 요구사항은 시스템이 잘 만들어졌는지를 판단하는 기준이 되고, 개발이 완료된 시점에 개발 의뢰자는 시스템이 주어진 요구사항을 만족시키는지를 확인하게 된다. 소프트웨어 아키텍처 설계는 개발할 시스템의 구조를 결정하고 그 구조가 기능 요구사항과 품질 요구사항을 충족시킬 수 있는지를 확인해야 하기 때문에 소프트웨어 아키텍처 설계는 당연히 요구사항에 바탕을 두어야 한다. 그러나, 아키텍처 설계를 위하여 모든 요구사항이 필요한 것은 아니다. 요구사항 중에 아키텍처를 결정하는 요인이 되는 요구사항을 *아키텍처 드라이버*(architecture driver)[28]라고 부른다.

제 1장의 1.1절에서는 시스템 요구사항을 분류하고 여러 종류의 요구사항들과 아키텍처 드라이버가 어떤 관계에 있는지를 알아본다. 제 1.2절에서는 아키텍처 드라이버를 선정하는 방법에 대하여 논의한다. 제 1.3절에서는 아키텍처 자체의 문맥을 결정짓는 결정요인으로서의 아키텍처 프레임의 개념을 설명한다.

---

27. 요구사항은 사용자 관점에서 본 시스템의 서비스 및 이를 동반하는 요구사항을 기술하는 사용자 요구사항(user requirements)과 시스템이 해당 서비스를 제공하기 위해 해야 하는 것과 이를 동반하는 요구사항을 명시하는 시스템 요구사항(system requirements)으로 나눌 수 있다. 이 책에서 요구사항이라고 할 때 이는 시스템 요구사항을 뜻한다.
28. 아키텍처 드라이버라는 용어는 [Bass 03a]pp. 154~155에서 처음 사용되었으며, [Lattanze 09]에 보다 상세히 정의 되었다.

1.1 시스템 요구사항의 분류

개발 대상 시스템의 개발에 대하여 요구되는 모든 요구 사항들을 총칭하여 일반적으로 *시스템 요구사항*이라고 부른다. 그러나 시스템 요구사항은 실제로는, 그림 1-1의 왼쪽의 분류가 보여주는 바와 같이, 시스템 자체에 대한 요구사항뿐 아니라 시스템 자체의 요구사항이 아니지만 해당 시스템의 개발에 관련되는 모든 요구사항까지 포함한다. 또한 시스템 요구사항은, 그림 1-1의 나머지 부분이 보여주는 것처럼, 기능적 요구사항(functional requirements)[29]과 비기능적 요구사항(non-functional requirements)으로 나뉘고, 비기능적 요구사항은 다시 품질 요구사항(quality requirements)과 제약사항(constraints)으로 나뉜다.

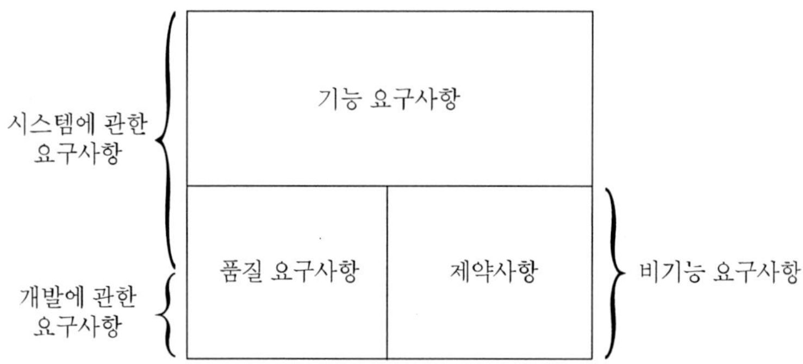

그림 1-1. 시스템 요구사항의 분류

기능적 요구사항은 시스템의 기능 혹은 시스템이 제공하여야 하는 서비스에 대한 요구사항을 말한다. 기능적 요구사항은 시스템이 특정한 입력(혹은 자극(stimulus))에 대하여 어떻게 반응해야 하고 특정한 상황에서 어떻게 동작해야 하는가를 기술한다.

품질 요구사항은 시스템이 제공하는 시스템 기능의 수준 혹은 품질에 대한 요구사항이다. 흔히 언급되는 품질 요구사항으로 성능(performance),

29. 기능적 요구사항은 FR로, 비기능적 요구사항은 NFR로 줄여서 쓰기도 한다.

신뢰성(reliability), 사용용이성(usability), 진화성(evolvability), 확장개발성(extendibility 혹은 extensibility), 규모확장성(scalability) 등이 있다.

제약사항의 예로는 개발시간과 개발공정에 대한 제약사항, 준수하여야 하는 표준들을 들 수 있다.

아키텍처를 결정하는 데에는 요구사항 중에서도 품질 요구사항과 아키텍처와 관련된 제약사항이 지배적인 역할을 수행하게 된다.[30]

1.2 아키텍처 드라이버

앞서 언급한 바와 같이 아키텍처를 결정하는 요인이 되는 요구사항을 *아키텍처 드라이버*라고 부른다. 그러면 시스템 요구사항들 중에 어떤 것들이 아키텍처 드라이버가 되는가? 그림 1-2는 아키텍처 드라이버가 품질 요구사항 또는 제약사항의 일부로 아키텍처 설계 결정에 영향을 미치는 요구사항을 지칭함을 보여준다.

요구사항이 아키텍처 드라이버가 되려면 시스템 전체의 구성 또는 성능/품질에 영향을 주어야 한다. 어떤 요구사항이 아키텍처 드라이버인지를 판단하는 데에는 많은 경험을 필요로 한다. 그러나 보통 요구사항이 (1) 품질 요구사항이거나, (2) 시스템 전반에 관련된 제약사항이거나 혹은 (3) 명시적인 품질 요구사항으로 제시되지는 않았지만, 시스템에 대하여 구축가능성, 재사용성 혹은 진화성을 요구한다면 아키텍처 드라이버라고 볼 수 있다.

30. [Bass 03a]은 "품질속성과 기능요구사항은 상호 독립적이다 (Functionality and quality attributes are orthogonal)" 라고 한다 (p. 72). 이 책은 이 입장에 동의한다. 예를 들어 리팩토링(refactoring)은 프로그램의 기능을 동일하게 유지하며 코드품질을 높이는 기법으로, 기능과 품질의 독립성을 이용한 프로그램 개선 기법이다. 그러나 사용자 명령에 대한 명령취소 기능의 추가가 사용용이성을 높이는 경우에서 알 수 있듯이, 기능의 추가에 의해 품질향상이 가능한 경우도 있다.

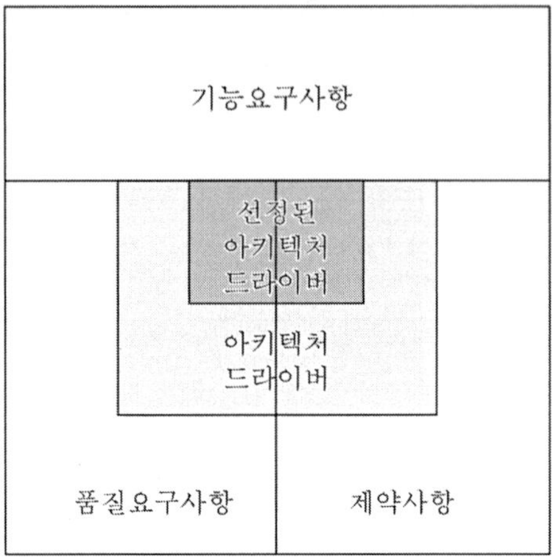

그림 1-2. 시스템 요구사항과 아키텍처 드라이버의 관계

아키텍트는 실제 아키텍처 설계를 위하여 모든 아키텍처 드라이버를 사용할 필요가 없다. 서로 중복되지 않도록 대표적인 일부 아키텍처 드라이버를 선정하여 사용함으로써, 효율적인 설계를 하게 되는데, 이를 *선정된 아키텍처 드라이버*(selected architecture drivers)라고 부른다.[31]

아키텍처 설계에 이용될 아키텍처 드라이버를 선정하기 위해서는 아키텍처 드라이버들의 우선순위를 결정해야 한다. 아키텍처 드라이버의 우선순위의 결정에 사용할 수 있는 방법은 일반적으로 요구사항의 우선순위의 결정에 사용하는 방법이다. 따라서 우선순위 결정 방법에 대한 이하의 논의는 요구사항을 대상으로 하기로 한다.

---

31. [Bass 03a]에 따르면 아키텍처 드라이버는 기능적 요구사항 혹은 품질 요구사항 혹은 비즈니스 요구사항이며, 이를 품질속성 시나리오 혹은 사용 시나리오 형태로 도출하여야 하며 이들을 합하여 10개 미만이 적절하다(pp. 154~155). 이는 이 책에서 말하는 선정된 아키텍처 드라이버를 얻는 방법이라고 볼 수 있다. 한편 아키텍처의 설계는 선정된 아키텍처 드라이버를 이용하여 수행하지만, 궁극적으로 아키텍처는 선정되지 않은 아키텍처 드라이버까지 충족시킬 수 있어야 한다. 이 책에서는 기능 요구사항은 직접적으로 아키텍처를 결정하는 요인으로 보지 않고, 그들을 구현하기 위한 구현가능성과 같은 품질속성을 요구하고 이를 통하여 간접적으로 아키텍처에 영향을 미치는 것으로 본다.

요구사항의 우선순위 결정은 크게 두 가지 방식으로 할 수 있다. 하나가 요구사항의 등급을 결정하는 방식으로, 이 방식을 사용하면 두 개 이상의 요구사항이 같은 등급을 가질 수 있다. 다른 하나는 모든 요구사항이 서로 다른 우선순위를 갖도록 서열화하는 방식이다. 전자의 방식의 적용 예를 제 2장 2.3절에서 소개하는 품질속성트리(표 2-2)에서 볼 수 있다. 후자의 방식에서는 요구사항의 우선순위를 결정하는 측정식이 있으면 측정식을 사용하여 측정결과값으로 요구사항들을 정렬하면 되고, 그렇지 않고 사람의 판단이 요구될 경우에는 쌍대비교(pairwise comparison)와 같은 방법을 사용할 수 있다. 이 방법은 사람이 여러 개의 대상을 한꺼번에 비교하는 것은 매우 어려우나, 두 개의 대상에 대한 비교는 비교적 정확히 할 수 있기 때문에 유용한 방법이다. 이 방법에서는 각 쌍의 요구사항에 대하여 어느 것이 더 중요한지를 판단한 후, 그 결과를 종합하여 각 요구사항의 우선순위를 결정한다. 쌍대비교로부터 모순적인 결과가 나올 수 있는데, 따라서 쌍대비교는 모순적이지 않은 결과가 나올 때까지 반복되어야 한다.

아키텍처 드라이버의 우선순위를 결정한 후에도 어느 만큼의 아키텍처 드라이버를 아키텍처 설계에 사용할지 결정해야 한다. 이를 위해 선정된 아키텍처 드라이버들 집합의 *아키텍처 카버리지*를 고려할 수 있다. 즉 아키텍처의 완전한 결정을 위해 충분치 않은 아키텍처 드라이버를 선정하여 아키텍처 설계에 사용해야 할 경우, 선정된 아키텍처 드라이버의 집합으로부터 완전한 아키텍처에 어느 정도 근접한 아키텍처를 도출할 수 있게 되는지를 측정할 수 있다면 선정된 아키텍처 드라이브의 결정에 큰 도움을 줄 수 있다. 그러나 아키텍처 카버리지의 측정 방법은 연구가 필요한 분야이다.

1.3 아키텍처 프레임 드라이버

아키텍처 프레임 드라이버는 시스템에 대한 제약사항에 속하는 아키텍처 드라이버 가운데, 개발대상 시스템의 도메인, 환경 및 추상수준을 결정하는 요소들을 말한다. [32]개발 대상 소프트웨어가 어떤 도메인에 속하는 소프트웨어인가가 개발과정 전반에 중요한 영향을 미치는 것처럼 아키텍처 프레임 드라이버는 아키텍처 설계에 큰 영향을 미친다. 즉 개발 대상 소프트웨어가 존재하는 문맥(context)에 따라 설계 대상 아키텍처가 들어가는 적절한 아키텍처 프레임이 달라지며, 아키텍처 프레임은 다시 설계 대상 아키텍처를 크게 제약하기 때문이다.

그림 1-3은 아키텍처 드라이버 가운데, 아키텍처 프레임을 결정짓는 아키텍처 프레임 드라이버가 있음을 보여준다. 그림 1-3의 굵은 화살표는 아키텍처에서 아키텍처 프레임이 갖는 역할을 보여주고, 가는 화살표는 각각 아키텍처 드라이버와 아키텍처 프레임 드라이버가 아키텍처와 아키텍처 프레임을 결정지음을 보여준다.

아키텍처 프레임을 결정짓는 아키텍처 드라이버의 예로는 "개발 대상 소프트웨어는 지역적으로 분산된 정보시스템이다","개발 대상 소프트웨어가 임베디드 소프트웨어로서 CORBA 미들웨어를 사용한다", "개발대상 소프트웨어가 웹 응용이다", 혹은 "BPM엔진을 사용하는 기업 업무 소프트웨

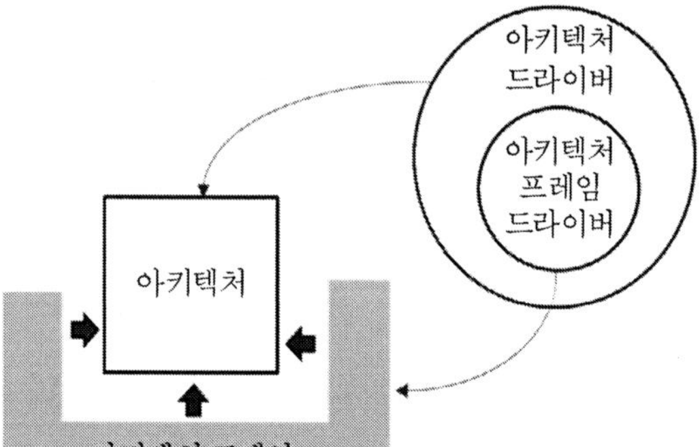

그림 1-3. 아키텍처 드라이버와 아키텍처 프레임 드라이버의 관계

32. 아키텍처 프레임은 제 5장과 9장에서 각각 상세히 논의될 아키텍처 스타일이나 아키텍처 패턴과도 다르며, 아키텍처 스타일, 아키텍처 관점 체계, 아키텍처 패턴을 결정짓거나 선택을 제약하는 역할을 한다.

어이다", "J2EE를 기반으로 한 클라이언트 서버 형 분산 소프트웨어이다" 등을 들 수 있다.

아키텍처 프레임의 개념이 기존의 아키텍처 설계에서 고려되지 않은 것은 아니지만, 아키텍처 프레임 드라이버가 다른 요구사항이나 아키텍처 드라이버와 구별되지 않고, 아키텍처의 도메인, 환경, 추상수준을 결정하는 요소로 분류되지 않았다. 그림 1-4는 전통적 아키텍처 설계 절차와 아키텍처 프레임 드라이버에 기반한 아키텍처 설계 절차를 비교하고 있다. 아키텍처 프레임을 요구하지 않는 설계의 경우에는 아키텍처 설계에서 바로 아키텍처 스타일과 관점체계를 결정하게 되지만, 아키텍처 프레임을 요구하는 경우에는 일반적으로 아키텍처 프레임 드라이버를 먼저 파악하여 아키텍처 프레임을 결정하여야 한다. 이 결정은 다시 아키텍처 스타일 및 아키텍처 관점체계의 결정에 영향을 미치게 된다.

나아가 아키텍처 프레임뿐 아니라, 아키텍처 환경도 아키텍처 설계의 중요한 고려 요소이다. 즉 개발 대상 시스템이 어떤 다른 시스템들과 동작하며, 그 다른 시스템들의 아키텍처는 어떤 모습을 갖고 있는가 하는 것이

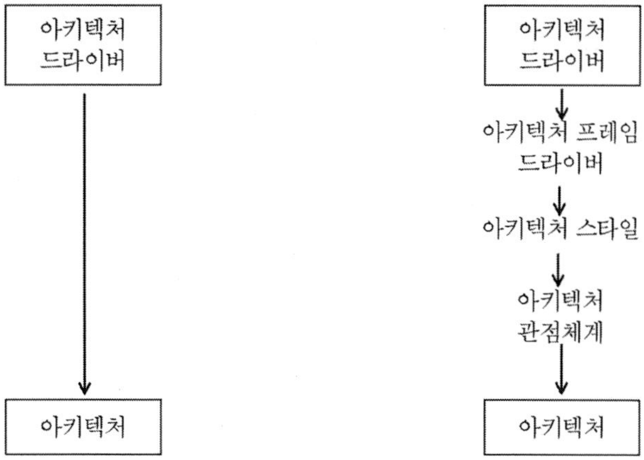

(a) 전통적 아키텍처 설계 절차 (b) 아키텍처 프레임에 기반한 아키텍처 설계 절차

그림 1-4. 전통적 아키텍처 설계 절차와 아키텍처 프레임에 기반한
아키텍처 설계 절차의 비교

시스템의 상호운영성을 위해서도 중요한 요소이고, 시스템의 진화와 관련해서도 중요한 요소이다. 따라서 최적화된 아키텍처 설계는 아키텍처 환경을 적절히 고려할 때에 비로소 얻어질 수 있다.

관련연구

아키텍처 드라이버를 "아키텍처적으로 중요한 요구사항(Architecturally Significant Requirement: ASR)"이라고도 말한다[Pohl 05].

Rational Unified Process (RUP) [33]는 가장 널리 알려진 소프트웨어 개발 프로세스 중의 하나이다. RUP는 개발을 도입(inception), 정련(elaboration), 구축(construction), 전이(transition) 4개의 단계로 나누며, 특히 개발 위험을 완화하기 위하여 반복적 개발 방법을 쓴다. RUP 정련단계에서는 주요 위험 요인들을 파악하고, 초기 골격 아키텍처(skeleton architecture)를 먼저 구현하여, 이를 바탕으로 반복적 개발을 하여 시스템을 완성해 간다. [Kroll 03]에 따르면 RUP에서는 시스템의 쓰임새(use cases) 중 아키텍처적으로 중요한 20~30%와 각 쓰임새 별로 1~2개의 사용 시나리오(use case scenarios)를 아키텍처 골격을 구현하는데 사용할 것을 권장한다.[34]

33. [Jacobson 99][Kroll 03]

34. 이는 반복적 프로세스를 전제한 방법이며, 또한 아키텍처 드라이버 중 일부를 골격 아키텍처를 위한 아키텍처가 드라이버로 선별하여 놓았음을 전제한다.

2장 품질속성, 검증가능성, 품질속성 시나리오

"동시성이라는 말을 할 때 당신은 무엇을 의미하는지 먼저 분명히 해야 하고, 그것은 '두 개의 사건이 동시에 발생했다'는 명제를 어떻게 검증하는가를 먼저 얘기함으로써만 가능하다. 그리고 그렇게 말할 때 당신은 이미 그 의미를 또한 완전하게 분명히 확립한 것이다."[35]

Albert Einstein([Boyd 91] p. 42)

제 1장에서 아키텍처를 결정하는 요구사항인 아키텍처 드라이버에 대하여 알아보았다. 아키텍처 드라이버 중 기술적으로 중요한 종류가 품질 요구사항이다. 왜냐하면 제약사항은 많은 경우 아키텍처 설계자 입장에서 그대로 수용해야 하는 대상이어서, 어떤 판단을 필요로 하지 않고 따라서 기술적 어려움을 제기하지 않기 때문이다. 그러나 품질 요구사항들이 아키텍처 설계에 이용되기 위하여는, 고객으로부터 최초에 제시된 '자연상태'로는 설계에 적용되기 적합하지 않기 때문에 설계에 이용되기 적합한 형태로 먼저 가공되어야 한다. 이 장에서는 그 가공 과정에 대하여 알아본다. 가공 과정은 품질속성에서부터 출발하여 이를 상세화하고 최종적으로 검증 가능한 품질속성 시나리오를 도출한다.

따라서 제 2장 2.1절에서는 먼저 품질의 개념과 품질속성에는 어떠한 것들이 있는지 분류체계를 살펴보고, 제 2.2절에서는 품질 요구사항이 가져야 하는 특성으로서 검증가능성이 무엇인지 알아본다. 마지막으로 제 2.3절에

35. "You must first say what you mean by simultaneity, and this you can only do by showing how the statement 'two events are simultaneous' is verified. But in so doing you have then also established the meaning fully and without remainder."

서는 품질속성 시나리오의 개념과 검증 가능한 품질속성 시나리오를 도출하는 방법 대하여 논의한다.

2.1 품질속성

시스템 개발에 요구되는 품질 요구사항들은 다양하며 이들을 분류할 수 있는 명칭을 가진다. 이를 품질속성(quality attribute)이라고 부른다. 즉 품질속성은 품질 요구사항의 특정한 종류를 나타내는 명칭이다. 예를 들어, "시스템이 서비스를 매일 하루 23시간 이상 서비스를 제공하여야 한다"라는 요구사항이 있다면, 이를 간략히 가용성(availability)이라는 품질속성 명칭을 이용하여 "시스템이 높은 가용성을 가져야 한다"고 말할 수 있다.

ISO 9126 표준은 소프트웨어 제품에 대하여 고려될 수 있는 다양한 품질속성을 (품질) 요인(factor)이라고 부르고, 기능성(functionality) 외에 기타의 품질 요구사항으로 신뢰성(reliability), 효율성(efficiency), 유지보수성(maintainability), 이식성(portability), 사용용이성(usability)을 주요 품질요인으로 보았으며 다시 이들을 더 세부적인 하위요인(subfactor)으로 분류하였다[ISO9126-1 01]. 그러나 이러한 분류는 완전한 분류는 아니다. 예를 들어 재사용성(reusability), 구축용이성(buildability), 혹은 진화성(evolvability)도 시스템에 대하여 요구될 수 있는 중요한 품질속성임에도 이 분류에 포함되지 않았다. 재사용성과 구축용이성은 특별히 고객이 요구하지 않더라도, 개발자가 개발을 효율적으로 수행하기 위하여 자연히 추구하게 되는 중요한 품질속성이라고 볼 수 있다. 또한 진화성은 개발시스템이 최초 인도된 후에도 계속 진화 발전하여야 하기 때문에 필요한 중요한 품질속성이다.

또한 [ISO9126-1 01]의 분류가 흥미롭고 유익한 분류임에도 불구하고, 제 2.1절과 2.2절에서 상세히 논의하는 바와 같이, 품질속성의 본질적인 성격을 규정짓는 방법으로 또 나아가 고객이 원하는 품질 요구사항을 파악하는 방법으로는 충분하지 않다. 예를 들어, 높은 가용성을 원한다고 고객이 말하였을 때, 그것이 하루 23시간 제공되는 것을 의미하는지 아니면 24시간 제공되는 것을 의미하는지 품질속성의 이름만으로는 알 수 없다.

품질속성의 분류

소프트웨어는 궁극적으로 실행하는 시스템으로서 사용자에게 서비스를 제공하기까지 명세, 설계, 고급언어 프로그램, 기계어 코드의 다양한 모습을 갖는다. 이런 과정을 거쳐 시스템이 올바르게 기대되는 품질을 보이며 동작하기 위해서는, 이 다양한 모습들이 서로 이음새 없이 연결 되어야 한다. 또한 고객과 개발자는 품질 요구사항을 통하여 시스템 실행에 대한 요구사항뿐 아니라, 시스템 개발 및 진화 발전하는 과정에 대한 요구사항까지도 제시할 수 있다. 예를 들어 진화성은 실행 시의 행위뿐 아니라, 요구사항이나 설계 등의 실행 전 단계의 모습에 의하여 크게 결정된다.

이러한 이유로 품질속성은 크게 시스템 개발에 대하여 요구되는 *개발 품질속성*과 시스템에 대하여 요구되는 *시스템 품질속성*으로 이루어지고, 시스템 품질속성은 다시 코드를 포함한 시스템 개발의 산출물(artifacts)에 대해 요구되는 *소프트웨어 품질속성*과 시스템이 제공하는 서비스에 대해 요구되는 *서비스 품질속성*으로 나눌 수 있다. 표 2-1은 다양한 품질속성의 예를 이러한 분류에 따라 보여주고 있다.[36]

다른 품질속성들이 아키텍처에 많은 영향을 주는데 비하여, 사용용이성(usability)은 많은 경우 아키텍처에 영향을 주지 못한다. 예를 들어 화면의 색깔, 버튼의 크기 등을 사용용이성에 영향을 미치지만, 아키텍처에 영향을 주지 않는 경우이다. 그러나 사용용이성이 아키텍처에 영향을 줄 수도 있다. 예를 들면 '명령 취소' 기능을 추가함으로써 사용용이성을 높일 수 있는데, 이는 기능의 추가와 더불어, 이를 반영한 아키텍처를 유도한다. 신뢰성

36. 어떤 품질속성은 소프트웨어에 대하여도 요구될 수 있고 또 동시에 서비스 대하여도 요구될 수 있다. 예를 들어 변경용이성이라는 용어가 모듈구조의 변경뿐 아니라, 서비스에 대한 변경용이성도 의미할 수 있다. 이 경우 두 개의 서로 다른 품질속성이 같은 용어로 표현된 것이다.

표 2-1. 품질속성의 예[37]

시스템 품질속성		개발 품질속성
소프트웨어 품질속성	서비스 품질속성	
재사용성 (reusability) 변경용이성(modifiability) 확장개발성(extendibility) 유지보수성(maintainability) 이식성(portability) 구축용이성(buildability) 시험용이성(testability) 이해용이성(understandability)	신뢰성(reliability) 성능(performance) 가용성(availability) 사용용이성(usability) 안전성(safety) 보안성(security) 규모확장성(scalability) 이해용이성(understandability)	개발기간 (time of development) 개발팀의 상호조정력 (coordination of development teams) 개발자 생산성 (developer's productivity) 개발(팀) 생산성 (development team's productivity)

의 경우에도 예를 들어 결함허용시스템의 구현을 위하여 이중화를 도입할 수 있고, 이는 기능과 아키텍처에 큰 영향을 미치게 된다. 이와 같이 대부분의 품질속성은 아키텍처에 큰 영향을 주는 지배적인 요인이다. 기능과 품질은 경우에 따라 독립적인 관계에 있을 수도 있고, 서로 독립적이지 않을 수도 있다.

표 2-1의 분류 이외에도 소프트웨어 개발단계에서 어떤 역할을 수행하는가 혹은 개발 이후의 소프트웨어의 모습에 어떤 영향을 주는가에 따라 품질속성을 나눌 수도 있다. 전자에 속하는 품질속성으로 (1) 이해용이성(understandability), (2) 구축용이성(buildability), (3) 재사용성(reusability),

37. 이와 같이 품질속성을 개발 측면과 시스템 측면으로 나누고 시스템 측면을 다시 소프트웨어 측면과 서비스 측면으로 나눈 분류는, 해당 품질속성을 아키텍처 설계 단계에 어떤 아키텍처 뷰에서 다루어야 하는지를 시사한다. 아키텍처 관점에 대하여는 제 4장에서 상세히 논의한다. 한편 중요한 현대적 소프트웨어 개발 패러다임의 하나인 모델주도개발의 방법론(MDD: Model Driven Development) 의 경우에도 MDD의 핵심 모델인 플랫폼 독립 모델(PIM: Platform Independent Model)과 플랫폼 종속 모델(PSM: Platform Specific Model) 중 어떤 모델에서 어떤 품질속성이 다루어져야 하는가의 문제를 제기한다. 예를 들어, 성능 품질 속성을 PIM에 다루어야 하는지 PSM에서 다루어야 하는지 두 군데서 모두 다룰 수도 있는 것인지에 대한 연구가 필요하다.

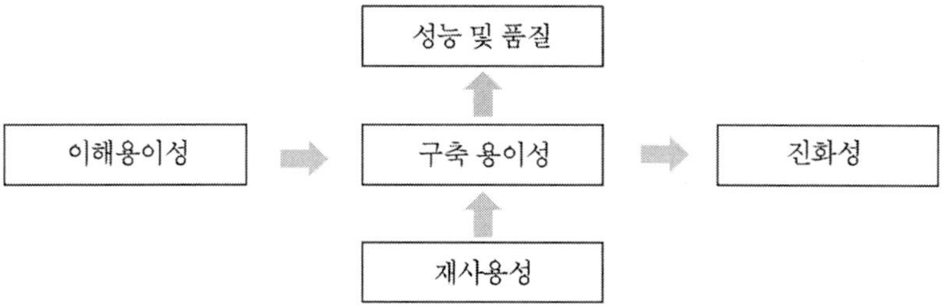

그림 2-1. 소프트웨어 품질속성들 간의 관계

(4) 성능(performance) 및 품질(qualities) 이 있고 후자의 품질속성으로 (5) 진화성(evolvability)이 있다. 그림 2-1은 이들 다섯 개의 품질속성들 사이의 관계를 도식적으로 보여준다.

(1) 먼저 개발단계에서는 아키텍처의 이해용이성이 중요하다. 아키텍처는 중요하지 않은 세부사항들을 포함하지 않기 때문에 기본적으로 잘 만들어진 아키텍처는 목표 시스템을 쉽고 신속하게 이해하도록 하며 혼동을 줄여 준다. 아키텍처 설계가 이해하기 쉽게 잘 되었는지 아닌지에 따라, 대상 시스템의 모습과 시스템이 개발 방향을 여러 참여자들이 쉽게 이해할 수도 있고 그렇지 않을 수도 있다. 그림 2-1은 이해용이성이 시스템 개발에서 가장 기본적인 속성이라는 것을 보여주고 구축용이성에 많은 영향을 준다는 것을 보여준다.

(2) 구축용이성은 개발이 어느 정도 용이하게 될 것인가를 나타내는 정도인데, 구축용이성에 영향을 주며, 용이한 구축이 가능하도록 하여주는 두 가지 중요한 요소로 의사소통과 개발조직이 있다. 의사소통이 구축용이성에 중요한 이유는 모델링 되고 문서화된 아키텍처는 의사소통을 위한 중요한 수단이 되기 때문이다. 또한 우리는 신속하고 효율적인 개발을 위하여 개발조직을 결정하고 구성하여야 하는데, 소프트웨어 아키텍처는 서로 다른 그룹의 개발자들에 의하여 동시에 개발될 수 있도록 시스템을 독립적이면서도 유기적으로 상호작용하는 구성 컴포넌트로 분할한다. 이러한 분할은 나아가 개발 조직의 부서에 업무를 할당

하는 기준이 되기도 한다. 아키텍처는 시스템의 상위수준의 설계를 정의하며 이해관계자(stakeholders)들이 공유하여, 효과적인 개발이 가능하도록 한다.

(3) 다음으로 아키텍처는 재사용의 대상이 되는 부분을 정의한다. 재사용을 통하여 개발 노력의 많은 부분을 절감할 수 있는 사항이므로 이러한 판단은 매우 중요하다. 그림 2-1은 재사용성이 구축용이성을 지원함을 보여준다.[38]

(4) 또한 아키텍처는 성능과 품질을 결정하는데, 성능과 품질에 대한 요구사항은 대부분 중요한 요구사항이기 때문에 이를 충족시키는 방법을 고려할 수 있는 아키텍처를 설계 하는 것은 매우 중요하다. 그림 2-1은 성능 및 품질이 구축용이성의 기반 위에서 실현될 수 있음을 보여준다.

(5) 끝으로 시스템이 단지 개발이 완료된 상태에서 운용되도록 구축됨으로써 충분한 것이 아니라, 개발이 완료된 후에도 얼마나 유지보수가 잘 되고 나아가 확장된 시스템이나 진보된 시스템으로 잘 변해갈 수 있도록 설계되어 있는가 하는 것도 아키텍처에 의하여 결정되는 중요한 요소이다. 특히 시스템 폐기까지의 진화과정에 최초 개발에 소요되는 비용의 보통 두 배 이상이 소요된다는 점을 생각하면, 진화성은 매우 중요한 아키텍처적인 속성임을 알 수 있다.

2.2 검증가능성

제 2.1절에서 어떠한 종류의 품질속성들이 있는지 알아보았다. 그러나, 과연 품질속성이 그 자체로서 명확한 의미를 지녔을까? 예를 들어 이 시스템은 높은 성능을 가져야 한다고 말하였을 때, 그 의미가 명확한가? 개발자가 시스템이 충분한 성능을 가지고 있다고 생각하고, 개발이 완료된 후 고객에게 시스

---

38. 처음부터 개발하는 경우에는, 컴포넌트들의 범위를 잘 정하여 최적화된 개발을 할 수 있지만, 기존의 컴포넌트를 재사용함으로써 개발비용을 크게 줄일 수 있기 때문에, 최적화된 설계를 포기하는 것이 더 나은 선택이 될 수도 있다.

템이 인도 되었을 때, 과연 고객은 그 성능에 만족할 것인가? 만일 만족하지 않는다면 무엇이 잘못된 것일까? 그리고 그 책임은 누구에게 있는 것일까?

이러한 문제의 근원은 품질속성이 그 명칭 만으로 명확한 의미를 가지지 못한다는데 있다. 예를 들어 '높은 성능'이라고 하였을 때 그것이 어떤 정도를 말하는지 명확하지 않기 때문에, 나중에 고객의 기대에 부응하였는지를 따질 때에, 가 또는 부의 답을 내릴 수 없게 된다. 따라서 요구사항 분석 단계에서 품질속성의 의미를 명확히 만들 필요가 있다. 아인슈타인이 "두 개의 사건이 동시에 일어났다"는 명제가 의미 있는 과학적 명제가 되기 위해서는 그 명제를 검증할 수 있는 방법을 제시할 수 있어야 한다고 말한 바와 같이, 우리가 검증할 수 없다면, 명제의 진위를 가릴 수 없게 되고, 따라서 명제의 가장 중요한 과학적 의미 즉 진위를 원천적으로 파악할 수 없게 되는 것이다.

그러면 어떻게 불명확한 의미를 지닌 품질속성을 명확한 검증 가능한 품질속성으로 만들 수 있을까?[39]

개발자는 고객이 주는 요구사항을 충족시키는 시스템을 개발하여야 한다. 따라서 개발자의 입장에서는 요구사항을 충족시켰느냐 충족시키지 못하였냐 하는 것이 시스템 개발이 성공적인지 성공적이지 못한지를 판단하는 기준이 된다. 그러나 고객이 최초에 요구사항을 줄 때에는 충족여부를 판별할 수 없는 형태로 주는 경우가 많다. 따라서 그러한 요구사항을 충족 여부를 판별할 수 있는 형태로 바꾸는 것이 필요하다. 충족여부를 판단할 수 있는가를 '검증가능성'이라고 부른다. 다시 말해서 개발자는 고객의 품질 요구사항이 검증 가능한 형태를 갖고 있지 않다면 검증 가능한 형태로 먼저 가공해야 한다. 예를 들어, "시스템은 경험 있는 사람들이 쉽게 사용할 수 있게 사용자 오류가 최소화되도록 구성되어야 한다"의 요구사항은 검증 가능

39. 독자는 품질속성을 검증 가능한 요구사항으로 변환하는 대신에 품질속성을 아예 사용하지 않으면 되지 않느냐고 물을 수 있지만, 품질속성은 의사전달을 개략적인 수준에서 신속하게 할 수 있는 방법이므로, 이러한 방법을 아주 사용하지 않는 것이 바람직하지는 않다.

하다고 볼 수 없다. 왜냐하면, 오류가 최소화 된다는 것이 어느 정도인지도 명확하지 않고, 어떤 사람을 경험 있는 통제자로 보아야 하는가가 명확하지 않기 때문이다. 만일 이 요구사항을 "시스템은 경험 있는 통제자들이 총 2시간의 훈련으로 모든 시스템 기능을 사용할 수 있어야 하고, 경험 있는 사용자들이 훈련 후에는 하루에 만드는 오류가 평균 두 개 이하여야 한다"로 바꾼다면, 이 요구사항은 검증 가능한 요구사항이 된다.

철학자들과 과학자들은 명제가 과학적 의미를 갖기 위해 필요한 조건에 대하여 많은 논의를 하였다. 아인슈타인은 다른 많은 분석철학자들과 입장을 같이하여, 검증할 수 있는 수단 혹은 방법이 있을 때 비로소 어떤 명제가 과학적으로 의미 있는 명제가 된다고 생각하였다. 품질속성 시나리오를 검증 가능하게 만들려고 하는 노력도 이러한 원칙에 그 뿌리가 있다고 볼 수 있고, 그러한 방법의 실용적인 효과는 부인할 수 없다.[40]

2.3 품질속성 시나리오

제 2.2절에서 논의한 바와 같이, 품질속성은 품질속성 시나리오로 도출되는 과정에 검증 가능한 품질속성시나리오로 도출 되어야 한다. 그리고 검증가능한 품질속성 시나리오를 도출하는데 도움을 줄 수 있는 기법으로 품질속성 유틸리티 트리가 있다.

품질속성 시나리오 템플릿. 품질속성 시나리오가 어떻게 제 2.2절에서 논의한 검증가능성을 갖도록 만들어 질 수 있을까? 품질속성 시나리오의 템플릿

40. 한편 과학적으로 명제가 되기 위하여는 검증가능성 보다 더 엄격한 기준이 적용되어야 한다는 주장이 있는데 [Popper 59]의 "refutability criterion(반박가능성 기준)" 혹은 "falsifiability (허위검증성)"으로, 도출되는 시나리오 대하여 이런 기준을 적용할 수도 있을 것이다. 혹은 검증가능성이 용어상으로는 진실임을 보일 수 있는 측면만 강조하고 있는 것으로 보이지만, 함축적으로 거짓임을 보일 수 있는 측면도 내포하고 있다고 보아야 하므로, 결국 이 두 가지 입장이 우리의 품질속성 시나리오 도출에 있어서는 같은 효과를 가진다고 볼 수 있다.

을 사용하면 검증 가능성을 가진 시나리오를 용이하게 도출할 수 있다. 품질속성 시나리오 템플릿은 다음 여섯 개의 요소로 이루어 진다 [Bass 03a]:

1. 소스(source): 자극(stimulus)을 생성하는 개체
2. 자극(stimulus): 시스템에 영향을 주는 조건
3. 산출물(artifact): 자극에 의하여 영향을 받는 시스템의 부분(자극의 대상: 프로세스, 저장장치, 프로세서, 통신 등)
4. 환경(environment): 자극이 발생한 조건
5. 반응(response): 자극 때문에 발생하는 활동
6. 반응척도(response measure): 시스템의 반응을 평가하는 척도

이와 같은 여섯 개의 요소를 고려함으로써 시나리오 표현에 필요한 요소들을 빠지지 않고 결정할 수 있고, 이 들을 결합하면 검증 가능한 시나리오가 만들어지게 된다.

예를 들어, 표 2-2의 품질속성 시나리오 "최대 부하가 걸린 상태에서, 주소변경통보에 따라 사용자가 환자 계정을 갱신할 때 트랜잭션은 0.75초 내에 완료된다"를 고려하여 보자. 이는 다음의 여섯 개의 요소로 구성된다:

1. 소스: 사용자
2. 자극: 주소변경통보의 도착
3. 대상(산출물[41]): 시스템
4. 환경: 시스템에 최대 부하가 걸린 상태
5. 반응: 환자 계정 갱신 트랜잭션의 수행
6. 반응척도: 0.75초 내에 트랜잭션 완료

이를 적용하여 시나리오를 다시 완전하게 기술하면 "(시스템에) 최대 부하가 걸린 상태에서, 주소변경통보에 따라 사용자가 환자 계정을 갱신할 때

41. [Bass 03a]은 '대상(subject)' 대신 '산출물(artifact)' 이라는 용어를 사용하였다.

(시스템에 의하여) 트랜잭션은 0.75초 내에 완료된다"가 된다. 즉 산출물이 명시적으로 나타나지 않은 것을 제외하고는 잘 작성된 품질속성 시나리오임을 알 수 있다.

그럼 왜 이런 방법이 검증 가능한 시나리오를 만들어 줄 수 있는 것인가? 그림 2-2는 검증 가능한 품질속성 시나리오의 도출 방법의 동작 원리를 보여준다. 품질속성 시나리오가 검증 가능하기 위해서는, 우선 측정을 위하여 반응하는 대상(subject)(n), 즉 측정대상이 있어야 하며, 측정대상으로부터의 응답(k)이 필요하고, 이를 측정할 수 있는 척도(o)가 필요하다. 또한 이를 위하여 대상에게 가할 자극(j)이 필요하고, 자극을 가하는 소스(l)가 필요하다. 대상은 환경 속에 존재하며, 환경이 달라지면 반응이 다를 것이므로, 해당 시나리오를 위한 적절한 환경(m)을 정의할 필요가 있다. 이와 같은 방법은 다양한 품질속성에 일반적으로 적용 가능하며, 고객으로부터 필요한 품질속성 요구사항을 받아 검증 가능한 품질속성 시나리오를 만드는데 적용될 수 있다.

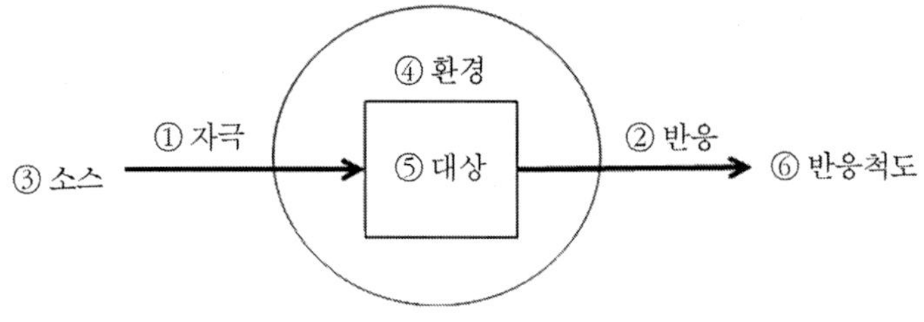

그림 2-2. 검증 가능한 품질속성 시나리오 도출 방법의 동작 원리

품질속성 시나리오의 활용. 이렇게 도출된 검증 가능한 형태의 품질 요구사항들은 두 가지 용도를 갖게 되는데, 먼저 그 요구사항을 충족시킬 수 있도록 아키텍처를 설계하는데 사용되게 되고, 나아가 추후 시스템이 완성된 후 시스템이 그 품질 요구사항을 충족시키는지를 확인하기 위한 시험 요구사항의 기반으로 사용된다.

품질속성 유틸리티 트리(Quality Attribute Utility Tree). 표 2-2는 품질속성 유틸리티 트리의 예를 보여준다.[42] 맨 왼쪽 칼럼에는 품질속성의 명칭을 기록한다. 하나의 품질속성은 관련측면에 따라 하나 이상의 측면으로 상세화 될 수 있다. 품질속성 시나리오는 품질속성의 각 측면별로 만들어지게 되는데, 측면에 따라 하나 이상의 시나리오가 필요할 수 있다. 시나리오가 만들어지고 나면 끝으로 각 시나리오에 대하여 우선순위를 결정하게 되는데, 우선순위는 고객관점의 중요성과 개발자 관점의 개발 난이도를 종합하여 판단한다. 아키텍처 관점에서는 고객에게도 높은 중요성을 갖고 기술적인 관점에서도 높은 난이도를 갖는 시나리오가 우선적으로 아키텍처 적인 해결을 찾아야 하는 대상이 된다.

시나리오가 갖는 의미. "시나리오 기반의 …" 이라는 표현은 "시나리오 기반이 아닌 ..." 의 존재를 암시하여 시나리오 기반의 방법들이 지배적으로 타당한 방법이 될 수 있느냐의 의문을 제기할 수 있다. 이 질문에 답하기 위하여, 우선 사용 시나리오가 매우 성공적인 개념이었다는 점을 상기할 필요가 있다. 쓰임새라는 것은 대상 시스템의 존재 이유이고, 따라서 쓰임새의 시나리오를 충족시키는 길을 찾는 것은 일반적으로 대상 시스템을 만들어 가는데 올바른 길을 제시한다고 볼 수 있다.

관련연구

CMU Software Engineering Institute(SEI) 에서 개발한 품질속성 워크샵은 고객의 요구사항으로부터 검증 가능한 품질속성 시나리오를 체계적으로 도출하는 방법을 제시한다. 그림 2-6은 품질속성 워크샵의 개요이다.

---

42. 이 예는 테이블 형태로 제시 되었지만, 원래는 트리 형태로 작성되어 트리로 불린다.

표 2-2. 품질속성유틸리티 트리 ([Bass 13]p. 307)

품질속성 (Quality Attribute)	품질속성 상세화 (Quality Attribute Refinement)	품질속성 시나리오 (Quality Attribute Scenario)	우선순위(priority)	
			중요성 (importance)	개발난이도 (difficulty)
성능	트랜잭션 응답시간	QAS_P_1. 최대 부하가 걸린 상태에서, 주소변경통보에 따라 사용자가 환자 계정을 갱신할 때 트랜잭션은 0.75초 내에 완료된다.	H	M
		QAS_P_2. 현재시스템의 최대 부하 값의 2배의 부하가 걸린 상태에서, 주소변경통보에 따라 사용자가 환자 계정을 갱신하며 트랜잭션은 4초 내에 완료 된다.	L	H
	처리량	QAS_P_3. 최대 부하가 걸린 상태에서, 초당 150개의 정상적인 트랜잭션을 처리한다	M	M
모듈성	기능가능 한 부분집합	QAS_M_1. 핵심기능만으로 시스템이 자율적으로 수행할 수 있도록 개발한다.[43]	M	L
	COTS 제품 교체의 유연성	QAS_M_2. 상용 데이터베이스를 다른 벤더의 것으로 교체한다.	H	M
		QAS_M_3. 운영체제를 교체한다.[44]	H	M
	...			
...				

H: High(높음), M: Medium(중간), L: Low(낮음)

품질속성 워크샵

품질속성 유틸리티 트리 형태의 적절한 품질속성 시나리오를 도출하는 것은 기술적으로 간단하지 않다. 뿐만 아니라 품질속성 시나리오의 도출은 기본적으로 요구사항을 추출하는 활동이므로, 적합한 형태의 결과를 얻기 위하여 고객을 포함한 관련 이해관계자들이 참여하여야 한다. 이런 두 가지 사항을 충족시키며 품질속성 시나리오들 도출할 수 있는 방법으로 SEI에서는 Quality Attribute Workshop (QAW) 프로세스를 정의하였다. QAW 프로세스는 다음 8개의 단계로 이루어진다 [Kazman 07]:

1. QAW 발표 및 소개
2. 비즈니스 계획 발표
3. 아키텍처 계획 발표
4. 아키텍처 드라이버 식별
5. 시나리오 집중토의(brainstorming)
6. 시나리오 통합
7. 시나리오 우선순위 결정
8. 시나리오 정제

QAW 워크샵에 대한 소개와 비즈니스 계획을 각각 단계 1과 단계 2에서 수행한다. 단계 3에서는 아키텍처 계획을 발표하는데, 핵심적인 비즈니스 요구사항에 대처하는 계획과 전략 외에 기술적 요구사항, 위험요인, 제약사항, 기존의 모델 및 문서 등을 포함한다. QAW의 단계 4에서 얻어진 아키텍처 드라이버의 최종 목록은 이해관계자들로 하여금 시나리오 집중 토의 동안에 초점을 맞출 수 있는 대상이 된다. 단계 5에서는 사회자가 이끄는 집중 토의 프로세스에 따라 이해관계자가 시나리오들을 생성한다. 단계 6에서 QAW 사회자는 이해관계자로부터 추출한 시나리오 중 유사한 내용의 시나리오를 식별하여 정제한다. 단계 7에서는 중요성과, 기술적 난이도에 따라 시나리오의 우선순위를 결정한다. 단계 8에서는 아키텍처 설계를 위하여 상위 우선순위의 시나리오를 추린다. 선정되는 시나리오의 개수는 설계 또는 개발에 주어진 시간에 따라 결정되는데, 보통 상위 5개의 시나리오를 선택한다.

그림 2-6. SEI 품질속성 워크샵의 개요

이 장에서 품질속성을 시스템 속성, 소프트웨어 설계 속성으로 나누었다. 그 이유는 소프트웨어 품질은 실행 시점에 드러날 수도 있고, 실행 이전

43. 이 품질속성 시나리오는 QAS_M_2와 QAS_M_3와 마찬가지로, 품질속성 시나리오의 응답 결과가 측정하는 대상이라기 보다는, 시간적인 제한을 두지 않고 가능하거나 가능하지 않는지의 여부만을 판단하는 품질속성 시나리오이다.

44. 다양한 대상에 대하여 교체의 유연성을 봄으로써, 모듈성을 판단하려고 하는 경우로, 데이터베이스도 교체 대상의 하나가 된다.

단계의 모습에 내포될 수 있기 때문이다. 이와 같은 구별은 파급효과가 클 수 있는데, 예를 들어 품질속성 시나리오를 도출하는 six-part-scenario 원칙도 시스템 중심의 품질속성과 설계자 중심의 품질속성으로 나누면 보다 더 자연스럽게 설명될 수 있다. 현재의 six-part-scenario의 원칙이 일반성을 갖고 있어서, 이 두 종류의 품질속성에 다 적용이 되지만, 더 자연스러운 두 종류의 시나리오 생성 틀(scheme)이 있다면, 이는 사용자의 이해를 증진시키고 또한 이를 이용하여 더 편리하게 시나리오를 도출할 수 있다.

[Bosch 00] 는 기능 요구사항은 다양하지 않지만 품질 요구사항은 다양하기 때문에 기능 요구사항 기반의 아키텍처 설계가 품질 요구사항을 반영하는 설계보다 우선적으로 수행되어야 한다고 한다(p. 33). 이는 이 책 제 II부 2장 2.1절에서 많은 시스템 개발에서 암묵적으로 내포된 (implicit) 품질속성인 구축용이성과 재사용성을 반영한 설계 방법으로 볼 수 있다. 뿐만 아니라 [Bosch 00]의 방법은 사실상 이들 품질속성을 우선적으로 반영한 설계 방법으로, 특별히 다른 품질 요구사항이 높은 우선순위를 갖는 시스템에는 적절하지 않을 수 있다. 예를 들어, 진화성이나 재사용성이 덜 중요한 시스템 개발에 개발자가 자의적으로 이들에 대하여 높은 우선순위를 부여하게 될 수도 있다.

3장 아키텍처 설계문제 분석

"부분들을 전체로부터 분리하는 데에는 근본적인 오류가 있는데, 분해하지 말아야 하는 것을 분해하는 잘못을 하고 있는 것이다. 단일성과 상호보완성은 실세계를 구성하는 실질적이 요소들이다."[45]

- Werner Heisenberg

아키텍처 설계를 잘 하기 위해서는 요구사항으로부터 설계결과로의 연결이 잘 이루어져야 한다. 이를 위하여 아키텍처 드라이버를 식별하고, 품질속성을 제 2장에서 제시하는 형태로 잘 정련해야 할 뿐 아니라, 이들 아키텍처 드라이버로부터 가능한 한 효과적으로 설계결과에 도달해야 한다.

전통적으로 수행되어 왔던 요구사항 분석(Requirements Analysis)이 포괄적인 문제영역에 대한 분석이라면, 아키텍처 측면에 초점을 두고 문제 해결을 중심으로 하는 분석을 이 책에서는 아키텍처 설계문제 분석(Architecture Design Problem Analysis)[46] 이라고 부른다.

정의(아키텍처 설계문제 분석). 아키텍처 설계문제의 식별, 정리 및 해결책의 후보를 도출하는 활동을 아키텍처 설계문제 분석이라고 한다.[47]

---

45. "There is a fundamental error in separating the parts from the whole, the mistake of atomizing what should not be atomized. Unity and complementarity constitute reality."
46. 이 용어는 제 11장에서 논의할 아키텍처 설계 결과에 대한 분석인 "아키텍처 분석"이라는 용어와의 차이도 더 부각시킨다.
47. Larman은 "아키텍처적 분석은 시스템의 비기능적 (예를 들어 품질) 요구사항들을 기능적 요구 사항의 문맥 속에서 식별하고 해결한다"라고 정의하였다([Larman 02]p. 486). UP는 "아키텍처적 분석의 목적은 분석 패키지, 자명한 분석클래스 및 공통의 특수한 요구사항들을 식별함으로써 분석모델과 아키텍처를 요약하는 것"으로 정의한다([Jacobson 99]p. 196). 이는 [Larman 02]의 정의에 비하여 아키텍처적 분석의 역할이 약한 정의이다.

기존의 요구사항 분석이 아키텍처 설계를 직접 겨냥하지 않은데 비하여, 아키텍처 설계문제 분석은 아키텍처 설계문제에 대한 해결을 직접 겨냥한 준비 작업이다. 이는 문헌에서 아키텍처 분석(Architectural Analysis)이라고 부른 활동에 가깝다. 그러나 Unified Process(UP)와 [Larman 02]의 방법 모두 아키텍처 설계가 분석/설계에 보조적인 역할을 하는데 지나지 않고, 아키텍처 설계의 해법을 가져올 수 있는 적극적인 분석(proactive analysis)이 되지 못하였다. 이 책에서는 전통적인 아키텍처 분석뿐 아니라, 예를 들어 문제틀(Problem Frame, [Jackson 95])과 같이 소프트웨어 개발 문제를 패턴화하여 효과적으로 해법을 도출하고자 하는 유형의 아키텍처 설계를 위한 분석 활동을 모두 아키텍처 설계문제 분석이라고 부르기로 한다.

이 장에서는 제 3.1절에서 아키텍처 설계문제 분석 원리를 소개하고, 제 3.2절에서는 전통적인 아키텍처 설계문제 분석 방법들을 소개하고, 제 3.3절에서는 이 책에서 제시하는 아키텍처 설계문제 분석표 템플릿을 소개하고, 제 3.4절에서는 아키텍처 설계문제 분석의 진보된 방법의 예로서 구조적 설계(Structured Design)에서 사용되었던 데이터흐름 변형 방법과 문제틀의 방법을 소개한다.

3.1 아키텍처 설계문제 분석원리

아키텍처 설계문제 분석을 위하여는 아키텍처 드라이버들뿐 아니라 아키텍처 설계에 영향을 미치는 다른 요인들까지 고려하여야 한다. 아키텍처 드라이버들을 포함하여 아키텍처 설계에 영향을 줄 수 있는 요인을 *아키텍처 설계요인*(architecture design factor)이라고 부른다. 아키텍처 설계요인들 중 아키텍처 드라이버가 아닌 아키텍처 설계요인을 *아키텍처 설계 환경요인*(architecture design environmental factor)이라고 부른다. 예를 들어 개발자들이 세 지역에 나뉘어져 있다는 사실이나 개발자가 병행프로그래밍을 모른다는 사실은 개발대상 시스템에 대한 요구사항이나 제약사항이 아니지만,

시스템 개발에 중요한 고려사항이 될 수 있는 아키텍처 설계 환경요인이다.

아키텍처 설계문제 분석은 다음과 같은 절차로 수행된다:

(1) 아키텍처 드라이버들로부터 중요성이 높은 아키텍처 드라이버들을 선정한다.
(2) 선정된 아키텍처 드라이버들과 아키텍처 설계 환경요인들로부터 아키텍처 설계문제들을 식별한다.
(3) 각 아키텍처 설계문제 별로 이를 해결할 수 있는 아키텍처 전략들을 도출한다.
(4) 아키텍처 전략들을 평가하고 그 결과를 정리한다.

아키텍처 설계문제는 *아키텍처 이슈*라고 부르기도 한다. 그림 3-1은 이러한 절차의 입력물과 출력물들을 보여준다.

아키텍처 설계문제 분석을 수행하는 방법으로 초보적인 방법과 진보된 방법이 있다. 초보적인 방법은 직관에 의존하여 문제와 해법의 우선순위를 결정한다. 이를 보다 체계적으로 도출하는 진보된 방법은, 그림 3-2가 보여주는 것처럼, 이득과 비용이라는 측면으로 각 설계문제와 아키텍처 전략을 평가한다. 진보된 방법은 나아가 각 아키텍처 전략을 각 전략이 갖고 있는

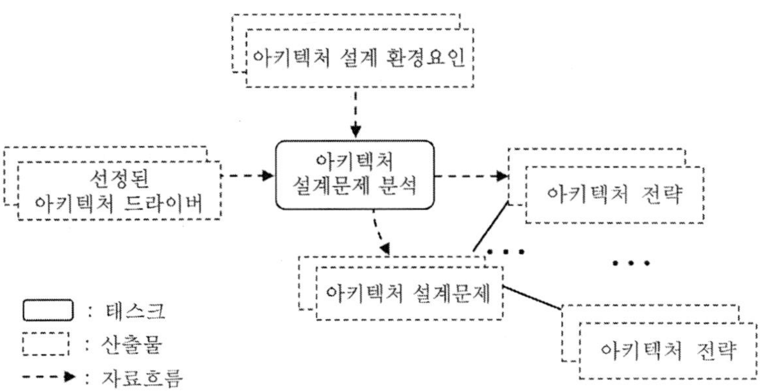

그림 3-1. 아키텍처 설계문제 분석 활동

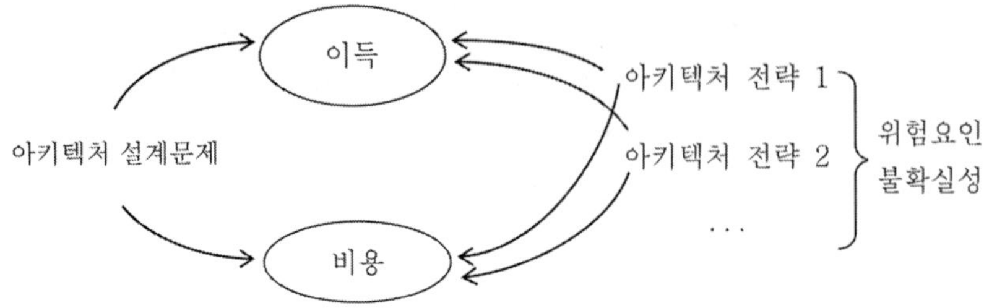

그림 3-2. 진보된 아키텍처 설계문제 분석방법의 접근

위험요인(risk)[48]과 불확실성(uncertainty)을 고려하여 평가할 수도 있다.[49]

이와 같은 아키텍처 설계문제 분석은 아키텍처 설계의 준비과정에만 수행되는 것이 아니라, 본격적인 설계가 진행되면서 아키텍처가 구체화되면서도 수행될 수 있다. 제 7장 7.2절에서 설계를 합성과 분석이 반복적으로 일어나는 활동으로 규정하는데, 아키텍처 설계문제 분석은 요구사항에 있는 아키텍처와 관련된 설계문제들을 찾아내어, 그에 대한 설계 방향을 내다보는 활동이므로 합성에 속하는 활동이다.[50]

3.2 전통적인 아키텍처 설계문제 분석 방법

전통적인 아키텍처 설계문제 분석 방법은 직관적인 분석 방법이며, 그 결과를 정리하는 대표적인 기법으로는 (1) 기술메모(Technical Memo) (그림 3-3), (2) 이슈카드(Issue Cards) (그림 3-4), (3) SEI 아키텍처 결정문서(Architectural Decisions Document) (그림 3-5)가 있다.

각 기법들은 아키텍처 설계문제, 아키텍처 드라이버, 아키텍처 전략을 포함하여 전략도출의 근거를 포함한다. 표 3-1은 앞에서 소개된 분석 기법

48. 위험요인은 "원하지 않는 결과를 가져올 수 있는 요인"을 말한다.

49. 이러한 평가에 사용할 수 있는 기법을 제 12장에서 소개한다.

50. 따라서 '아키텍처 설계문제 분석'과 제 11장에서 자세히 소개할 '아키텍처 분석'은, 설계활동 중 전자는 합성에 후자는 분석에 속하는 전혀 다른 개념들이다.

기술메모(Technical Memo)
이슈(Issue): 법적 이슈 - 세법의 준수

해결책 요약(Solution Summary): 세금계산기 컴포넌트를 구매

고려사항(Factors)
법률상 현행 세금 계산 규칙이 적용되어야 한다.

해결책(Solution)
세금계산 규칙을 상시 업데이트하는 라이선스 계약과 함께 세금계산기 컴포넌트를 구매한다. 시스템에 따라 다른 계산기를 설치할 수 있다.

이유(Motivation)
출시시간, 정확성, 낮은 유지보수 요구사항, 행복한 개발자 (아래의 대안 참조).
개발 제품은 값이 비싼 제품이고 따라서 비용제약과 목표가격에 영향을 주지만, 대안을 수용할 수 없다.

해결되지 않은 이슈(Unsolved Issues)
제일 좋은 제품은 무엇이고 품질은 어떤가?

고려된 대안들(Alternatives Considered)
자체개발의 경우, 시간이 길어지고, 오류가 많을 것이고, 비용도 많이 들고 개발자들도 관심이 없는 유지보수 책임문제를 발생시킨다. 따라서 (가장 중요한 목표임에 틀림없는) "행복한 개발자"라는 사업목표에 영향을 주게 된다.

그림 3-3. 기술메모 [Cunningham 96][51]

들의 용어를 비교한다. 이슈카드의 경우 아키텍처 설계문제를 해결하기 위한 여러 가지 아키텍처 전략 중에 설계에 어떤 것이 채택되었는가를 명시하지 않아 순수한 분석결과로 볼 수 있는데 비하여 기술메모나 SEI 아키텍처 결정문서의 경우, 채택된 전략과 채택되지 않은 전략을 구분하도록 하여 아키텍처 설계문제 분석결과와 설계결과가 혼재되어 있다.

51. 출처: [Larman 02]p. 495

공격적인 일정

개발일정이 공격적이다. 추정 공수(effort)와 가용 자원을 고려하면, 요구되는 시간 안에 모든 소프트웨어를 만드는 것이 가능하지 않을 수 있다.

영향을 주는 요인들(Influencing Factors)

O4.1: 출시시간이 짧고 협상 가능하지 않다. 소프트웨어를 재설계 하고 재구현하는 데 요구되는 개략적인 공수 추정으로는 2년 이상이 소요된다.
O5.1: 투입인력을 크게 늘리기 어렵다.
O1.1: 구매보다 개발을 약간 더 선호한다.
O4.2: 인도되는 피처들은 협상 가능하다. 낮은 우선순위의 피처는 추후 릴리스(release)에서 추가될 수 있다.
O7.2: COTS 컴포넌트를 구매하는 예산은 융통성이 있다. COTS 컴포넌트의 가격과 라이선스 요금은 고려되어야 한다.

해결책(Solution)
세금계산 규칙을 상시 업데이트하는 라이선스 계약과 함께 세금계산기 컴포넌트를 구매한다. 시스템에 따라 다른 계산기를 설치할 수 있다.

전략(Strategy): 자체 개발한 컴포넌트를 재사용하라
자체 개발한 도메인 특화된 컴포넌트들 중 여러 개가 재사용 후보가 된다. 그러나 어떤 기존의 컴포넌트들은 재사용을 하려면 많은 부분을 재설계하고 재구현해야 할 지 모른다. 이런 컴포넌트들을 각각 평가하여 그것을 재사용하는 것이 유리한지 시간과 공수를 절약해 줄지 결정하라.

전략: 개발 대신 구매하라
COTS 컴포넌트를 구매함으로써 시간과 공수를 줄일 수 있다. 그러나, 어떤 COTS 제품의 가격과 라이선스 비용은 지나치게 높을 수 있다. 이점이 있을 때 그리고 개발 시간을 상당히 줄일 수 있을 때에는, COTS 소프트웨어를 구매하거나 라이선스 하라.

전략: 피처를 추가하고 제거하기 용이하게 하라
개발시간을 줄이는 한 가지 방법은 피처들의 일부를 추후 릴리스로 연기시킴으로써 기능을 줄이는 것이다. 많은 재개발을 하지 않고, 피처를 추가하거나 제거하기 용이하다면, 인도 일정을 맞출 수 있도록 기능을 조절하는 것이 가능하다.

그림 3-4. 이슈카드 [Hofmeister 00]p. 39

1. 이슈(Issue)
2. 결정(Decision): 해결책
3. Status(결정상태): 보류, 결정완료 혹은 승인
4. 그룹(Group)
5. 가정들(Assumptions)
6. 대안들(Alternatives)
7. 근거(Argument)
8. 파급효과(Implications)
9. 관련된 결정들(Related Decisions)
10. 관련된 요구사항들(Related Requirements)
11. 영향 받는 산출물(Affected Artifacts)

그림 3-5. SEI 아키텍처 결정문서 [Clements 11]pp. 239~241

표 3-1. 아키텍처 설계문제 분석 기법의 용어 비교

	기술메모 기법	이슈카드 기법	SEI 아키텍처 결정문서 기법
아키텍처 설계문제	이슈	이슈	이슈
아키텍처 드라이버	고려사항	영향을 주는 요인들	관련된 요구사항들
아키텍처 설계 환경요인	고려사항	영향을 주는 요인들	관련된 요구사항들
아키텍처 전략	해결책	전략	결정
아키텍처 전략 도출의 근거	이유	없음	근거

3.3 아키텍처 설계문제 분석표

표 3-2는 이러한 기존의 방법들을 개선한 아키텍처 설계문제 분석표이다. 표 3-3은 아키텍처 설계문제 분석표에 나오는 아키텍처 설계요인들 중 아키텍처 설계 환경요인들을 정리한 표이다. 아키텍처 설계 환경요인에는 조직관련 환경요인과 기술관련 환경요인이 있다. 조직관련 환경요인으로는 관리, 직원기술, 관심, 강점, 약점, 프로세스 및 개발환경, 개발일정, 개발예산 등이 있고, 기술관련 환경요인으로는 범용 하드웨어, 도메인 특정 하드웨어, 소프트웨어 기술, 아키텍처 기술, 표준 등이 있다. 이 분석표들의 실제 사용 예를 제 III부 3장의 아키텍처 문서화 사례연구에서 볼 수 있다.

표 3-2. 아키텍처 설계문제 분석표[52]

아키텍처 설계문제	아키텍처 설계요인	아키텍처 전략	이유 (이득/비용/위험요인/불확실성 포함)	관련사항 (관련전략/파급효과/완화전략)
Issue 6. 피처의 용이한 추가와 제거	FO4.1. FO4.2. C05. (새로운 종류의 피처가 매 3년마다 추가될 수 있다.) C09. (사용자 상호작용 모델이 새로운 패러다임과 표준에 맞게 수정되어야 한다.)	AS10. 컴포넌트와 모듈을 관심(concern)에 따라 분리시킨다.	DR20. 기존의 프레임워크를 사용하여 빠른 시간에 새로운 솔루션을 얻기 용이하다. …	범용컴퓨터와 도메인특정 하드웨어 이슈 참조.
		AS11. 피처를 분리된 컴포넌트들로 캡슐화시킨다.	…	…
		AS12. 사용자 상호작용 모델을 분리시킨다.	…	…
…	…	…	…	…

FO: Organizational Factor, FT: Technological Factor, QR: Quality Requirement,
C: Constraint, AS: Architecture Strategy, DR: Design Rational

표 3-3. 아키텍처 설계 환경요인들

대분류	소분류	이름	설명	변경가능성	파급효과
조직	개발일정	FO4.1	출시시간이 짧다.	없다.	설계결정에 광범위한 영향을 준다.
		FO4.2	피처개발이 협상 가능하다.	협상 가능하다.	다소 있다.
	…	…	…	…	…
기술	…	…	…	…	…

52. 표 3-2와 3-3의 예는 [Hofmeister 00]pp. 69-70에 나오는 예를 활용하였다

제 3.1절에서 본격적인 아키텍처 설계가 진행 중인 과정에도 아키텍처 설계문제 분석활동이 수행될 수 있음을 설명하였다. 따라서 '아키텍처 설계문제 분석표'도 설계가 진행되면서 점차 더 많은 문제와 그에 대한 설계전략으로 채워지게 된다.[53]

3.4 아키텍처 문제분석을 위한 진보된 방법들

이 장의 제 3.1절부터 제 3.3절까지 논의한 아키텍처 문제분석방법은 기본적으로 직관에 의하여 문제의 세계에서 해결책의 세계로 넘어가는 방법이다. 직관이 아니라 체계적인 절차에 의해 문제의 세계에서 해결책의 세계로 넘어가도록 하는 방법은 없을까? 특정 도메인과 작은 시스템을 대상으로 한 그런 시도가 과거에 있었지만, 범용적으로 사용되는데 한계가 있었고 특히 품질요구사항을 체계적으로 다루지 못하였다. 그러나 좋은 아키텍처 설계를 위하여 아키텍처 문제분석을 잘 수행하는 것은 중요하고, 아키텍처 문제분석을 체계화하고 나아가 자동화시키려고 하는 노력은 계속되어야 하기 때문에 이러한 과거의 시도를 이 절에서 소개한다.

3.4.1 구조적 설계 방법

구조적 설계 (Structured Design) 방법은 오랜 역사를 가진 설계방법으로, 아키텍처에 대한 연구가 본격적으로 이루어지기에 앞서 특정 스타일의 프로그램 아키텍처를 도출하는 방법을 제시하고 있다고 볼 수 있다. 이 절에서는 [Pressman 05]의 14.5절에서 소개된 Safehome 예를 통하여 구조적 설계 방법론이 어떻게 데이터흐름도(Data Flow Diagram: DFD)로 작성된 요

53. 제 III부에서 아키텍처 문서의 일부로서 '아키텍처 설계문제 분석표'를 작성하게 되는데 아키텍처 문서에 작성된 분석표는 본격적인 설계활동 속에서 추가적으로 도출한 아키텍처 설계문제와 전략을 모두 포함하는 분석표를 제시하게 된다. 이는 Parnas가 지적한 것처럼 아키텍처 문서는 "합리화된(rationalized)"산출물이기 때문이다[Parnas 86].

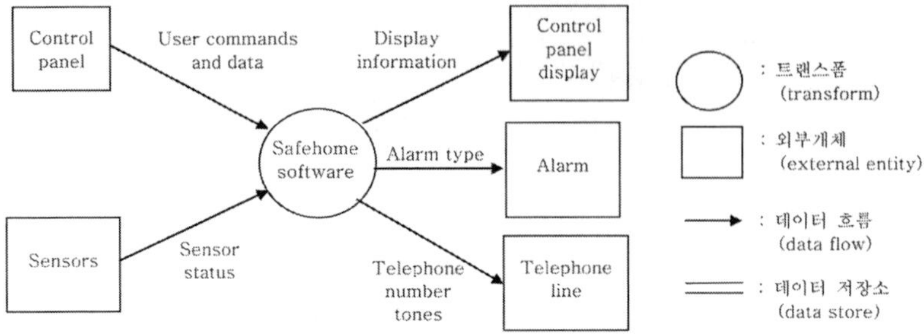

그림 3-6. 문맥 다이어그램 (Level-0 DFD)

구사항모델로부터 Call & Return 스타일[54]의 아키텍처를 도출하는지 살펴본다. 이러한 사례는 다양한 스타일이나 큰 소프트웨어 시스템에 그대로 적용되기 힘든 면은 있으나, 특정한 아키텍처 스타일의 경우 상당히 자연스러운 변형과정을 통하여 아키텍처가 도출될 수 있음을 확인시켜 준다.

Safehome 보안시스템은 시스템이 설치된 곳을 관찰하고, 변화가 인식될 때 적절히 동작하는 시스템으로 제어패널(control panel)을 통하여 사용자와 상호작용한다. 그림 3-6은 시스템의 문맥을 보여주는 Level-0 수준의 DFD이다. 요구사항 분석모델은 그림 3-6 외에 이를 상세화한 DFD를 포함한다. 소프트웨어 시스템은 데이터가 들어와서 변형되어 나가는 중심에 있다고 볼 수 있는데, 소프트웨어 시스템 안에서 이러한 기능을 갖는 단위를 트랜스폼이라고 부른다.[55]

그림 3-7은 Level-0 DFD를 한 단계 상세화한 Level-1 DFD이다. Safehome software 트랜스폼이 상세화되어 구성정보(configuration information) 데이터저장소를 포함한 여러 개의 트랜스폼과 Monitor sensors 트랜스폼으로 나뉘어 진다. 그림 3-7에서는 Monitor sensors 외에 다른 트랜스폼은 표시하지 않고 이를 전부 점선 네모로 추상화하여, 이들과의 데이터 흐름을 점선 네모와의 데이터의 입출력으로 표시하였다.

54. 제 5장 5.2절 표 5-1의 Main program and subroutines 아키텍처 스타일과 동일한 아키텍처 스타일이다.

55. [Pressman 05] Section 14.5.1에서 트랜스폼 흐름이 자세히 논의된다.

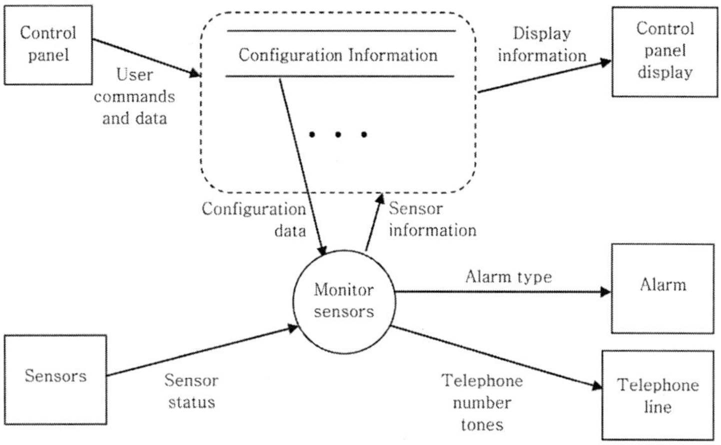

그림 3-7. Level-1 DFD

그림 3-8은 그림 3-7의 Level-1 DFD 중 Monitor sensors 트랜스폼을 상세화한 Level-3 DFD이다. (이 책에서는 Level-2 DFD를 생략하였으며 Level-2 DFD는 [Pressman 05]의 p. 383에서 확인할 수 있다.) Level-3 DFD에서 각 트랜스폼은 비교적 높은 응집도(cohesion)를 가진 트랜스폼들로, 이들은 각각 하나의 프로그램 모듈로 구현될 수 있는 하나의 뚜렷한 기능을 수행하고 있다. 따라서 그림 3-8의 DFD는 아키텍처 설계를 시작하기에 충분한 세부사항들을 포함하고 있다.

아키텍처 설계를 위하여 먼저 DFD의 지배적인 특성을 고려하여 전체적인 데이터 흐름의 특징을 선택한다. 그림 3-8에서는 DFD 전체를 데이터가 들어오는 부분과 나가는 부분 그리고 입력데이터로부터 출력데이터로 전환이 일어나는 부분으로 나눌 수 있다고 판단하고, 이를 위에서 아래로 그은 곡선으로 세 그룹의 경계를 표시하였다. 이와 같은 선택 외에 다른 그룹핑도 가능하기 때문에, 대안들 간에 장단점이 검토될 필요가 있다. 그림 3-8은 이렇게 그룹핑된 DFD가 그 아래의 프로그램 구조로 변환되는 것을 보여준다. 제일 위에 있는 모듈은 결정을 내리고 하위의 모듈들을 조절하는 역할을 하고, 하위의 모듈들은 입력, 계산, 출력의 작업을 수행한다.

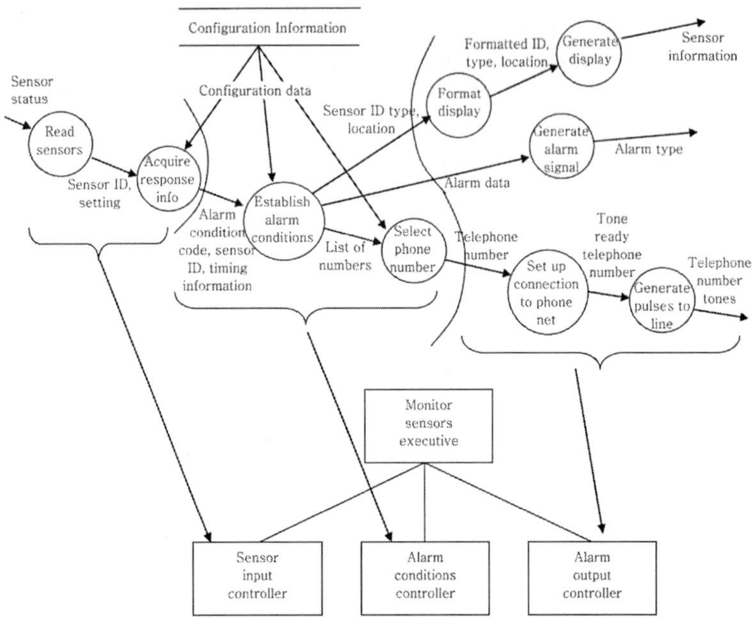

그림 3-8. Level-3 DFD의 모듈아키텍처로의 변환

그림 3-9는 출력 부분에서 일어나는 그 다음 수준의 변환을 보여준다. 여기서는 모든 트랜스폼이 모듈에 일대일로 맵핑되었지만, 두 세 개의 트랜스폼이 하나의 모듈로 맵핑될 수도 있다. 상세화된 전체 DFD가 이와 같이 하향식 방법으로 모듈뷰 아키텍처로 일차적으로 변환된다.

그 다음 단계에서는 모듈의 독립성, 높은 응집도, 낮은 결합도, 구축용이성, 시험용이성, 유지보수성 등의 소프트웨어 품질을 반영하기 위하여 수정된다. 적절한 수준의 품질이 확보되었는지는 제 11장과 12장의 아키텍처 분석/평가 결과방법, 실용적인 고려사항이나 상식 등으로 판단할 수 있다.

이 절에서 소개된 방법은 기능의 분할에 초점이 맞추어져 있어서, 기능지향적 설계방법이라고 불리기도 한다. 아키텍처 설계의 큰 장점이 체계적으로 품질속성을 중점적으로 다룬다는 점에서, 범용적인 아키텍처 설계 방법으로 쓰이기는 어렵지만, Call & Return이라는 한정된 스타일의 영역에서는 비교적 손쉽게 모듈뷰 아키텍처를 도출하는데 사용될 수 있다.

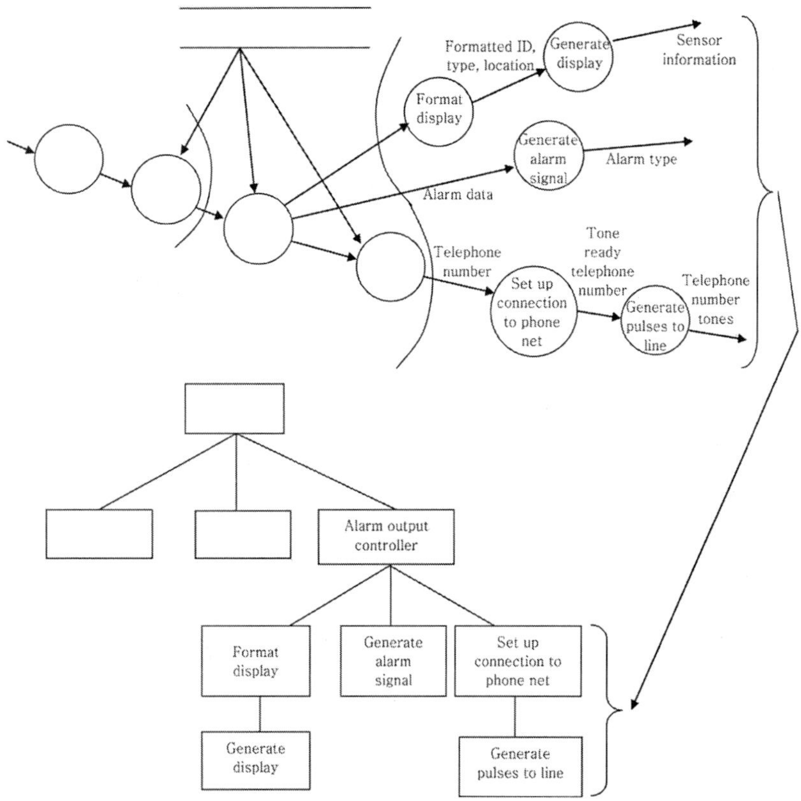

그림 3-9. Level-3 DFD에서 모듈아키텍처로의 변환

3.4.2 문제틀 분석방법

그러면 전통적인 아키텍처 설계문제 분석기법을 넘어서, 어떻게 더 체계적으로 아키텍처 드라이버로부터 아키텍처 설계 문제를 노출시키고 또 그에 대한 아키텍처 전략을 도출할 수 있는가? 아키텍처 드라이버가 아키텍처 설계의 출발점으로 검증 가능한 시나리오 형태로 머물러 있다면, 아키텍트의 일은 매우 힘들게 될 것이다. 대신 설계가 도출되기 쉬운 형태로 설계 문제가 정의될 수 있다면, 아키텍처 설계는 훨씬 용이해 질 것이다. 예를 들어, 아키텍처 패턴이 적용되기 쉬운 형태의 문제패턴이 요구사항 속에 존재한다면, 아키텍처 설계가 쉽게 진행될 수 있다.

전통적인 아키텍처 설계문제 분석기법들을 포함하여 기존의 대부분의 소프트웨어 아키텍처 설계 방법들은 이러한 아키텍처 전략 또는 기술이 좋은 아키텍처를 만드는 아키텍처 설계과정이라는 중요한 chain에 하나의 원리를 제공함에도 불구하고 이런 방향으로 많은 연구를 수행하지 못하였다. 이러한 방향의 한 가지 접근 방법으로 Michael Jackson의 문제틀 분석방법이 있다. 이 방법은 정확하게 아키텍처를 겨냥한 것은 아니지만, 이와 같은 방향의 노력이 어떤 모습을 가지는지 보여주는 좋은 예이다.

문제틀 개념은 요구사항 분석 혹은 문제분석을 위한 접근 방법으로 Michael Jackson에 의하여 [Jackson 95]에서 소개되었다. 문제틀은 요구사항에 담긴 문제들의 종류를 인식하는 개념언어로 하나의 문제틀은 우리가 같은 종류로 식별할 수 있는 문제들의 집합으로, 이를 *문제패턴*이라고도 부를 수 있다.

이 개념의 주요한 특징은 설계를 위하여 요구사항을 효과적으로 분석하는 방법이 계층적 분해가 아니라 병행적 분해라는 점을 강조하는데 있다. 계층적 분해는 문제들이 비교적 독립적인 하위 문제들로 분해할 수 있을 때 이루어진다. 이러한 문제는 복잡도가 큰 문제라기 보다 규모가 큰 문제라고 보아야 할 것이다. 그러나 풀기 어려운 복잡한 문제의 경우 하위 문제들이 복잡성이 서로 겹쳐져 있고 상호작용을 하는 문제들로 *병행적*으로 구성되는 것이다. 문제틀은 이러한 하위 문제들을 식별하게 해주고 그들의 상호관계를 분석하게 하고 문제의 해결을 용이하게 찾을 수 있도록 하여 아키텍처 설계문제의 해결에 도움을 준다.

이 절에서 논의한 바와 같이 요구사항을 문제의 틀로 식별해 내는 것이 아키텍처 설계에 도움을 준다는 데 대하여는 의심할 여지가 없다. 그러나 문제틀의 개념이 중요해 보임에도 불구하고, 아키텍처 문제분석을 위하여 문제틀의 접근방법을 사용하려고 할 때에 다음과 같은 문제점에 부딪히게 된다: (1) 우선 품질과 같은 문제를 문제틀의 접근방법으로 어떻게 해결할 수 있는가 하는 것은 중요한 문제이지만, 문제틀의 접근방법이 품질 문제를 해결하는데 어떻게 쓰일 수 있는지는 명확하지 않다. 묵시적인 품질속성으로서 구축용이성에 도움을 주고, 매우 큰 규모의 재사용성은 문제틀의 사용에서 발견되지만, 그 밖의 방법으로 어떻게 재사용성에 도움을 줄 수 있는지는 명확하지 않다. (2) 또한 이러한 문제틀의 식별이 큰 문제에 어떻게 용이하게 적용될 수 있는지 그 가능성과 방법이 자명하지 않다. (3) 나아가 문제틀이 문제의 패턴이라면 이들을 아키텍처 패턴과 같은 해결책의 패턴으로 연결시키는 방법에 관한 연구가 필요한 상황이다.

관련연구

[Jacobson 99]은 분석의 목적이 "요구사항에 대한 더 정확한 이해를 얻고, 유지보수가 용이하고 아키텍처를 포함한 전체 시스템에 대한 구조를 보여주는데 도움을 주는 요구사항의 기술을 얻는 것"이라고 하였다(p. 173). 여기서 우리는 세 번째의 '전체 시스템의 구조를 보여주는데 도움을 준다'는 부분에 특히 주목할 필요가 있다.

[Jacobson 99]은 아키텍트는 분석모델의 구축과 아키텍처 기술 모두에 책임이 있다고 하여, 분석모델이 아키텍처 설계가 해결해야 할 문제를 해결하기 적합하게 정리한 형태임을 말하였다(pp. 175~176). 한편 분석모델이 문제를 해결하려 하지 않고, 아키텍처 설계에 프로그래밍 언어, 운영체제, 사용되는 프레임워크, 기존시스템 등이 반영되기 때문에 분석모델의 구조가 아키텍처의 구조로 보전되지 않는 경우도 많이 있다고 말하여, 분석모델이 아키텍처와 구분되는 다른 모델임을 분명히 하였다.

[Hofmeister 00]은 아키텍처 드라이버와 아키텍처 설계 환경요인을 모두, *아키텍처 설계 요인*이라는 의미에서 '요인(factor)'이라고 불렀고, 이를 제품에 관련된 요인, 조직에 관련된 요인과 기술에 관련된 요인으로 나누어 아키텍처 설계를 위한 요인 분석을 수행하였다. [Cervantes 16]은 아키텍처 드라이버를 설계 목적, 품질 속성, 주된 기능(primary functionality), 아키텍

처 관심, 제약사항의 다섯 가지로 구성된다고 보았다. 이 책에서는 아키텍처 드라이버는 요구사항에서 나오는 것으로 보고, 그 나머지 아키텍처 설계에 영향을 주는 요인들은 아키텍처 설계 분석 단계에서 발견되는 아키텍처 설계 요인들로서 요구사항 외적인 요인들이기 때문에 아키텍처 설계 환경 요인이라고 부른다. 제 1장 관련연구에서 언급한 바와 같이 일반적으로 아키텍처 드라이버를 아키텍처적으로 중요한 요구사항으로 부르기 때문에 이 책의 아키텍처 드라이버 용어의 사용이 일반적인 용법에 더 부합된다.

이 책의 제 9장 9.2절에서 설명한 바와 같이 [Buschmann 07b] 은 분산컴퓨팅을 위한 아키텍처 패턴을 제시하면서, 13개의 문제군으로 나누어, 해당 문제군에 적용할 수 있는 패턴으로 제시하였다. 이는 문제의 패턴을 해결방법과 연결시키는 데 있어서 Michael Jackson의 문제틀과 같이 체계적이지는 못하지만, 이 두 가지 방법의 연결을 통하여 문제틀이 갖고 있는 약점을 극복하는 방법을 도출할 수 있는 가능성을 제시한다.

[Taylor 09]은 문제틀과 흡사한 개념으로 아키텍처 설계의 개념적인 도구로서 "단순한 기계"를 들고 있다. 추상화는 "해법을 구성하는 추상적인 요소들의 배열로 이를 상세화하여 최종적인 코드에 이르게 된다"고 한다. [Taylor 09]는 그래픽, 문서작성, 산업공정제어, 소득세 작성, 웹페이지 구축, 과학적 컴퓨팅, 금융회계 등의 도메인에서 흔히 쓰이는 원시기계(simple machine)를 보여주고 있다(p. 88). 예를 들어, 금융회계 도메인에서는 스프레드시트, 데이터베이스, 트랜잭션과 같은 원시 기계가 있다.

Martin Fowler의 분석패턴([Fowler 96])은 비즈니스 도메인에서 많이 쓰이는 문제패턴들을 정리 제시하고 있다. 분석패턴은 새로운 분석방법을 제안한 것이 아니고, 병행적 분해(parallel decomposition)와 같은 문제틀의 분석기법도 포함되지도 않는다. 이 패턴들은 문제보다는 개념적 수준의 해법에 가깝다고도 볼 수 있다. 이 패턴들 중에는 범용적인 적용이 가능한 것도 있지만, 객체지향 설계에서만 적절히 활용될 수 있는 패턴들도 많이 있다. 특히 이 점은 분석패턴을 아키텍처 설계를 위한 문제패턴으로 보기 어렵게 만든다.

4장 컴포넌트, 커넥터, 인터페이스

"공간과 시간은 우리 자신의 상상의 산물이다 (그러나 시원(始原)적 산물이다). 따라서 그들은 주체 자신에 영향을 주는 만들어진 직관적 능력이다."[56]

- Immanuel Kant (순수이성비판(Critique of Pure Reason), AA 22, 37)

우리가 소프트웨어 시스템을 위한 아키텍처를 설계한다면 결국 어떤 모습을 갖는 모델로 그 결과가 만들어 지게 될 것이다. 시스템마다 아키텍처는 달라지겠지만, 모델을 구성하는 요소들은 무엇이며 그들은 서로 어떻게 결합하여 아키텍처를 나타내게 될 것인가? 이 질문에 대한 통일된 답이 없다면, 우리가 아키텍처의 개념을 활용하여 소프트웨어 시스템을 개발한다고 하여도, 그 개념의 활용에 많은 어려움이 동반될 것이다. 그러나, 다행히도 아주 타당한 이유로 그 아키텍처 모델은 컴포넌트라고 부르는 요소와 컴포넌트를 연결하는 커넥터라는 요소들로 구성된다는데 많은 연구자들이 동의하고 있다. 이것은 모든 아키텍처가 갖는다고 보는 아키텍처의 가장 기본적인 요소들에 대한 시각이다.[57]

---

56. "Space and time are products (but primitive products) of our own imagination; hence, they are generated intuitions in that the subject affects itself."

57. 제 6장에서 우리는 아키텍처가 여러 개의 관점으로 본 여러 개의 뷰로 이루어진다는 것을 알게 되는데, 아키텍처를 (보다 정확히는 아키텍처 뷰를) 컴포넌트와 커넥터라는 두 개의 요소로 구성되는 것으로 보는 것은 모든 뷰에 공통이다. 예를 들어 컴포넌트 뷰가 복잡한 컴포넌트가 어떤 더 단순한 컴포넌트들로 구성되어 있는지를 보여주는 뷰라면, "컴포넌트 A가 컴포넌트 B에 포함되어 있다"는 관계가 이 뷰의 커넥터가 된다. 또한 "컴포넌트-커넥터 뷰(Component and Connector View 혹은 C&C 뷰)"라는 특정 뷰의 경우도 역시 컴포넌트와 커넥터를 주된 구성요소로 보고 있다는 데에서는 다른 뷰와 동일하나, C&C 뷰의 경우 컴포넌트와 커넥터가 정확히는 실행 시 컴포넌트와 실행 시 커넥터를 나타낸다.

소프트웨어 아키텍처를 구성하는 요소와 아키텍처를 기술하는 시각은 아키텍처 설계와 분석에 근본적인 영향을 미치게 된다. 마치 Kant가 공간과 시간이 우리가 세상을 보는 방식이라고 말한 것처럼 소프트웨어 아키텍처를 보는 방식을 결정한다. 이러한 결정은 사람들이 자의적인 시각을 갖지 않도록 해주는 가장 기본적인 아키텍처 시각의 틀을 제공하다.

이 장에서는 아키텍처 표현에 사용되는 요소들이 문제 해결에 얼마나 도움이 되는가 하는 점이, 궁극적으로 아키텍처 요소 선정의 타당성을 결정하는 요인이라는 점을 설명하고 이에 따라 아키텍처 요소를 크게 컴포넌트와 커넥터로 구성된다고 보는 설명을 하기 위하여 제 4.1절에서는 소프트웨어 개발을 분할정복과 통합으로 볼 수 있다는 점을 설명하고, 제 4.2절에서는 컴포넌트와 통합에 상응하는 개념으로서 전통적인 컴포넌트와 커넥터의 이분법을 소개한다. 제 4.3절에서는 컴포넌트와 커넥터들이 실제로 연결될 수 있도록 해주는 장치로서의 인터페이스에 대하여 논의한다.

4.1 문제 해결에 도움을 주는 시각으로서의 아키텍처 요소들

복잡한 시스템 개발이나 혹은 복잡한 문제 해결에는 아키텍처 설계가 필요하다. 그 이유는 우리가 복잡한 시스템의 개발이라는 문제와 직면하여, 시스템을 좀 더 해결이 용이한 구성요소로 분해(decomposition)하고 그 결과를 통합(integration)하여 원래 시스템 개발 문제를 해결하고자 하는데 있다.[58] 이러한 문제 해결의 패러다임을 '분할정복(divide and conquer)' 이라고 부른다. 그림 4-1은 분할정복의 문제 해결 접근방법을 도식적으로 보여주고 있다. 관계 R은 두 개의 하위문제(subproblem)들이 서로 연결되는 방식이다.

---

58. 이와 같은 문제해결 방식이 적용되지 않는 문제도 있다. 그 경우 문제 자체가 더 이상 작은 문제도 쪼갤 수 없는 상황이 되는데, 이 때에는 문제를 있는 그 대로 풀어야 한다. 그러나 아키텍처 설계가 요구되는 소프트웨어 개발 문제들은 큰 문제 들로서 자연스럽게 더 작은 문제로 분해된다.

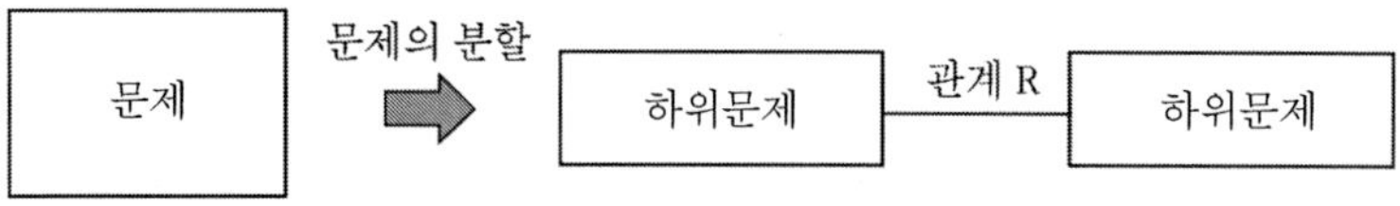

그림 4-1. 분할정복 문제 해결 방법의 개념

예를 들어, 수학 문제를 풀 때 어려운 문제에 직면하면, 우리는 원래의 문제를 더 작은 문제로 분해하려 하고 그것이 가능한 경우 작은 문제의 답을 통합하여 원래의 문제에 대한 답을 얻고자 시도한다.

4.1.1 시스템 개발문제 해결 방법으로서의 '분할정복'

이와 마찬가지로 시스템 개발에서 아키텍처 설계가 시스템의 개발에 도움이 되는지 혹은 성공적인 개발을 달성하는데 도움이 되는지는, 전체 시스템 구축 문제를 컴포넌트들의 구축 문제로 환원할 수 있는가에 달려 있다. 이를 위하여 다음과 같은 질문들에 대한 답을 얻어야 한다: "분해와 통합(decomposition and integration)을 하기 위해서 무엇이 필요한가?"; 더 구체적으로 "개념적 차원에서 어떤 아키텍처 요소로 설계하고 어떻게 이들을 구현할 것인가?" 그리고 "시스템 구축의 관점에서, 하위문제들의 해결이 나왔을 때 그들의 연결을 어떻게 할 것인가?" 등의 질문이다.

이러한 질문에 답을 하기 위하여 먼저 우리는 시스템 개발이 크게 (논리적) 설계와 (물리적) 구현의 두 단계로 구성된다고 가정한다. 이러한 가정은 아무 계획도 없이 물리적 구현을 하는 접근방법보다, 먼저 구현을 만드는 방법을 계획하고 만들어질 구현이 원하는 모습이 될 것인지를 확인한 뒤에 구현하는 접근방법이 더 낫다는 매우 상식적인 가정이다.

논리적 설계. 예를 들어 전체 시스템 구축 문제를 그림 4-2와 같이 Comp1과 Comp2의 구축과 그들의 통합의 문제로 바꿀 수 있다고 하자. 이를 개념적 수준에서 Comp1과 Comp2 그리고 그들의 관계 R 로 나타내기로 하고, 다이어그램으로는 그림 4-2와 같이 나타내기로 하자. 여기서 Comp1, Comp2

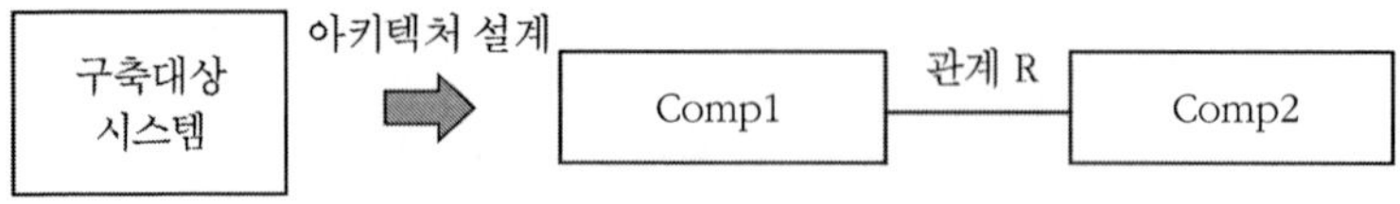

그림 4-2. 개념수준의 아키텍처 설계

는 컴포넌트로 볼 수 있고, '관계 R'이 '이들의 통합'을 나타낸다고 생각할 수 있다. 이와 같이 궁극적으로 구현을 통하여 시스템 구축 문제가 해결될 수 있도록, 설계에서 먼저 컴포넌트들의 관계를 정의하고 그 성격을 규정한다.

물리적 구현. 논리적 설계는 궁극적으로 물리적으로 구현되어야 한다. 그림 4-3은 그림 4-2의 아키텍처 설계가 구현된 모습을 보여준다. 그림 4-3의 Comp1과 Comp2는 '논리적 컴포넌트의 구현성'을 준수하여야 한다. 여기서 구현성(realizability)은 물리적 컴포넌트가 논리적 설계를 준수하여 만들어질 때, 원래의 문제에 대한 적절한 해결이 된다는 것을 말한다. 마찬가지로 '연결 R'은 '관계 R의 구현성'을 준수하여야 한다. 즉, 논리적 설계를 준수할 때 원래의 문제에 대한 적절한 해결이 될 수 있도록 '연결 R'은 '관계 R의 구현성'을 준수하여야 한다. 따라서 논리적 설계에서 개념적 통합을 나타내던 R의 관계는 구현에서는 그림 4-3에서와 같이 R이라는 '연결'로 구현되었다.

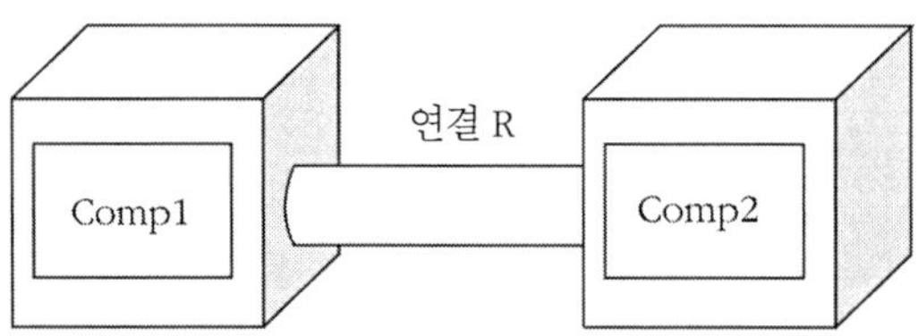

그림 4-3. 아키텍처 설계의 구현

4.1.2 시스템 개발 문제 해결 방법으로서의 재사용

분할정복의 문제 해결방식이 주는 기회에는 재사용도 있다. 재사용은 이미 만들어진 해결을 다시 사용함을 의미하며, 새로운 문제 해결을 용이하게 해준다. 만일 하위 문제에 대한 해결이 존재한다면, 하위 문제를 새로이 해결하려고 할 필요 없이, 있는 해결을 재사용함으로써 원래 문제의 해결이 용이해 질 수 있다. 다른 한편 분할정복의 방법을 통하여 얻어진 하위 문제의 해결은 추후 다시 유사한 문제들에 대하여 준비된 해결로서 미래의 문제 해결에 도움을 줄 수 있다.

4.1.3 시스템 개발에서 분할정복이 풀어야 할 문제들

앞의 분할정복의 논의에서 시스템 전체의 해결문제가 하위 문제들로 전적으로 위임된 것으로 보일 수 있으나, 복잡한 시스템 개발의 경우, 상황이 이처럼 간단하지 않을 수 있다. 제 1장에서 논의된 바와 같이 시스템 개발이 해결해야 할 요구사항은 기능적 요구사항과 비기능적 요구사항으로 구성된다. 기능적인 문제의 해결은 분할정복과 통합에 의하여 달성이 되지만, 품질 요구사항들은 이러한 기능들이 어떻게 효과적으로 연결되느냐 그리고 이 기능들을 담고 있는 컴포넌트의 품질이 어떠한가에 의하여 결정된다. 이는 분할정복의 과정에 이러한 품질 요구사항 문제들이 해결되어 나갈 수 있도록 '분할'이 신중하게 이루어져야 함을 의미한다. 특히 품질 요구사항들이 잘 '정복'될 수 있도록 시스템이 잘 '분할' 되어야 함을 의미한다.

4.1.4 아키텍처설계의 표현

아키텍처의 표현을 위하여 시각적인 모델링을 사용하여 나타내는 것이 지배적인 관행인데, 그 이유는 "한 번 보는 것이 백 번 듣는 것 보다 더 낫다"[59] 라는 말도 있듯이 도형적 모델의 정보 전달력이 즉각적이고 탁월하기 때문이다. 많은 분야에서 시각적인 모델로는 수학에서 말하는 그래프의 한 형태를 사용하는데, 그래프는 노드들의 집합과 그 노드들을 연결하는 엣지들로 구성된다. 예를 들어 UML의 클래스 다이어그램(class diagram), 페트리넷

59. "백문이 불여일견(百問而不如一見)". ("A picture is worth a thousand words.")

(Petri Net), 상태기계(state machine), 흐름도(flowchart) 등 다양한 용도로 쓰인 많은 다이어그램들이 실은 용도에 맞게 특화된 그래프이다. 그렇지 않게 보이는 다이어그램의 경우에도, 묵시적(implicit)으로 표현된 것을 명시적(explicit)으로 바꾸면 그래프의 모습을 가질 수 있다. 예를 들어, UML 패키지 다이어그램(package diagram)은 포함관계를 묵시적으로 갖고 있는 계층적 그래프로 볼 수 있다.

그러면 이와 같이 그래프를 문제 해결을 위한 시각적 모델로 사용하는 이유는 무엇인가? 그 이유는 우리의 사물 인식 방법에 있다고 볼 수 있다. 우리 지식의 가장 초보적인 형태는 존재하는 대상의 인식에 있고, 이보다 더 진보된 지식은 그들 사이의 관계에 대한 것이다. 우리가 만들고자 하는 소프트웨어는 확실히 사물의 존재 여부 이상을 다루어야 하기 때문에, 당연히 그 문제와 해결을 나타내는데, 존재하는 것들에 대한 관계를 담을 수 있는 그래프를 사용한다고 볼 수 있다.

4.2 아키텍처 요소로서의 컴포넌트와 커넥터

제 4.1절에서는 아키텍처 요소들의 결정은 문제해결에 도움을 줄 수 있도록 결정되어야 한다는 점을 설명하였다. 아키텍처 설계에서 분해와 통합을 위하여 사용될 아키텍처 요소들에 대한 선정이 적절한가 하는 것은 결국 우리가 아키텍처를 어떻게 볼 것인가에 달려 있고, 그 선정의 성공 여부는 이를 통하여 얼마나 시스템 개발과 관련된 문제를 잘 해결할 수 있는가에 달려 있다.[60] 이 절에서는 아키텍처 요소를 구체적으로 컴포넌트와 커넥터로 구성된다고 보는 것을 소프트웨어 아키텍처의 대 이분법(The Grand Dichotomy)이라고

60. [Perry 92]는 아키텍처적인 요소를 처리요소(processing elements), 데이터요소(data elements), 연결요소(connecting elements)라고 보았으며, 이러한 관점이 타당한지의 여부는 결국 이런 관점을 통하여 복잡한 문제의 아키텍처적인 접근방법이 얼마나 효과적으로 해결되는가에 달려있다고 볼 수 있다.

부르고, 그 이유로 이런 입장이 소프트웨어 개발 문제의 해결에 큰 도움을 준다는 점을 설명한다.

먼저 컴포넌트는 무엇인가? 예를 들어, 건물을 컴포넌트와 커넥터로 구성된 시스템으로 보기로 한다. 그리고 벽에 문을 설치하는 문제를 생각해 보자. 이 경우 문과 문이 들어설 벽은 각각 컴포넌트로 볼 수 있고, 이들을 연결하는 것은 돌쩌귀가 된다. 건물의 전기 배선의 경우도 컴포넌트와 커넥터의 연결로 볼 수 있는데, 전기 배선공은 배선에 필요한 컴포넌트들을 가지고 와서 이들을 연결하게 된다. 예를 들어, 멀티탭은 배선공의 컴포넌트로서[61] 이는 다른 컴포넌트와 커넥터(예를 들어, 전선과 전선의 접촉 혹은 스위치로의 연결)를 통하여 연결 될 수 있으면, 이러한 연결들을 커넥터라고 부를 수 있다. 이와 같이 '연결' 또는 '통합'의 대상이 되는 것이 컴포넌트이고 '연결' 또는 '통합'의 지점을 제공하는 것이 커넥터이다.

4.2.1 컴포넌트

컴포넌트는 시스템을 구성하는 주된 요소들이다. 컴포넌트의 구체적인 내용, 정의방법 등에 대하여는 많은 다양한 논의가 있으나, 그 개념과 필요성에 대하여는 사람들의 의견이 일치한다. 예를 들어, 소프트웨어 개발에서는 수학함수의 라이브러리, 처리모듈, 미들웨어, 데이터 저장소 등을 컴포넌트로 볼 수 있다. 컴포넌트는 그 자체로서 기능과 성능을 갖고 있고, 이를 서비스로 제공한다고 볼 수 있기 때문에, 컴포넌트의 서비스를 표현하는 것은 중요하다. 일반적으로 하나의 컴포넌트는 한 개 이상의 서비스를 제공하고, 이를 위하여 다른 컴포넌트들로부터 그들의 서비스를 요구 할 수 있다. 서비스를 제공하는 접점을 '제공 인터페이스(provided interface)'라고 부르고, 서비스를 제공받는 접점을 '요구 인터페이스 (required interface)'라고 부른다.

---

61. 이를 제 4.2.2절에서는 커넥션 컴포넌트라고 부른다.

표 4-1. 연결의 역할에 따른 커넥터의 분류 ([Metha 00])[62]

역할	종류
Communication & Coordination	procedure call, event, Stream
Conversion	Data Access, Adaptor
Facilitation	Linkage, Distributor, Arbitrator

4.2.2 커넥터

컴포넌트들이 함께 전체 시스템을 위하여 유용한 일을 하기 위해서는 이들 사이에 상호작용을 위한 연결이 필요하다. 연결은 아주 간단한 종류의 연결에서부터, 연결이상의 기능을 갖는 복잡한 연결까지 다양한 종류가 있다. 예를 들어, [Mehta 00]은 많은 다양한 종류의 커넥터를 분류하였는데, 표 4-1은 그 내용을 요약한다.

그러나, 커넥터를 통합을 위한 연결고리로 보는 이러한 시각이 타당함에도 불구하고, 커넥터는 그 범위가 매우 다양하여 단순한 통합 이상의 기능을 수행하는 커넥터도 존재한다. 또한 커넥터 그 자체가 개발 대상이 될 수도 있다. 따라서 우리는 커넥터가 단순히 통합이라는 역할에만 필요한 것인지 아니면, 통합보다는 그 자체로서 (다른 컴포넌트들의) '연결'이라는 시스템의 중요한 기능을 담당하고 있느냐에 따라 전자의 경우는 커넥터로 후자의 경우는 커넥션 컴포넌트(connection component)로 부르기로 한다.

4.2.3 컴포넌트 커넥터를 사용한 아키텍처 표현

시각적 모델은 그 정보전달 속도가 즉각적이기 때문에, 시각적 표현방법은 아키텍처 표현에서 중추적인 역할을 한다. 시각적 표현 방법으로 그림 4-4

---

62. [Metha 00]는 이들을 커넥터라고 불렀다. 우리는 이들을 커넥터와 커넥션 컴포넌트로 나누어 부를 수 있다. 그러나 이 연결을 둘 중의 어느 쪽으로 보느냐 하는 것은 상황에 따라, 즉 이 연결의 역할을 어느 쪽으로 보느냐에 따라 달라진다. 즉, 높은 추상수준에서 볼 때에는 커넥터로만 보이지만, 더 구체적인 수준에서는 개발대상이 되는 컴포넌트로 간주될 수 있다.

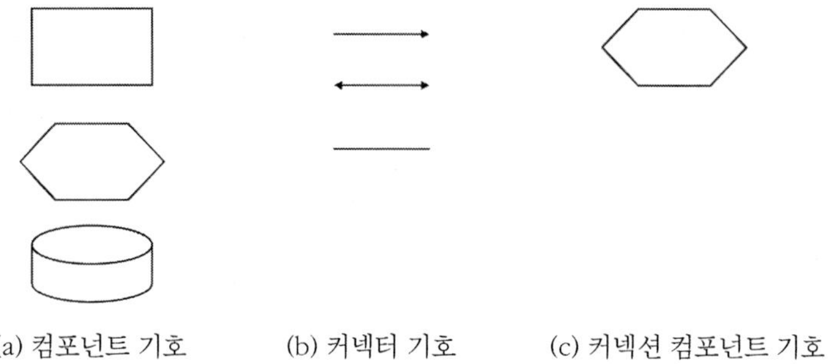

그림 4-4. 아키텍처 요소를 나타내는 기호들

와 같이 컴포넌트는 네모로 나타내고, 데이터저장소의 경우 원통모양으로 나타내며, 커넥터의 경우 선으로 나타내기로 한다. 커넥션 컴포넌트의 경우에는 육각형으로 표시하기로 한다.[63]

그림 4-5는 그림 4-4의 기호를 사용하여 그린 아키텍처의 예를 보여준다. 그림 4-5에서 Pipe1, Pipe2, Pipe4는 커넥터이고, Pipe3는 커넥션 컴포넌트이다. 이들이 컴포넌트 간에 갖는 역할의 방향성을 알고 있다고 가정한다. (따라서 그림 4-5에 관계의 방향을 알 수 있는 주석을 추가할 수도 있다)

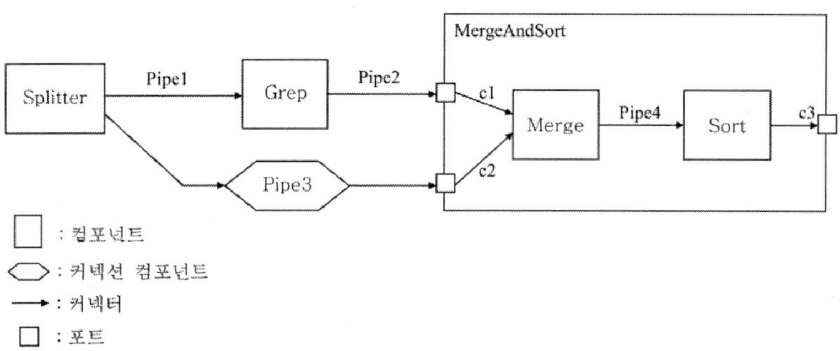

그림 4-5. 컴포넌트 커넥터를 사용한 아키텍처 표현 예[64]

63. 이와 같은 기호의 선정에는 역사적인 이유가 있다. 영향력 있는 아키텍처 기술 언어인 Acme에서 우리가 여기서 커넥션 컴포넌트라고 부르는 것을 나타내기 위하여 육각형을 사용하였다. Acme는 육각형으로 커넥터를 나타낸다.

64. Garlan 등은 컴포넌트와 커넥터의 연결지점과 커넥터와 컴포넌트 연결지점을 포트라고 불렀다.

Pipe3은 커넥터와 구별하기 위하여 커넥션 컴포넌트로 나타내기로 하였다. 컴포넌트와 커넥터는 그래프의 노드와 엣지로 각각 나타내며, 아키텍처 상에 반드시 교대로 나타난다.

제 4장에서의 논의는 소프트웨어 아키텍처가 마치 이 장에서 논의한 컴포넌트와 커넥터의 개념과 기호로 완전히 표현된다는 듯이 진행되었다. 그러나 제 6장에서 자세히 논의하겠지만, 아키텍처의 표현을 적절히 하기 위해서는 다양한 뷰들을 사용해야 한다. 그리고 이는 명료한 표현을 위해서 서로 다른 뷰들을 서로 다른 기호들을 사용하여 표현하는 것이 바람직하다는 것을 의미한다.[65]

4.3 인터페이스

컴포넌트와 커넥터는 독립적으로 존재하는 요소이고, 따라서 외부와 접속하기 위한 인터페이스를 갖는다. 컴포넌트와 커넥터가 상호 연결되기 위해서는 인터페이스가 일치해야 한다.[66] 우리가 아키텍처를 어떤 추상수준에서 보는가에 따라, 매우 높은 추상수준에서는 컴포넌트와 커넥터는 인터페이스가 존재하고 일치하는지를 묻게 되지만, 구체적인 수준에서는 그들의 인터페이스가 어떻게 일치하는지, 그리고 경우에 따라서는 행위수준에서도 상호운영할 수 있는지, 즉 "인터페이스에서의 상호작용"이 올바른지도 묻게 된다.[67]

---

65. 따라서 제 III부 2장에서는 이 책에서 채택하는 다양한 뷰 각각에 대하여 UML 기반의 기호를 제시한다. 이 장의 논의는 제 6장에서 제시하는 다양한 뷰에 다 해당되는 논의이지만, 사용한 기호는 논리뷰를 표현하는 기호이다.

66. '연결'은 두 개체들이 물리적으로 접촉하는 직접적이 연결에서부터 여러 개의 물리적으로 접촉하는 개체들을 사이에 두고 간접적으로 논리적으로 연결되는 경우에 이르기까지 다양한 추상수준을 갖는다. 이 절의 논의는 직접적인 연결에 관한 것이다.

67. 이 절의 논의는 제 6장에서 자세히 논의하게 될 아키텍처 뷰들 중 논리뷰를 대상으로 한다. 모듈뷰의 경우에도 "Use dependency"의 경우 "사용 인터페이스" 에서 일치해야 한다. 모듈뷰의 다른 관계인 subclass관계와 포함관계는 "문제의 분할 정복"을 위한 관계가 아니라, 각각 "재사용"과 "계층화"라는 특수한 문제해결을 위한 관계이다. 포함관계의 경우 인터페이스의 부합성은 포함하는 모듈이 포함되는 모듈을 "이용가능성"에 있다. subclass 관계의 경우 인터페이스의 부합성은 상속되는 모듈과 상속하는 모듈 간의 "상속가능성"에 있다.

인터페이스는 단방향 인터페이스와 다방향 인터페이스로 나눌 수 있다. API의 경우 단방향 인터페이스이고, 두 개 이상의 서로 다른 방향의 인터페이스가 연결되어 동작할 경우 다방향 인터페이스이다.

관련연구

UML은 산업계의 표준 설계 기술 언어이다. UML1.4는 객체지향 설계 모델링 언어로 출발하여 현대적인 아키텍처 기술언어(ADL)의 피처들을 표현하는데 한계가 있었다. 따라서 UML2.0 [UML2.4.1 11]에서는 이를 개선하기 위해 새로운 표기법들을 추가하였다. 새로운 기호들은 제 4장 4.2.3절에서 제시한 아키텍처 요소들을 표현하기 위해서 의미적인 근접성, 시각적 명료성, 표현력 등을 고려하여 다음과 같이 사용될 수 있다:

	이 장의 아키텍처 요소	상응하는 UML2.0 기호
컴포넌트	□	Name / Name UML component / UML classifier
커넥션 컴포넌트	⬡	
커넥터	→	—— UML connector
포트	□	□ UML port

위의 표에서 커넥터의 경우 UML connector의 표현력이 제한적이기 때문에, 이를 대신하여 UML association class나 UML class를 쓰는 대안을 고려할 수 있다.

5장 아키텍처 스타일

"여기에는 많은 중요한 주거용 건물의 아키텍처들이 있다. 서해안 모더니즘은 다른 곳에서 찾아볼 수 없는 아키텍처 스타일로, 서부 밴쿠버에만 있는 것이 아니라 서해안을 따라 이어지는 전 지역에서 발견된다."[68]

- Darrin Morrison

4장에서 우리는 아키텍처를 (혹은 시스템을) 컴포넌트와 커넥터로 구성된 것으로 보는 아키텍처 구성요소의 이분법을 채택하였다. 이러한 이분법은 아키텍처를 보는 큰 틀을 제공함으로써 아키텍처를 파악하고 설계하는데 필수적인 기반을 제공한다. 그러면 한 걸음 더 나아가서 사용자가 아키텍처의 구체적인 모습을 파악하거나 설계하는데 직접적으로 도움을 줄 수 있는 방법이 있을까? 예를 들어, 필터(Filter) 혹은 프로세스 등과 같은 컴포넌트의 유형이 있고, 파이프(Pipe) 혹은 프로세스간 호출(Inter-process call)같은 커넥터의 유형이 있다고 하자. 그리고 이들이 연결되는 방법에 어떤 정해진 방식이 있다고 하자. 즉, 필터 컴포넌트는 파이프라는 커넥터에 의하여 연결되고, 프로세스 컴포넌트들은 프로세스간 호출이라는 커넥터에 의하여 연결된다. 이들 컴포넌트와 커넥터들은 이와 같이 제한된 방식으로 사용되지만, 많은 소프트웨어 개발자들이 자신들이 과거에 만들었던 소프트웨어 시스템과 비슷한 것을 현재와 미래에 만들게 되고, 시스템 진화도 대부

68. "We have a lot of significant residential architecture here. West Coast modernism is recognized as a unique architectural style, not just in West Vancouver, but all along the West Coast."

분의 경우 같은 유형의 컴포넌트와 커넥터 범위 안에서 발생하고, 큰 변화가 일어나는 시점에서만 이들 유형이 바뀌기 때문에, 유사한 컴포넌트와 커넥터 유형 그리고 이들 간 연결 형태의 유형을 하나의 아키텍처 스타일로 보는 시각은 설득력을 얻는다.

특정 시스템을 개발하기 위하여 아키텍처 드라이버를 도출하고 문제들을 파악한 후에도 아키텍처 스타일(들)을 결정하지 못했다면, 시스템 개발은 이미 만들어진 종류의 컴포넌트와 커넥터를 활용하기가 어려울 것이고 컴포넌트와 커넥터들이 새로이 대상 시스템의 상황에 맞게 만들어져야 한다. 반대로 스타일이 결정된다면 시스템 개발 문제는 그 스타일에 속하는 컴포넌트와 커넥터를 잘 활용하여 대상 시스템을 어떻게 만들어 갈 것인가의 문제로 귀착된다.

많은 경우에 소프트웨어 개발에 어떤 아키텍처 스타일을 적용할 것인지에 대한 판단이 서면, 그 스타일에 수반된 많은 인프라를 활용하여 용이하게 개발할 수 있다. 예를 들어, Main program & subroutines 스타일이나 객체지향 스타일은 자체의 라이브러리와 컴파일러를 통하여 기계어 코드를 생성하도록 한다.

5.1 정의 및 기술방법

[Shaw 96]는 다음과 같이 아키텍처 스타일을 정의[69]하였고, 이 책은 [Shaw 96]의 정의를 따른다.

정의 5-1 (아키텍처 스타일). 아키텍처 스타일은 컴포넌트와 커넥터들의 어휘를 제공하고 그들의 결합되는 방식에 대한 제약을 정의한다.[70]

---

69. [Shaw 96]은 아키텍처 스타일을 다음과 같이 정의하였다. "… More specifically, an architectural style defines a vocabulary of components and connector types, and a set of constraints on how they can be combined …"

따라서 특정한 스타일은 아키텍처 요소와 그들의 관계의 특정 유형 (혹은 특성화)을 결정한다. 그리고 따라서 아키텍처 스타일은 그 스타일에 맞는 아키텍처 관점들의 집합 즉, 아키텍처 관점체계를 갖게 된다. 또한 설계 방법도 아키텍처 스타일에 의존하게 되고, 아키텍처 스타일의 특징을 이용한 설계방법이 효과적이다.

이와 같은 아키텍처 스타일의 개념은 바로 아키텍처 스타일을 기술하는 방법을 제시한다. [Shaw 96]에 따르면 아키텍처 스타일을 정의하기 위해서는 해당 스타일에서 사용되는 컴포넌트와 커넥터의 유형, 이 컴포넌트와 커넥터들이 결합되는 방식에 대한 제약과 대표적인 구조적 형태, 해당 스타일에서의 컴포넌트와 커넥터의 실행[71]방법, 스타일이 요구하는 공통적 특성, 해당 스타일의 장점과 단점, 스타일의 적용 예제들을 기술하여야 한다. 그림 5-1은 아키텍처 스타일을 기술하는 템플릿이다.

<table>
<tr><td colspan="2">아키텍처
스타일 이름</td><td>스타일을 지칭하는 의미 있는 이름</td></tr>
<tr><td rowspan="2">설계요소
타입</td><td>컴포넌트</td><td>컴포넌트 타입 및 실행 방법</td></tr>
<tr><td>커넥터</td><td>커넥터 타입 및 실행 방법</td></tr>
<tr><td colspan="2">제약사항</td><td>이 컴포넌트와 커넥터들이 결합되는 방식에 대한 제약과 대표적인 구조적 형태</td></tr>
<tr><td colspan="2">적용예제</td><td>스타일의 적용 예제들</td></tr>
<tr><td colspan="2">장단점</td><td>스타일의 장점과 단점</td></tr>
</table>

그림 5-1. 아키텍처 스타일의 표현

70. [Clements 11]는 아키텍처 스타일이라는 용어를 아키텍처 관점의 스타일의 의미로 사용하였다. 그러나 우리는 그러한 개념에 대하여는 '관점의 스타일'이라는 표현을 명시적으로 쓰기로 하고, '아키텍처 스타일'이라는 용어로는 "(관점들로 포착하고자 하는) 대상 시스템에 내재하는 아키텍처의 스타일"을 의미하기로 한다.

71. 'Execution' 혹은 'computation'.

5.2 아키텍처 스타일의 종류

그렇다면 아키텍처 스타일에는 어떤 것들이 있을까? [Taylor 09]는 기본적인 아키텍처 스타일을 표 5-1에서와 같이 7개 기본적인 그룹으로 분류하여 각 그룹마다 그에 속하는 스타일을 식별하였다. 또한 기본적인 아키텍처들의 조합으로 얻어지는 복합 스타일로 C2와 Distributed Objects의 두 개를 열거하였다. 물론 표 5-1은 새로운 스타일이 발견되면 확장될 수 있는 리스트이다.

5.3 아키텍처 스타일의 적용

아키텍처 스타일에 대한 결정은 제 6장에서 소개되는 아키텍처 관점체계의 결정보다도 앞선다는 데 주목할 필요가 있다. 문제의 해결 방법에 대한 통찰은 세부적인 아키텍처와 그에 대한 표현이 이루어지기 전에 이미, 어떤 아키텍처 스타일을 적용할 것인가를 결정함으로써, 필요한 아키텍처 관점체계를 제약하게 된다. 예를 들어, 표 5-1에서는 거론되지 않은 웹 어플리케이션(web application), J2EE 어플리케이션, 서비스지향 어플리케이션(Service-oriented

표 5-1. 아키텍처 스타일의 분류 [Taylor 09]

기본 스타일		복합스타일
(1) Traditional Language-Influenced Styles - Main program and subroutines - Object-oriented (2) Layered - Virtual machines - Client-server (3) Dataflow Styles - Batch-sequential - Pipe-and-Filter	(4) Shared Memory - Blackboard - Rule-based (5) Interpreter - Interpreter - Mobile code (6) Implicit Invocation - Publish-subscribe - Event-based (7) Peer-to-Peer	- C2 - Distributed Objects

application) 등과 같은 다른 소프트웨어 응용의 스타일이 있다. 이러한 다른 스타일의 응용은 다른 응용을 동작하게 하는 인프라를 요구하게 된다. 이렇게 서로 다른 인프라에서 동작하는 응용의 소프트웨어 아키텍처를 포착하기 위해서는 서로 다른 관점체계를 적용하는 것이 더 적절할 수 있다.[72] 제 3장 3.3절에서 본 아키텍처 도출의 예는 소프트웨어의 아키텍처 스타일을 결정할 때 아키텍처 설계가 매우 용이해 질 수 있음을 보여준다.

아키텍처 스타일과 밀접히 관련된 개념으로 아키텍처 패턴의 개념이 있다. 그러나 이 둘은 서로 다른 개념으로, 이들의 비교는 제 9장 9.4절에서 상세히 다룬다.

관련연구

제 I부 3장 3.5절에서 "모든 소프트웨어시스템은 그 아키텍처를 갖는다"고 말하였다. 또한 시스템에 내재하는 아키텍처와 표상으로서의 아키텍처를 구별해야 한다고 말하였다. 그러면 아키텍처 스타일의 개념(notion)은 시스템에 내재하는 아키텍처에 관한 것일까, 아니면 그 표상에 존재하는 것일까? 우리가 아키텍처 설계를 할 때에, 시스템의 아키텍처를 설계하는 것일까, 아니면 시스템의 아키텍처 표상을 설계하는 것일까? 전자로 볼 경우, 우리는 시스템이 갖게 될 아키텍처를 설계하는 것이고, 그 뷰들은 상호 일관되어야 한다. 후자의 경우, 시스템의 아키텍처는 관념적으로만 존재하는 것이고, 뷰를 떠나서 아키텍처를 논하는 것은 무의미해 진다. 후자의 경우 특히

72. 우리는 서로 다른 스타일을 더 원시적인 스타일 혹은 개념으로 환원 또는 번역하여 일정한 통일된 접근 방법이 적용되도록 만들려고 시도할 수도 있다. 예를 들어, 고위언어의 프로그램이 어셈블리언어의 프로그램으로 번역되듯이 혹은 제 4세대 언어의 프로그램이 제 3세대 언어의 프로그램으로 번역되듯이, 이질적인 대상 시스템의 아키텍처를 더 원시적인 개념으로 봄으로써 다양한 관점체계가 아닌 하나의 공통적 관점체계로 볼 수도 있다. 그러나 이러한 접근 방법은 특정한 스타일로 응용을 개발하는 것과는 전혀 다른 문제 해결 방식이며, 이러한 시도를 통하여 아키텍처 스타일을 적용하여 얻는 다양한 이점들을 상실하게 된다.

뷰들의 일관성을 유지하는 것은 더 어려운 문제가 될 것이다.[73]

이 문제에 대하여 논의하기 위하여, [Clements 11]의 아키텍처 스타일의 분류를 먼저 보기로 한다. [Clements 11]는 아키텍처 스타일을 표 5-2와 같이 분류하였다.

모듈 관점을 보면, [Clements 11]에서는 모듈 관점을 분해, 사용, 일반화, 애스팩트(aspect), 데이터모델의 다양한 스타일로 분류하였다. 이것들을 모듈 관점의 다양한 스타일로 보는 것이 타당한지 아니면 모듈 관점을 표현하는데 사용하는 다양한 구성요소로 보는 것이 타당한 지에 대하여 논의의 여지가 있다.

표 5-2. [Clements 11]의 아키텍처 스타일의 분류

관점	스타일
Module Viewpoint	Decomposition, Uses, Generalization Layered, Aspects, Data model
C&C Viewpoint	Dataflow Pipe-and-Filer Call-Return Client Server, Peer-to-peer, SOA Event-based Publish-subscribe Repository Shared-data
Allocation Viewpoint	Deployment, Install, Work Assignment Implementation, Data stores

73. 패턴은 특정 뷰의 관점에서 제시되었다기 보다는 시스템적인 솔루션으로 제안되었고, 일반적으로 패턴의 솔루션에 정적인 뷰와 동적인 뷰를 모두 포함시키는 것은 그러한 입장에 따른 것이다. 그렇다면 표 5-2와 같은 [Clements 11]의 아키텍처 스타일 분류법은 혼란을 야기하는 분류가 된다. 제 8장 8.3.2절의 다관점 뷰의 설계 절차에서 볼 수 있는 바와 같이 설계전략 혹은 패턴의 적용은 여러 개의 뷰에 모두 영향을 미친다. 따라서 표 5-2의 분류는 아키텍처 패턴 혹은 아키텍처 스타일이 특정 뷰에만 반영이 된다거나 그 영향이 미미(insignificant)하다는 잘못된 인식을 준다.

[Kruchten 96]도 관점별로 적절한 아키텍처 스타일을 제시함으로써, 아키텍처 스타일을 아키텍처 관점에 앞서는 개념으로 보는 이 책의 입장과는 다른 입장을 취하였다. 예를 들어 논리적 관점을 위해서는 객체지향 스타일을, 프로세스 관점을 위해서는 다양한 스타일의 가능성을 언급하고, 개발관점을 위해서는 계층적 스타일을 추천한다. 그러나 지금까지 발견된 많은 아키텍처 스타일은 기본적으로 논리적 관점에서 본 아키텍처 스타일들이다.[74] 예외적으로 계층적 스타일의 경우, 모듈들 간의 관계를 체계화 하는 방법으로 쓰이기도 하고 실행 시의 컴포넌트들간의 관계를 체계화 하는 방법으로도 쓰이는 것이 사실이지만, 특히 모듈뷰를 위하여 계층적 스타일 이외의 다른 스타일이 쓰이는 것 같지 않다. 패턴과 마찬가지로 스타일도 많은 스타일들 가운데 적절한 것을 선택함으로써 그 효과를 보는데 그 가치가 있다. 즉, 시스템 개발에 있어서 코드의 체계화 보다는 실행시스템의 체계화가 주된 도전이고, 이 책은 아키텍처 스타일의 주된 역할도 논리적 관점에서 아키텍처 설계를 하며 다양한 아키텍처 스타일 가운데 적절한 것을 선택하여 아키텍처 설계 문제를 해결하는데 있다고 본다. 따라서 이 책은 아키텍처 관점별로 다양한 스타일이 가능하다는 입장을 취하지 않고, 아키텍처 스타일을 시스템에 내재하는 아키텍처의 스타일로 본다. 또한 시스템의 아키텍처 스타일은 논리적인 관점에서 가장 잘 드러난다고 본다.

이 장에서 소개된 아키텍처 스타일에 대한 지식 외에도, 아키텍처 스타일로부터 그 아키텍처 스타일에 맞는 적절한 관점체계로의 맵핑에 대한 지식은 개발자에게 매우 유용한 가이드를 제공할 것이다.

---

74 설계패턴의 경우 클래스 다이어그램 형태로 제시되어 모듈뷰의 모습을 강하게 띠고 있다. 그러나 이것은 설계패턴이 상세한 수준의 패턴이므로 그렇게 볼 수 있는 것이고, 보다 상위의 아키텍처 수준에서의 패턴은 실행 시의 모습이나 모듈의 모습이 구체화되어야 하는 개념적 수준의 솔루션으로 보아야 한다.

6장 소프트웨어 아키텍처를 보는 관점체계

"그들에게 나(소크라테스)는 말했다, 진실은 사물들의 그림자에 지나지 않는 것이라고." [75]

– Socrates (Plato의 "국가론(The Republic)")

설계된 아키텍처가 설계자의 머릿속에만 존재한다면, 아키텍처가 큰 역할을 하기 힘들 것이다. 크고 복잡한 시스템은 많은 개발자가 협력하여 만들 수 있어야 빠른 시간에 완성할 수 있다. 따라서 아키텍처는 복잡한 시스템의 경우 그 존재 의미가 더 크고 개발자들이 공유할 수 있을 때 아키텍처의 가치가 빛을 발한다. 아키텍처는 개발자들 간에 효과적으로 공유하기 위해서는 엄밀하면서도 이해 하기 쉬워야 하고 개략적이면서도 완전해야 한다.

그러면 어떻게 그렇게 소프트웨어의 아키텍처를 표현할 수 있을까? 소프트웨어 아키텍처를 나타내는 하나의 표현방식이 있는 것일까? 그 표현 결과를 우리의 눈으로 볼 수 있는 것일까? 만들어진 아키텍처가 어떻게 표현되어야 그 목적에 맞는 역할을 할 수 있는 것인가? 이 장에서는 이러한 문제들을 생각해 본다.

소프트웨어는 결국 프로그램으로 만들어져야 하고, 그러기 위해서는 (1) 소프트웨어에 대한 요구사항을 충족시키는 프로그램을 만들기 위한 프로그램의 설계가 필요하다. 또한 프로그램이 궁극적으로 실행되며 실행시

75. "To them, I (Socrates) said, the truth would be literally nothing but the shadows of the images."

스템이 우리가 원하는 성질들을 보여야 하므로 (2) 그 설계는 실행 시의 모습을 담고 있고, 그것을 통하여 실행에 대한 분석을 할 수 있어야 한다. 이 장의 논의를 통하여 이러한 측면들이 아키텍처 모델[76]이 가져야 하는 특징들이라는데 주목할 필요가 있다.

6.1 관점과 뷰

그의 '실제(Reality)'에 대한 대화에서 소크라테스는 "우리는 동굴 밖에서 들어오는 빛에 의하여 동굴 벽에 비추어진 그림자를 볼 뿐"이라고 하였다. 소크라테스는 이러한 주장을 그림자를 넘어 실제를 보아야 한다는 의미로 사용하였지만, 어쩌면 인간의 앎의 한계는 오히려 우리 눈에 보이는 것이 그림자이므로, 그림자를 통하여 실제를 이해하는 것이 현실적으로 가능한 방법일 것이다. 이와 같이 소프트웨어 아키텍처도 소크라테스가 말하는 '실제'처럼 그 자체로서 만져지지도 않고, 보여지지도 않지만, 그 관점에서 바라본 결과 그림자는 볼 수 있고, 따라서 다양한 관점을 통하여 보다 실제에 근접한 아키텍처의 모습을 얻을 수 있다. 소프트웨어 아키텍처는 우리의 관심(concern) 혹은 관점(viewpoint)이라는 빛에 비추어진 그림자로서 볼 수 있는 것이다.

소프트웨어 아키텍처 연구를 수행하며 사람들은 여러 가지 발견을 하였다. 그 중에서도 소프트웨어 아키텍처 자체의 중요성의 발견을 제외한다면, 아마도 가장 중요한 발견은 소프트웨어 아키텍처를 표현하기 위하여 다양한 관점을 동원하여야 한다는 발견일 것이다. 관점이란 "사물을 보는 관찰자의 공간상의 위치와 각도"를 말한다. 그림 6-1은 Douglas Hofstadter의 저술 Gödel, Escher, Bach: an Eternal Golden Braid 의 표지그림이다. 나무조각에 세 개의 서로 다른 방향에서 빛을 비추면 Gödel, Escher, Bach를 나타

76. 즉, 아키텍처 설계의 형상화된 결과.

그림 6-1. 세 개의 관점에서 빛을 비추어 본 나무조각품 [Hoftstader 79][77]

내는 G, E, B 글자의 그림자가 벽에 비친다.

이렇게 사물을 보는 방향을 '관점(viewpoint)'이라고 부르고, 그 관점에서 본 결과 혹은 그 관점에 의하여 투영된 결과를 '뷰(view)'라고 부른다. 그러나 특정 방향의 빛을 비추기 전까지는 혹은 특정 방향에서 보기 전까지는 조각의 '의도(intent)' 혹은 "그 안에 담긴 내용"을 알기는 쉽지 않다. 그 이유는 그 안에 많은 종류의 의도와 내용이 얽혀서('weaved' 혹은 'intertwined') 들어 있기 때문이다. 마찬가지로 소프트웨어도 최종적으로 실행하는 소프트웨어가 만들어지기까지 제작자들의 다양한 의도(design intent)가 얽혀서 소프트웨어에 들어가는데, 이들을 명료히 보기 위하여는 그것을 보여줄 수 있는 관점이 먼저 필요한 것이다.

6.2 관점체계

앞 절의 그림 6-1에서 빛을 투사하는 과정에 빛의 투사 각도를 적절히 주지 못하였으면, 의도된 글자는 보이지 않았을 것이다. 글자가 모습이 올바로 보인 것은, 적절한 관점을 통해 보았기 때문이다. 소프트웨어 아키텍처에서

---

77. [Hofstadter 79] Douglas R. Hofstadter, *Gödel, Escher, Bach: An Eternal Golden Braid*, Basic Books, 1979.

도 이와 마찬가지로 적절한 관점으로 아키텍처에 투영할 때, 필요로 하는 아키텍처의 모습이 나오게 된다. 따라서 우리는 필요로 하는 뷰들을 빠짐없이 제공해 줄 수 있는 관점들의 집합을 갖기를 희망한다.

그러면 소프트웨어의 아키텍처를 적절히 포착(capture)하기 위하여 어떤 관점들을 채택해야 하는가? 우리는 이러한 아키텍처 관점들의 집합을 '관점체계("A System of Viewpoints"혹은 "Viewpoint Framework")'라고 부르기로 한다. 관점체계는 기본적으로 어떤 관점(viewpoints)들로 아키텍처를 보아야 하는 가를 정의함으로써, 아키텍처의 기술, 설계, 분석에 이르기까지 많은 것들을 결정한다. 두 개 이상의 관점으로 구성된 관점체계를 이 책에서는 *다관점체계*로 부르기로 한다.

적절한 관점체계는 하나만 있는 것은 아니다. 대상 소프트웨어가 어떤 종류인가에 따라 혹은 어떤 방법으로 구축되느냐에 따라, 그것을 포착하기 위한 적절한 관점체계는 달라질 수 있다. 예를 들어, 응용서버[78]기반의 클라이언트-서버 구조의 소프트웨어 시스템을 기술하기에 적절한 관점체계는, 서비스지향 아키텍처의 소프트웨어 시스템을 기술하기에 적절한 관점체계와 다르다. 물론, 서로 다른 구축방법으로 개발된 소프트웨어도 궁극적으로는 컴퓨터의 자원을 활용하여 실행되고, 컴퓨터에 배치되게 된다는 점에서는 마찬가지이기 때문에 공통적으로 갖게 되는 관점도 있다. 그러나, 같은 시스템이라고 하여도 소프트웨어 시스템의 아키텍처 스타일이 다르거나 개발하는 방법이 다르면, 필요한 적절한 아키텍처 관점들도 이에 따라 달라질 수 있다. 널리 알려진 아키텍처 관점체계로는 "4+1 Viewpoints"[Kruchten 96], Siemens의 관점체계[Hofmeister 00], Gomaa의 관점체계[Gomaa 04] 등이 있다. 제 8장 8.3절에서는 이 다관점체계들이 서로 다른 관점들을 포함함으로써 어떻게 상이한 아키텍처 설계 절차를 갖게 되는지를 살펴본다.

78. J2EE와 같은 Application Server

6.2.1 적절한 관점의 개수

적절한 관점체계를 선정하기 위하여 다음과 같은 일반적인 원리들을 고려해야 한다:

(1) 관점체계의 다양한 관점들을 통하여 소프트웨어 개발에 필요한 중요한 정보들을 다 포함할 수 있어야 한다.
(2) 관점을 적용하고 그 결과를 문서화하고 관리하는 데에는 노력과 비용이 들어간다. 따라서 가능한 한 적은 수의 관점으로 관점체계를 형성하는 것이 좋다.

이 두 가지 원리들은 서로 견제적인 관계에 있으므로, 관점체계를 결정하기 위하여 이 들을 균형 있게 적용하는 것이 중요하다.

6.2.2 두 가지 관점의 측면

궁극적으로 서비스를 제공하기 위해서는 소프트웨어는 실행되어야 하고, 따라서 소프트웨어의 실행 시의 모습을 잘 알아야 그러한 실행을 가능하도록 하는 소프트웨어를 잘 만들 수 있다. 따라서 아키텍처 설계를 위하여 실행측면을 고려하여야 한다. 또한 실행은 코드가 실행환경에 배치되어야 가능해 지기 때문에, 소프트웨어의 코드 측면도 중요하다. 즉, 실행과 코드의 두 가지 측면을 동시에 고려함으로써 개발해야 하는 소프트웨어에 대한 필요한 모습을 적절히 그려낼 수 있다.

6.2.3 관점의 추상 수준

또한 문제에서 바로 원하는 시스템의 모습을 얻으려 하기 보다, 점진적으로 시스템을 얻으려 함으로써 요구사항을 체계적으로 충족시키는 시스템의 모습을 만들어 갈 수 있기 때문에, 아키텍처 설계도 개략적인 수준에서 구체적인 수준으로 진행되어야 한다. 따라서 아키텍처의 수준을 개념적 수준, 논리적 수준, 물리적 수준, 배치 수준으로 다음과 같이 구분할 수 있다:

개념적 수준 아키텍처 관점 중에 가장 높은 추상 수준을 가진 관점으로, 본격적인 아키텍처 설계를 시작하는데 필요한 선정된 아키텍처 드라이버들과 최초의 시스템의 분할을 담는다.

논리적 수준 선정된 아키텍처 드라이버들이나 개념적 수준의 아키텍처 뷰에서 바로 소프트웨어 구현에 도달하기는 어렵다. 왜냐하면 아직 시스템이 컴포넌트와 커넥터들의 연결로 그 분할이 명확히 정의되어 있지 않기 때문이다. 따라서 물리적인 코드나 시스템 실행 시의 모습을 도출하기에 앞서 아키텍처 드라이버들이 만들어 내는 주요한 문제들에 대한 해결책을 담은 컴포넌트와 커넥터로 분할된 시스템을 먼저 논리적 수준에서 도출한다.

물리적 수준 가장 낮은 추상 수준이다. 시스템 상에서 실제로 동작하기 위해서 그리고 이를 위한 코드를 구현하기 위하여 기술적으로 정확한 뷰를 제공하여야 한다. 따라서 구현보다는 상위 수준이면서도 구현으로 바로 갈 수 있는 뷰를 제공하는 관점이 필요하며 이런 관점들이 물리적 수준의 관점들이다.

배치 수준 물리적 수준에서는 우리의 시각이 시스템에 근접해 있지만 여전히 명시적으로 물리적인 시스템들 속에서 실행하는 소프트웨어나 소프트웨어 코드는 보이지 않는다. 배치 수준에서는 실행요소와 코드요소 등이 물리적인 시스템에 배치된 모습을 보여줌으로써 시스템과 연결하여 실행 측면과 코드 측면에 대한 엄밀한 분석을 가능하게 하고, 물리적인 단계의 산출물들이 물리적 시스템으로 어떻게 배치되어 어떻게 실행되는지를 궁극적으로 정의한다.

이들 네 가지 추상 수준의 아키텍처는 다시 코드 측면과 실행 측면으로 나뉠 수 있고, 따라서 총 8개의 관점이 가능하다.

6.2.4 참조 관점체계

표 6-1은 이들 여덟 개의 관점으로 구성된 관점체계를 보여준다. 또한 각 관

점을 적용한 결과로서 도출되는 뷰를 보여준다. 표 6-1의 관점체계를 이 책에서는 *참조 관점체계*라고 부르기로 한다.

표 6-1. 참조 관점체계의 아키텍처 뷰들

	개념적 수준	논리적 수준	물리적 수준	배치 수준
실행 측면	사용 시나리오 관점 (Scenario Viewpoint) → 시나리오뷰	논리적 관점 (Logical Viewpoint) → 논리뷰 혹은 논리적 아키텍처	실행 관점 (Execution Viewpoint) → 실행뷰 혹은 실행 아키텍처	물리적 실행요소의 배치뷰 (Deployment of Runtime Elements Viewpoint) → 실행요소 배치뷰
코드 측면	기능 관점 (Functional Viewpoint)혹은 개념적 관점 (Conceptual Viewpoint) → 개념뷰 혹은 개념적 아키텍처	모듈 관점 (Module Viewpoint) → 모듈뷰 혹은 모듈 아키텍처	코드 관점 (Code Viewpoint) → 코드뷰	코드요소의 배치뷰 (Deployment of Code Elements Viewpoint) → 코드 배치뷰

참조 관점체계는 모든 시스템 개발이 따라야 하는 관점체계로 제안된 것이 아니라, 개별 시스템 개발을 위한 관점체계를 결정하는데 도움을 줄 수 있는 관점들의 집합이다. 즉, 특정 시스템 개발에 사용되는 특정 관점체계의 관점을 결정하는데 참조 관점체계의 관점들을 참조하면 도움이 되고, 특정 관점체계에서 사용되는 관점은 일반적으로 참조 관점체계의 관점들 중 하나에 해당된다. 참조 관점체계의 관점들로부터 얻어지는 뷰들의 특징은 다음과 같다.

시나리오뷰는 사용 시나리오 관점으로부터 얻어지며 아키텍처 도출의 출발점을 제공한다. 제약사항에 해당되는 아키텍처 드라이버를 제외하고 품질속성에 해당되는 아키텍처 드라이버가 시나리오뷰를 구성한다.

개념뷰, 즉 개념적 아키텍처(Conceptual Architecture 혹은 Notional Architecture)는 초기 아키텍처 (Initial Architecture)라고도 불리며, 시스템을 구현 가능하고 재사용성이 높은 하위시스템들로 분할하고 기능적 요구사항을 컴포넌트로 분배한 뷰를 보여준다. 개념뷰가 담고 있는 일차적인 기능의 분할은 논리뷰로 상세화되는 과정에 아키텍처 드라이버들을 반영하여 변경될 수 있다. 개념뷰는 아키텍트가 아닌 고객도 이를 통해 개발자들과 의사소통을 할 수 있도록 보통 유연한 언어로 표현된다. 표 6-1에서 개념뷰를 코드 측면의 뷰로 보는 이유는 모듈뷰가 코드를 직접 보여주거나 코드를 만들기 위한 역할을 하는 뷰인 것처럼, 개념뷰는 모듈뷰로 가기 이전 단계에서 코드 형성에 역할을 하기 때문이다.

논리뷰[79], 즉 논리적 아키텍처에 대하여 [Kruchten 96]은 응용영역(application domain)에 가장 근접한 뷰로 "기능요구사항을 - 즉 서비스의 관점에서 사용자에게 시스템이 무엇을 제공해야 하는가를 - 주로 지원한다"라고 말하였다.[80] 또한 Hofmeister 등은 '개념적 아키텍처'라는 용어로 지칭하며, 이를 역시 응용영역에 가장 근접한 뷰로 "주요 설계요소들과 그들의 관계로서 시스템을 기술한다"고 하였다[Hofmeister 00].[81] 이와 같이 논리적 아키텍처는 아키텍처 설계문제를 해결하기 위하여 다른 아키텍처 뷰에 앞서 시스템을 컴포넌트와 커넥터로 표현하여 이어지는 다른 관점들의 뷰의 도출과 소프트웨어 개발 전반에 큰 영향을 준다. [Bass 03a] [Clements 11]에서 컴포넌트-커넥터 뷰(Compnent Connector View) 혹은 C&C뷰라고 부르는 뷰는 논리뷰에 해당된다.[82]

---

79. [Kruchten 96]은 이를 논리뷰(Logical View)라고 불렀다.
80. "The logical architecture primarily supports the functional requirements—what the system should provide in terms of services to its users. The system is decomposed into a set of key abstractions, taken (mostly) from the problem domain, in the form of objects or object classes."
81. "Conceptual architecture describes the system in terms of its major design elements and the relationships among them. This view is usually tied to the application domain."
82. [Clements 11]에서 C&C뷰를 명칭과는 달리 뷰가 아니라 스타일로 본다. 그러나 제 4장의 논의가 시사하는 바와 같이 이를 C&C 패러다임이라고 부르는 것이 더 적절할 것이다.

모듈뷰는 논리뷰의 해결 방법을 코드 구조로 맵핑하며, 그 결과는 개발 작업을 분할하는 기반이 된다. 계층구조를 이용하여 개발대상인 계층들에 속하는 모듈들 사이의 관계와 개발 대상이 아니지만 시스템의 동작에 필요한 모듈들과 이 모듈들과의 관계도 정립한다.

실행뷰는 시스템이 실행될 때에 동작하는 실행요소들의 정적, 동적 관계를 보여준다. 논리뷰가 아키텍처 설계문제 해결의 시작점이며 중심점이라면 실행뷰는 이러한 해결을 실행 시의 모습으로 맵핑하고 실행 시의 모습을 보여줌으로써 논리뷰의 설계 해법이 갖는 타당성을 확인하는데 이용할 수 있다.

코드뷰는 모듈뷰에서 결정된 코드구조가 특정 프로그래밍 언어로 구현되어 시스템에 설치될 수 있는 코드로 맵핑하기 위하여 필요한 결정들을 나타낸다. 따라서 모듈뷰가 언어독립적인데 반해 코드뷰는 언어종속적이다.[83]

배치뷰는 개념적 수준, 논리적 수준 그리고 물리적 수준 각각에 대하여 필요에 따라 만들어질 수 있다. 그러나 배치뷰가 특히 필요한 경우는 물리적 수준으로, 실행요소 배치뷰와 코드 배치뷰가 물리적 수준의 배치뷰에 해당한다. 배치뷰는 다른 뷰들과 같이 사용된다. 즉, 개념적 요소, 실행 요소, 모듈, 코드의 시스템으로의 배치를 보여줄 수 있다. 이는 배치뷰가 뷰 설계의 마지막 단계에서 반드시 이루어지는 것이 아니라, 다른 뷰들의 설계가 진행되면서 함께 만들어 진다는 것을 의미한다. 다른 뷰 요소들의 배치를 나타내는 배치뷰는 선택적 사항이나, 코드의 배치를 보여주는 배치뷰는 코드가 최종 산출물이기 때문에 가장 중요한 배치뷰이다.

실행요소 배치뷰에서는 최종적으로 실행 시 개체들이 시스템 안에서 실행되는 모습을 볼 수 있다.

코드 배치뷰는 개발된 코드가 어떤 시스템에 어떻게 설치되어야 하는가를 기술한다.

83. 그러나 [Kruchten 96]은 개발 관점이 프로그래밍 언어를 지원한다고 하고, [Hofmeister 00]은 개념적 관점(Conceptual Viewpoint)이 프로그래밍 언어를 지원한다고 하여, 관점에 대한 명칭과 범위가 관점체계마다 다를 수 있다는 점에도 주의를 하여야 한다.

표 6-2는 각 아키텍처 뷰들에 대해 설명한다.

표 6-2 아키텍처 뷰의 설명

아키텍처 뷰		관심사항
실행 측면	시나리오뷰[84]	아키텍처 드라이버인 시나리오로 구성되며, 시스템의 아키텍처가 구체화되면서 시스템과 액터들의 상호작용으로부터 내부 컴포넌트들의 상호작용 시나리오로 구체화되어 다른 뷰들을 형성하고 연결(align)하는 역할을 수행한다.
	논리뷰	시나리오뷰와 개념뷰가 사용자가 이해할 수 있는 비기술적(non-technical) 아키텍처 뷰라면, 논리뷰는 개발을 위하여 필요한 기술적(technical) 아키텍처 뷰로 기술적 아키텍처 뷰들 가운데 첫 번째로 만들어지는 뷰이다. 논리뷰의 초점은 시스템을 높은 추상 수준에서 컴포넌트와 커넥터로 표현하여 아키텍처 설계 문제를 일차적으로 해결하는데 있다.
	실행뷰	시스템 실행 시의 개체와 그들의 관계 및 데이터흐름을 보여준다.[85] 또한 실행 시 개체들이 어떻게 상호 통신(communication) 및 조절(coordination)을 하는지를 보여준다.
	실행요소 배치 뷰	실행요소들을 노드들과 소프트웨어 플랫폼으로 배치한다.`
코드 측면	개념뷰	시스템을 구현 가능하고 재사용성이 높은 하위시스템들로 분할하고 기능적 요구사항을 컴포넌트로 분배한다.
	모듈뷰	시스템을 모듈로 분할하고 계층구조로 만든다. 모듈뷰에 나타나는 모듈들 간의 관계는, 분해(decomposition), 의존(dependency), 그리고 일반화(generalization) 관계이다. 개발조직을 위한 개발책임 할당의 기반이 된다.[86]
	코드뷰	객체코드, 라이브러리(libraries), 바이너리(binaries)등의 소스코드를 버전, 파일, 디렉터리에 따라 배치 컴포넌트로 정렬(organize)한다.
	코드 배치뷰	코드뷰에서 도출된 배치 컴포넌트들의 파일을 물리적인 시스템 노드들과 소프트웨어 플랫폼에 배치한다.

6.3 아키텍처 뷰의 개발 순기에 있어서의 역할

이 절에서는 이 8개의 뷰들이 전통적 개발 순기에서 어떻게 사용되는지 살펴보기로 한다. 먼저 소프트웨어 개발은 그림 6-2에서처럼 요구사항분석, 아키텍처설계, 상세설계, 통합 및 시험의 5개의 단계로 나뉘어 진다. 그림 6-2는 이 5 단계에 걸친 아키텍처 뷰들의 역할을 보여 준다. 즉, 시나리오뷰와 개념뷰는 요구사항의 분석의 결과이며, 이어지는 아키텍처 설계의 출발점이 된다. 아키텍처 설계에서는 나머지 6개의 뷰가 설계된다. 이들 중 모듈뷰와 실행뷰는 상세 설계에서, 코드뷰는 구현에서, 실행뷰와 배치뷰는 통합 및 시험에서 주된 역할을 수행하게 된다.

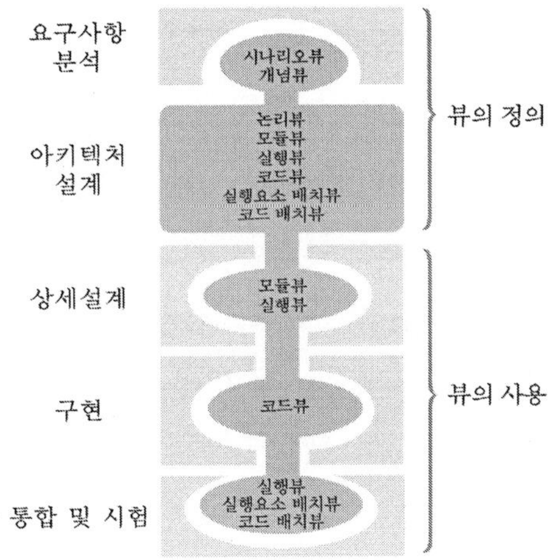

그림 6-2. 개발순기에서의 아키텍처 뷰의 역할

---

84. Kruchten은 [Kruchten 96]에서 "… 적은 수의 중요한 시나리오들을 사용하여, 4개의 뷰의 요소들이 이음새 없이 연결되어 동작한다는 것을 보인다 … 시나리오는 어떤 의미에서는 가장 중요한 요구사항들의 추상"이라고 말하여 시나리오의 주된 역할이 검증적인 측면에 있다고 보았다. 한편 이 책에서는 시나리오를 검증의 용도보다는 검증에 앞선 설계의 중추적인 단계로 보고 있다. 이와 같은 시나리오의 역할을 보는 시각의 차이는 Kruchten은 기존의 설계방법에서의 역할을 생각하고 있으나, 이 논문에서는 자동화된 설계를 겨냥한 관점체계를 제시하는데 기인한 것이다.
85. 실행 시 개체는 데이터 저장소를 포함한다.
86. [Kruchten 96]은 개발 관점(Development Viewpoint)를 [Bass 03a]는 코드 관점(Code Viewpoint)를 개발조직을 위한 개발책임할당의 기반으로 보았다.

6.4 아키텍처 드라이버와 아키텍처 관점들

6.4.1 아키텍처 관점에 따른 아키텍처 드라이버들의 분리

아키텍처를 결정 짓는 요인(factors)으로서 제 1장과 2장에서 아키텍처 드라이버의 개념과 주된 아키텍처 드라이버로써 품질속성들에 대하여 논의하였다. 하나의 시스템에 대하여 요구되는 모든 품질속성들을 모두 한꺼번에 고려하여 아키텍처 설계를 한다는 것은 매우 어려운 일이다. 그러나 다행히도 각 관점마다 그 관점이 주로 들여다 보는 (혹은 그 관점에 반영되는) 품질속성이 다르기 때문에, 만일 우리가 어떤 관점체계를 채택하여, 여러 개의 관점을 체계적으로 이용하여 아키텍처 설계를 시도 한다면, 아키텍처 설계작업은 더 용이해 질 수 있을 것이다. 예를 들어, 제 6.2절에서 소개된 관점체계는, 세분화된 관점들을 갖고 있기 때문에 이 관점별로 해당 종류의 아키텍처 드라이버를 해결해 줌으로써 정교한 아키텍처 설계가 용이하게 수행될 수 있다.

이상적으로 각 관점이 다룰 수 있는 아키텍처 드라이버가 그림 6-3과 같이 정해져서, 각 관점별로 아키텍처 드라이버를 충족시키도록 아키텍처 설계를 해야 한다.

6.4.2 개념적 관점의 관심 품질속성

여러 가지 아키텍처 관점 가운데에서도 아키텍처 설계의 출발점이 되는 개념적 아키텍처 설계를 위하여 고려하여야 할 소프트웨어 속성들은 어떠한 것들이 있을까? 이를 논의하기 위하여 먼저 아키텍처 설계 활동의 성격에 대하여 살펴보기로 한다. 앞에서 언급한 바와 같이 속성이라는 용어는 각종 소프트웨어 산출물뿐 아니라 최종 시스템에도 적용될 수 있는 개념인데, 아키텍처 설계 단계에서는 시스템이 갖게 될 속성(시스템 속성)뿐 아니라 특히 개발과정과 개발의 중간 산출물들을 대상으로 하는 속성 (즉, 개발 속성)들도 관심의 대상이 된다. 나아가 개발 전반에 걸쳐 적용되는 속성도 관심

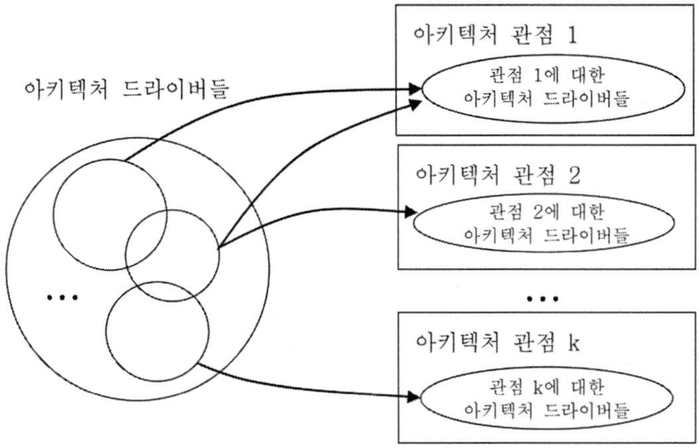

그림 6-3. 아키텍처 관점에 따른 대상 아키텍처 드라이버들의 분리

의 대상이 될 수 있다.

개념적 아키텍처 관점의 가장 큰 역할은 시스템을 효과적으로 분할하여 개발자들이 빠른 시간에 적은 비용으로 개발할 수 있도록 하는 것이다. 이를 위하여 개발 자체의 용이성을 도모하는 속성, 즉 시스템을 얼마나 용이하게 구축할 수 있는가를 나타내는 속성인 구축용이성(buildability)이 가장 큰 관심사이다. 구축용이성은 요구되는 시스템 자체의 복잡도, 시스템을 구축하는 방법, 개발조직의 구성과 사용 가능한 기술 등에 의하여 영향을 받는다. 구축용이성은 특히 개발의 복잡도를 낮추는 전략으로서 '분할정복(Divide-and-conquer)'의 적용인 분할(partitioning)을 통하여 얻어질 수 있는 개발속성이다.

개념적 아키텍처 관점의 또 다른 중요한 관심대상은 재사용성(reusability)이다. 재사용성은 시스템 속성이 아니라 설계, 코드, 바이너리 등에 적용될 수 있는 개발속성으로서 이미 개발된 컴포넌트를 사용하거나 개발대상 컴포넌트 간의 중복성을 피하기 위한 리팩토링(refactoring) 작업으로 달성될 수 있는 속성이다.

구축용이성과 재사용성이 개념적 구조관점에서 고려되어야 할 중요한 품질속성 측면으로, 특히 이들은 고객이 명시적으로 요구하지 않더라도 개발의 용이성과 생산성을 위하여 개발자들에 의하여 적극적으로 적용된다. 이들 품질속성은 이어지는 다른 뷰의 관심 품질속성들과 순차적으로 상충관계(tradeoff)를 가질 수 있고 이 과정을 거쳐 최종적으로 아키텍처에 반영된다.[87]

6.4.3 그 밖의 관점별 관심 품질속성

앞 절에서 개념적 관점에서 다루어지는 중요한 품질속성에 대하여 논의하였다. 이 절에서는 그 나머지 관점들은 어떤 품질속성을 해결하는데 도움을 줄 수 있는지 알아본다. 표 6-3은 제 6.2절의 표 6-1에서 제시한 8 개의 관점별로 각 관점이 반영할 수 있는 품질속성들을 보여준다.

관련연구

6.2절에서 도출한 관점체계는 전통적인 소프트웨어 개발 방법을 체계화한 관점체계뿐 아니라 모델 주도적 개발[88]이라는 중요한 미래 지향적인 소프트웨어 개발 방향을 겨냥한 것이기도 하다. 전통적 개발 방법에 적용될 때에는 보다 정교한 아키텍처를 제공함으로써 각 뷰의 상세화가 엄밀하고 체계적으로 이루어지도록 해준다. 다른 한편으로는 모델 주도적 개발에 적용될 경우 8개의 관점들은 각기 다르지만 상호 밀접히 연결된 8개의 뷰들을 만

87. [Kruchten 96]에서는 논리뷰에 반영이 되어야 할 품질속성을 명시하지 않았다. [Hofmeister 00]에서는 성능(performance), 신뢰성(reliability), 안전(safety) 등과 같이 실행적 관점에서 다룰 수 있는 품질속성을 논리적 관점에서 반영을 하고자 하였다. [Bass 03b]는 논리뷰를 설계하기 위하여 모든 품질속성을 반영하는데, 이는 설계를 복잡하게 만들고 다른 아키텍처 관점들과의 상충문제 해결을 어렵게 만든다.

88. 모델 주도적 개발(Model Driven Development: MDD)은 하나의 플랫폼 독립모델(PIM)을 개발하고 이에 기반한 복수개의 플랫폼 종속모델(PSM)을 개발하여 개발과정을 최대한 자동화하려는 개발 방법이다.

표 6-3. 아키텍처 관점별 관심 품질속성

<table>
<tr><th colspan="2" rowspan="2">아키텍처 관점</th><th colspan="3">관련 품질속성</th></tr>
<tr><th>비공통</th><th colspan="2">공통</th></tr>
<tr><td rowspan="4">실행 측면</td><td>시나리오 관점</td><td></td><td rowspan="4">성능
(Performance)
신뢰성
(Reliability)
가용성
(Availability)
사용용이성
(Usability)
규모확장성
(Scalability)</td><td rowspan="8">이해용이성
(Understandability)</td></tr>
<tr><td>논리적 관점</td><td>안전성
(Safety)
보안성
(Security)
시험용이성
(Testability)</td></tr>
<tr><td>실행 관점</td><td></td></tr>
<tr><td>실행요소배치 관점</td><td></td></tr>
<tr><td rowspan="4">코드 측면</td><td>개념적 관점</td><td></td><td rowspan="4">구축용이성
(Buildability)
재사용성
(Reusability)
통합용이성
(Integrability)
시험용이성
(Testability)</td></tr>
<tr><td>모듈 관점</td><td>확장개발성
(Extendibility)
변경용이성
(Modifiability)</td></tr>
<tr><td>코드 관점</td><td>이식성
(Portability)</td></tr>
<tr><td>코드배치 관점</td><td></td></tr>
</table>

들게 해주고, 이를 이용하여 실행 가능한 PIM이나 PSM을 만드는데 도움을 줄 수 있다.

아키텍처에 대한 비전문가인 고객도 아키텍처를 통해 아키텍트 혹은 다른 개발자들과 의사소통을 해야 할 경우가 자주 있다. 이를 위해서 개념뷰를 더 단순화 시킨 아키텍처 모델이 편리하게 사용될 수 있다.

많은 아키텍처 연구들이 데이터 관점(Data Viewpoint)을 하나의 독립된 관점으로 두고 있지 않다. 그 이유는 객체지향 설계의 영향일 수도 있고, 또는 소프트웨어 아키텍처 분야의 연구를 리드하는 SEI가 주로 임베디드 시스템의 개발에 관심을 두고 있어, 임베디드 시스템 설계에 맞는 방법에 초점을 두었기 때문일 수도 있다. 정보 시스템의 경우나 게임 프로그램과 같이 데이터가 중요한 부분을 차지하는 시스템의 경우, 데이터 관점을 독립적인 관점으로 관점체계 안에 포함시키는 것을 고려할 필요가 있고, 데이터 뷰를 설계하는 시점이 다른 뷰의 설계에 앞서도록 하는 설계 프로세스를 채택할 수 도 있다.

RM-ODP[ISO10746 98][Putnam 00]는 ISO와 ITU-T에서 표준으로 채택하여 전기통신 분야와 금융도메인 등에서 많이 사용된 관점체계이다. RM-ODP의 관점체계는 엔터프라이즈 관점(Enterprise Viewpoint), 정보관점(Information Viewpoint), 컴퓨팅 관점(Computational Viewpoint), 공학 관점(Engineering Viewpoint), 기술 관점(Technology Viewpoint)의 다섯 개의 관점으로 구성된다.

그 밖에도 엔터프라이즈 아키텍처(Enterprise Architecture: EA)는 [Malveau 00] 에 따르면 "기업의 IT 컴포넌트들이 상위수준의 기업 목적들을 어떻게 충족시킬 수 있는가 하는 것을 전달하도록 설계된 일련의 문서들"이라고 정의한다(p. 24). 엔터프라즈 아키텍처 프레임워크(Enterprise Architecture Framework: EAF)는 엔터프라이즈 아키텍처를 정의하기 위하여 사용되는 관점들의 집합을 말한다.

대표적인 EAF로는 Zachman 프레임워크를 비롯하여 미국방성 아키텍처 프레임워크(Department of Defense Architecture Framework: DoDAF), 오픈그룹 아키텍처 체계(The Open Group Architecture Framework: TOGAF) 를 포함하여 여러 가지 EA 체계가 있다. Zachman 프레임워크는 매트릭스 형태로 구성된 관점들의 집합으로, 가로축은 데이터, 기능, 네트워크, 사람, 시간, 동기의 6개의 요소로 구성되고, 세로축은 높은 추상수준에서 낮은 추상수준의 순서로 범위(scope), 엔터프라이즈 모델(enterprise model), 시스템 모델(system model), 기술 모델(technology model), 상세표현모델(detailed representation)의 다섯 개의 요소로 구성되어, 총 30개의 관점을 갖는다. 실제로 Zachman EAF를 사용할 때는 이들 중 필요한 관점을 선택하게 된다.

DoDAF는 미국국방성에서 만든 EAF로 모든 주요한 미국방성 무기체계와 IT시스템은 반드시 DoDAF에 정의된 뷰들을 사용하여 EA를 개발해야 한다. 그러나 DoDAF는 군사도메인 이외의 다양한 도메인에도 적용 가능하다. DoDAF 2.0은 여덟 개의 관점그룹으로 구성된다. (1) 모든 관점에 관계되는 사항을 기술하는 총괄 관점(All Viewpoint), (2) 데이터와 정보 관점(Data and Information Viewpoint), (3) 표준 관점(Standards Viewpoint), (4) 기능, 성능 등의 역량 요구사항을 기술하는 역량 관점(Capability Viewpoint), (5) 역량을 지원하는 시나리오 활동 등을 기술하는 운용 관점(Operational Viewpoint), (6) 서비스 관점(Services Viewpoint), (7) 시스템의 운영 및 역량을 합성, 연결하는 설계 해법을 기술하는 시스템 관점(Systems Viewpoint)이 (8) 요구사항과 개발 프로젝트 간의 관계를 기술하는 프로젝트 관점(Project Viewpoint), 그것이다.

TOGAF는 오픈 그룹(The Open Group)에서 만들었으며 네 개의 컴포넌트로 구성되어 있는데, (1) 아키텍처 역량 체계(Architecture Capability Framework), (2) 아키텍처 개발 방법(Architecture Development Method), (3) 비즈니스 아키텍처, 데이터 아키텍처, 어플리케이션 아키텍처와 기술 아키텍처로 구성되는 아키텍처 콘텐트 체계(Architecture Content Framework), (4) 여러 가지 참조모델로 구성되는 엔터프라이즈 컨티니움(The Enterprise Continuum)[89]이 그것이다.

---

89. 엔터프라이즈 컨티니움은 모델, 패턴, 아키텍처 문서 등의 산출물을 저장하는 아키텍처 자산 저장소로 볼 수 있다.
(http://pubs.opengroup.org/architecture/togaf8-doc/arch/chap17.html)

7장 설계의 일반원리

"어려운 문제를 푸는 방법을 발견하기 위한 우리가 아는 가장 강력한 방법은 그것을 각각 분리하여 해결할 수 있는 여러 개의 더 단순한 문제들로 쪼개는 방법을 찾는 것이다."[90]

– Marvin Minsky ([Minsky 88]p. 74)

설계의 일반원리(General Design Principle: GDP)는 많은 다양한 종류의 설계활동에 공통적으로 적용될 수 있는 설계원리를 말한다. 제 8장에서 구체적인 아키텍처 설계 절차를 논의하기에 앞서 이 장에서는 설계라는 아주 일반적인 활동을 구성하는 원리들을 살펴봄으로써, 아키텍처 설계 절차를 확립하는데 이들을 활용할 수 있도록 하고자 한다.

소프트웨어 아키텍처 설계를 포함한 설계활동을 문제(problem)에 대한 해결(solution)을 도출하는 것으로 볼 수 있다. 설계 활동에는 문제와 문제 해결이라는 두 대립 축이 존재하고, 문제는 요구사항 형태를, 해결은 설계라는 형태를 갖는다. 이 장에서는 일반적인 설계 원리를 제시한다. 이 방법들은 우리가 의식하건 의식하지 않건 오랜 세월을 두고 인간 생활, 학문과 기술에서 생기는 문제들을 해결하는데 적용되어 왔고, 따라서 너무나 당연한 것으로 받아들이기 쉬운 그러한 원리들이다. 이 설계 원리들은 특히 8장의 설계 절차를 정의하는데 명시적으로 사용된다.

먼저 각각의 설계 원리를 논의하기에 앞서서 문제 해결에 일반적으로

90. "The most powerful way we know for discovering how to solve a hard problem is to find a method that splits it into several simpler ones, each of which can be solved separately."

어떤 접근방법이 사용될 수 있는지 알아보기로 한다. 그림 7-1은 문제해결에 사용되는 일반적인 접근방법의 종류를 보여준다. 먼저 주어진 문제를 이미 해결책이 알려져 있는 문제로 변형하는 방법으로, 이런 방법은 그 해결책을 원래의 문제에 대한 직접적인 해결책으로 쉽게 변형할 수 있다면 원래의 문제를 해결하기 위한 좋은 방법이 된다. 그림 7-1(a)는 이러한 경우를 보여준다. 이 경우 변형은 매우 단순하기 때문에 맵핑이라고 부를 수 있다. 이미 존재하는 해결책을 이용할 수 없는 경우 원래의 문제를 더 쉬운 문제들로 나누어 해결할 수 있다면, 그 하위 문제들에 대한 해결책들을 합성하여 원래의

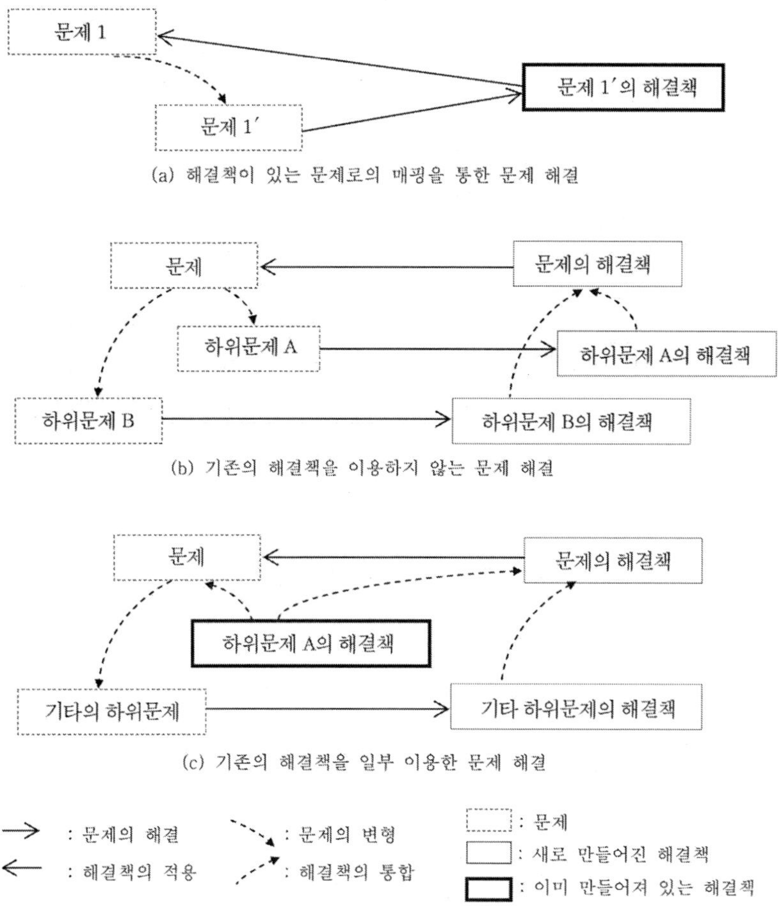

그림 7-1. 문제 해결에 사용되는 일반적인 접근방법의 종류

문제에 대한 해결책을 만들 수 있다. 그림 7-1(b)는 이 경우를 보여준다. 만일 기존의 해결책을 문제 해결에 부분적으로 활용할 수 있는 경우에는 기존의 해결책을 활용할 수 없는 부분에 대해서만 해결책을 새로이 만들 수 있으면 역시, 이 해결책들을 통합하여 원래의 문제를 해결할 수 있다. 그림 7-1(c)는 이 경우를 보여준다.

그림 7-1(b)는 제 7.1절에서 상세히 논의하는 분할정복의 문제 해결방법을 보여준다. 가장 일반적인 문제 해결 방법은 그림 7-1(c)로 볼 수 있는데, 분할정복이 하향식의 문제해결 방법이라면, 기존의 해결책을 활용하는 문제 해결은 상하향식 문제 해결방법임을 제 7.4절에서 보인다.

7.1 재귀적 분할정복

설계는 첫째로 재귀적 분할정복(Recursive Divide and Conquer)을 통해 문제의 해결을 모색하는 활동이다. 재귀적 분할정복은 분할정복의 재귀적 적용이다.

예를 들어, 소프트웨어를 개발하기 위하여 개발될 소프트웨어를 여러 개의 컴포넌트의 구성으로 정의하고, 각각의 컴포넌트를 구현하여 이들을 연결함으로써 전체 시스템을 만든다면, 분할정복의 기법을 적용한 것이다. 여행계획을 세우는 문제를 예로 들어 보자. 여행계획을 세우는 문제를 이동하는 문제, 숙소를 정하는 문제, 그리고 각 장소에서 관광하는 문제의 세 개의 작은 문제로 나눈 뒤, 세 명이 하나씩 문제를 맡아서 해결하고 그 결과를 통합하여, 전체 여행계획을 수립한다면, 분할정복의 문제 해결방법을 적용하였다고 볼 수 있다.

분할정복과 동전의 양면을 형성하는 개념이 추상화이다. 우리가 분할정복을 시도할 때, 우리는 이미 추상화의 길로 들어서고 있는 것이다. 추상화는 대상의 모든 측면을 고려하는 것이 아니라, 특정 측면으로 봄으로써 대상의 모습을 단순화 시키는 방법이다. 예를 들어 시스템이 어떤 요청에 대하여 1초 내에 응답을 해야 하는 성능요구사항이 있다면, 이를 위하여 시스템의 보안이나 사용용이성 등의 다른 측면과는 독립적으로, 응답시간을 결정짓는 요인들만을 고려함으로써 이러한 성능요구사항이 충족될 수 있음을 파악할 수 있다.[91]

분할정복은 우리 일상에서 많이 쓰이는 문제해결 방법일 뿐만 아니라, 가장 기본적인 소프트웨어 설계 전략이다. 설계에서는 시스템을 보통 그것을 구성하는 컴포넌트들이 모여서 이루어진 것으로 본다. 그 이유는 하나의 문제를 더 작은 문제로 쪼개어 원래의 문제에 대한 답을 구하겠다는 의도에서이다. 이렇게 하는 이유는 원래의 문제를 직접 해결하려 하는 것보다, 작은 문제들이 해결하기가 쉽고, 따라서 큰 문제의 해결을 (작은 문제들을 해결한 뒤에는) 그 해결책(즉, 컴포넌트)의 연결에 의하여 전체 문제에 대한 답을 구하겠다는 의도가 있기 때문이다.

물론 이러한 시도가 성공하기 위하여는, 작은 문제들이 해결하기 쉽고, 작은 문제들의 연결 또는 결합이 큰 문제의 해법이 된다는데 기초한다. 이러한 방법은 전통적인 소프트웨어 설계가 예외 없이 취하는 방법이다.[92]

그림 7-2는 분할정복의 방법이 문제 해결에 적용되는 모습을 보여준다. 그림 7-2의 상단은 문제가 더 작은 하위문제로 분해되고, 하위문제는 다시 더 작은 하위문제로 분해되어 결국 더 이상 분해가 필요 없는 많은 작은 문제들이 됨을 보여주고 있다. 그러면 하단의 그림이 보여주고 있는 것처럼, 최종적인 문제들에 대한 해결들이 다시 결합되어 그 상위문제의 해결로 합성되고, 이 과정이 반복되면 최종적으로 원래 문제에 대한 해결을 얻게 된

91. 좀 더 일상적인 것에서 추상의 예를 찾는다면, 두 개의 그릇에 있는 사과의 수를 계산하는 간단한 문제를 예로 들 수 있다. 이 경우 우리는 첫 번째 그릇에 a개의 사과가 있고, 두 번째 그릇에 b개의 사과가 있으므로 전체 사과 개수는 a+b개라고 답을 할 것이다. 여기서 사과를 한군데 모아서 수를 세는 더 복잡하지만 구체적인 과정을 거치지 않고, 각 그릇에 있는 사과의 개수로부터 전체 개수를 계산하는 방법은 구체적인 사고로부터 일반적인 숫자로 추상하는 능력을 우리가 갖고 있고, 덧셈을 할 줄 알기 때문에 가능한 문제 풀이 방법이다.

92. 제 I부 4장 참조.

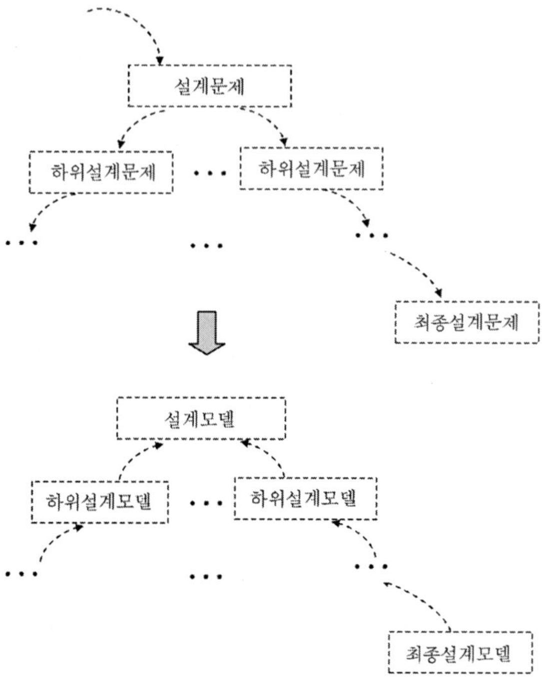

그림 7-2. 재귀적 분할정복에 의한 설계

다. 이와 같이 여러 단계에 걸쳐 반복적으로 적용되는 방식을 재귀적(recursive)인 방식이라고 부르는데, 재귀적 분할정복 방식은 크고 복잡한 시스템 설계문제에 적용하기 좋은 분할정복 접근방식이다.

[Jones 92]는 " ... 세부사항들을 탐구하기에 앞서 전체 형태를 결정하는 원리는 한 사람의 머리 속에 필요한 경험이 전부 담길 수 없는 새로운 상황에서는 통하지 않는다"고 하였다(p. 27).[93] 이와 같은 경우나, 기존의 컴포넌트나 하위시스템을 재사용하는 경우에도 분할정복이 제시하는 순수한 하향식(top-down) 접근방법은 적합하지 않다. 그런 경우 전반적인 설계는 상향식(bottom-up) 접근방법이 하향식 접근방법을 보완하는 형태로 진행되어야 한다.

93 "... the principle of deciding the form of the whole before the details have been explored outside the mind of the chief designer does not work in novel situations for which the necessary experience cannot be contained within the mind of one person."

7.2 합성과 분석의 반복

설계는 문제 해결에 도달하기 위하여, 합성(synthesis)과 분석(analysis)[94]을 반복적으로 적용하는 활동이다. 그림 7-3은 설계 활동이 합성으로 시작하여 만족할 만한 설계결과가 얻어질 때까지, 합성과 분석이 반복되는 과정임을 나타내고 있다. 해결책을 단번에 만들 수 있는 경우에는 반복이 불필요하지만, 대부분의 경우 한 번에 만족스런 해결책에 도달하지 못한다. 그러므로 분석 단계를 통하여 기대하는 수준의 해결책인지 검토하게 되고, 그렇지 못한 경우 분석을 통하여 드러난 개선점을 반영하여, 새로운 후보 해결책을 도출하는 합성 단계를 반복함으로써 궁극적으로 만족스런 해결책에 도달한다.

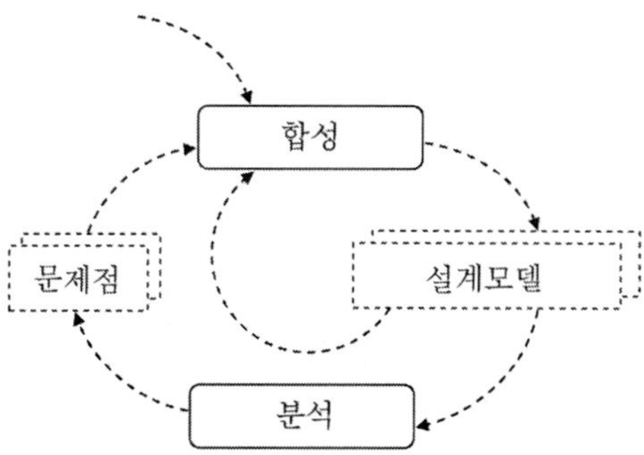

그림 7-3. 합성과 분석의 반복으로서의 설계[95]

7.3 경험과 창의성의 결합

설계는 경험적인 수단과 창의적인 수단을 모두 동원하여 문제를 해결하려는 활동이다. 원래의 문제 혹은 원래의 문제의 부분과 유사한 문제에 대한

---

94. Webster 사전에 따르면 분석(analysis)은 “전체를 그것을 구성하는 부분들로 분리하는 활동(separation of a whole into its component parts),” “물체를 구성하는 요소들을 식별하거나 분리하는 활동(identification or separation of ingredients of a substance),” “복합체와 그 요소들 및 그 관계를 상세히 검사하는 활동(examination of a complex, its elements, and their relations)” 을 의미한다. 이 절에서 말하는 ‘분석’ 의 의미는 이 중 세 번째이다.

95. 그림 7-3은 제 I부의 그림 4-1에서 파생된 그림이다.

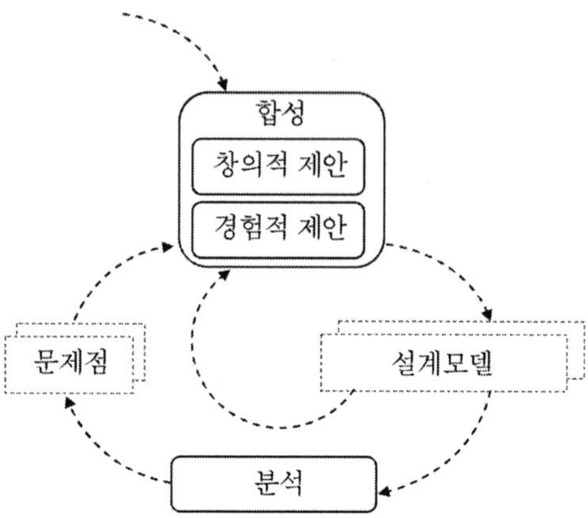

그림 7-4. 합성에 사용되는 기법들

해결책을 이미 알고 있을 경우 이를 다시 해결하려는 대신 이미 알려진 해결책을 잘 이용하면 된다. 그러나 어떤 부분은 알려진 해결책이 없거나 알려진 해결책을 모를 수 있다. 전자의 경우가 경험적인 수단을 사용하는 경우이고, 후자의 경우가 창의성이 동원되어야 하는 경우이다. 전자는 흔히 패턴이라는 용어로 지칭된다. 그림 7-4는 그림 7-3의 설계과정 중 합성의 방법으로 창의적 제안과 경험적 제안이 있음을 보여준다.

7.4 상하향식 절차로서의 설계

설계에 경험적인 수단이 적용될 수 있음은 이미 발견된 해결책을 문제 해결을 위하여 활용할 수도 있음을 의미한다. 앞서 제 7.1절에서 문제 해결의 지배적인 방법으로서 분할정복을 하향적인 절차로 소개하였는데 (그림 7-2), 기존의 해결책을 활용할 경우 그림 7-5와 같이 상하향식 절차로 수정되어야 한다. 즉, 부분적인 문제에 대해서는 알려진 해결책을 그대로 사용하고, 다른 문제들에 대한 해결은 이 해결책을 전제로 그에 맞추어 만들어진다. 이와 같은 접근방법의 예로는 컴포넌트의 재사용이 있다.

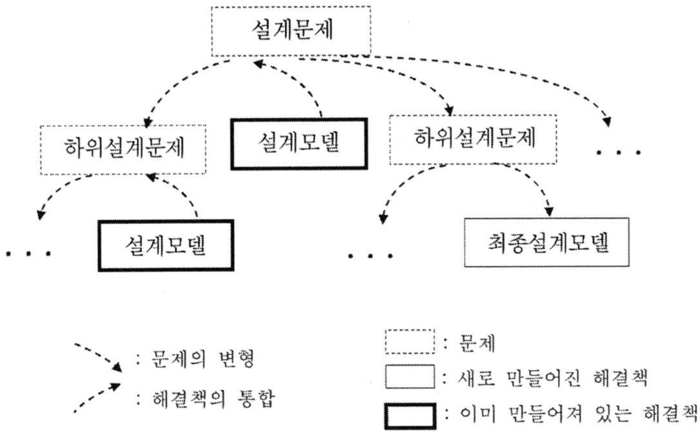

그림 7-5. 상하향식 절차로서의 설계

관련연구

이 장에서는 아키텍처 설계에 활용할 수 있는 설계의 일반적인 원리 세 개를 제시하였으나, 이 세 개에 그칠 필요가 없으며 아키텍트가 해결해야 할 문제에 맞는 추가적인 일반적 설계 원리들을 동원할 수 있다.

[Buschmann 96]는 일반적인 소프트웨어 아키텍처 설계 원리로, 관심의 분리(separation of concerns), 느슨한 결합도 (loose coupling), 엄격한 캡슐화(strict encapsulation)가 있다고 한다. 이러한 원리는 어떠한 대상에도 적용되는 기본적인 원리라기 보다는, 복잡도가 높은 설계 대상이나 소프트웨어 전체에 적용될 수 있는 좀 더 전문적인 설계 원리이다. 그러나 그럼에도 불구하고 이 원리들이 일반적으로 사용되는 이유는 소프트웨어의 경우 규모가 작더라도 상당히 높은 복잡도를 갖는 경향이 있기 때문이다. 이 책의 제 I부 1장 1.6절에서 언급한 현대문명에서 소프트웨어의 중요성과 보편적 소프트웨어 의존성을 생각해 보면, 단순한 기능의 소프트웨어조차도 이미 높은 복잡도를 가지고 있음을 이해 할 수 있다. 또한 그런 이유로 고도의 서비스도 소프트웨어를 통하여 점차 자동화되어 가고 있다고 볼 수 있다.

제 7.3절에서 논의한 설계의 창조적인 단계의 결과가 하나의 설계 후보일 수도 있고, 여러 개의 설계 후보일 수 도 있다. [Jones 92]에 따르면 설계의 창조적인 단계는 공통적으로 (1) 확산(divergence), (2) 변형(transformation), (3) 수렴(convergence)으로 구성되어 있다고 한다([Taylor 09]pp. 144~145에서 재인용). 확산은 이전의 잘못된 시도들의 범위를 벗어나서 해결책이 될 수 있는 다양한 새로운 개념들과 접근방법을 발견하거나 수용하는 활동으로 그 기법으로 비유(analogy) 탐색, 집중토론(brainstorming), 문헌탐색, 형태분석차트(Morphological Charts)[96], 정신적 장벽제거 등이 있다. 변형에서는 분석과 선택의 조합으로 확산 단계로부터 얻은 정보에 기초하여 해결가능성과 문제에 대한 새로운 이해 혹은 변경을 조사 작성한다. 수렴단계에서는 상세한 개발을 위하여 단일한 접근이 선택될 때까지 아이디어들을 선정하고 더 상세화한다. 확산 단계에는 불필요한 설계 전략이 도출되어 설계 결정을 어렵게 만들 수도 있는데, 이를 제어하는 다음과 같은 기법들이 있다: 이슈와 위험요인의 분석; 조사 설계하는 비용과 잘못된 결과를 내리는 대가의 비교; 불확실성을 갖는 결정의 분리; 설계탐구결과에 비춘 요구사항의 지속적인 재평가 등이다.

96. 제품의 필요한 기능을 알아내고 기능을 달성하기 위한 서로 다른 방법과 그 조합을 탐색할 수 있는 표. (출처: http://www.ifm.eng.cam.ac.uk/dmg/tools/concept/morph.html)

8장 아키텍처 설계 절차

"완벽한 것을 추구하기를 두려워하지 말라. 어차피 그것에 도달할 수 없을 테니까."[97]

- Salvador Dali

아키텍처 설계문제 분석을 수행한 후에는 문제에 적합한 아키텍처 설계 절차를 정의하여야 한다. 설계 절차를 정의하기에 앞서 설계의 큰 방향을 결정하는 아키텍처 스타일과 그에 따른 관점체계가 이미 결정되어 있어야 한다.

이 장에서는 "실제 아키텍처 설계가 어떤 순서를 따라야 하고, 그 안에서 필요에 따라 어떤 선택이 있는가?", 나아가 "그 절차 안에서 아키텍처 설계 원리들은 어떻게 그 역할을 수행하는가?"의 문제에 대하여 논의한다.

설계공정은 개발 대상이 새로운 시스템인지 아니면 기존 시스템의 진화인지에 따라 많이 달라지고, 또한 각 시스템의 개발 상황에 따라 다양한 방식으로 접근할 수 있다. 예를 들어, [Taylor 09]는 설계공정을 (1) 순차적인 프로세스, (2) 반복적인 프로세스, (3) 병행적 프로세스, (4) 적응적 프로세스와 (5) 점증적 프로세스로 나누고 있다(p. 86). 어떤 접근이 가장 적절한지는 각 시스템의 특수한 상황에 따라 달라지므로, 그 결정은 설계자에게 맡기기로 하고, 이 장에서는 가장 기본적인 형태의 프로세스인 순차적인 프로세스 관점에서 논의한다.

이를 위해, 요구사항으로부터 아키텍처를 도출하는데 고려하여야 하는 사항을 제 8.1절에서 논의하고, 제 8.2절에서는 아키텍처 설계 절차의 개요

---

97. "Have no fear of perfection—you'll never reach it."

를 설명한 뒤에, 제 8.3절에서 여러 개의 뷰를 동시에 도출하는 아키텍처 설계 접근방법을 보이고, 마지막으로 제 8.4절에서는 아키텍처 설계 결정을 기술하기 위한 템플릿을 소개한다.

8.1 요구사항에서 아키텍처로

아키텍처 설계 활동은, 요구사항과 그들로부터 선정된 아키텍처 드라이버로부터 아키텍처를 만드는 활동이다. 그러면 구체적으로 그 과정이 어떻게 진행되어야 하는가? 그 답은 요구사항과 도메인에 따라 접근 방법이 달라질 수 있는데, 그 이유는 시스템을 이해하고 실현 가능한 아키텍처로 나누는 방법이 달라질 수 있기 때문이다. 이 절에서는 그럼에도 설계 절차에 도움을 주는 일반적인 원칙과 가이드라인을 논의한다.

[Nuseibeh 01]에 따르면, 아키텍처 설계는 완성된 요구사항으로부터 아키텍처를 만들어가는 과정이 아니라, 그림 8-1이 보여주는 것과 같이 그림의 위에서 아래로 움직여가는 과정으로, 먼저 개략적인 요구사항에서 개략적인 아키텍처를 도출하고, 개략적인 아키텍처는 보다 상세한 요구사항을 알아내는데 도움을 주고, 이는 다시 보다 상세한 아키텍처를 결정하는데 도움을 주는 방식으로 진행된다. 그 이유는 요구사항 변경 및 추가가 수시로 일어나기도 하지만, 주된 이유는 사람들이 눈으로 볼 수 있을 때 더 많은 것

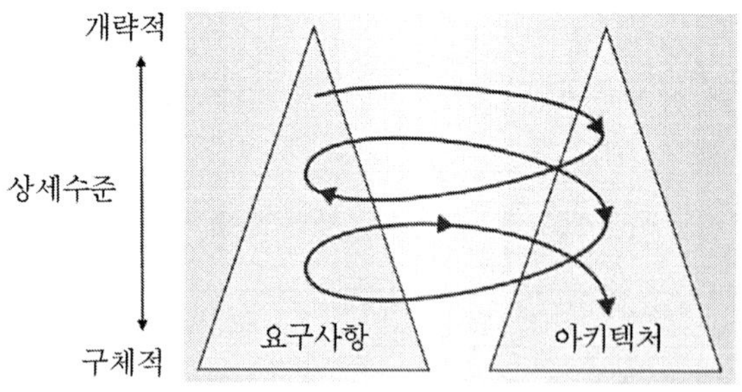

그림 8-1. 요구사항과 아키텍처의 상호관계 [Nuseibeh 01]

을 알 수 있기 때문이다. 현실은 이와 같지만, 이 책에서는 설계 원리를 분명히 전달하기 위해서, 아키텍처 설계에 들어가기에 앞서 완전한 요구사항이 존재한다고 가정한다.

아키텍처 설계는 요구사항으로부터 출발하지만, 제 II부 2장 2.1절에서 논의한 바와 같이 어떤 품질속성은 묵시적인 형태로 요구사항의 일부가 되기도 한다. 그 대표적인 예가 구축용이성과 재사용성이다. 이러한 이유로 이들은 모든 설계에 공통적으로 적용되는 품질속성이라고 볼 수 있고, 따라서 설계 과정에 이러한 품질속성들의 목적을 달성하기 위하여 어떠한 전략들을 적용할 수 있는지 그리고 이러한 전략들이 효과적으로 적용되도록 하는 가이드라인은 아키텍처 설계 수행에 큰 도움을 줄 것이다. 그림 8-2는 구축용이성과 재사용성을 반영하기 위한 전략과 가이드라인을 기술하고 있다.

구축용이성	목적	논리적 아키텍처 관점에서 다루어지는 중요한 품질속성으로 시스템을 하위시스템으로 효과적으로 분해하여 시스템의 실현가능성과 구현성을 높인다.
	전략	- 아키텍처 패턴 혹은 적절한 설계전략들을 이용하여 시스템을 하위시스템으로 분해한다. - 기능적 분배를 통하여 시스템의 기능을 하위시스템들로 분배한다.
	전략 가이드라인	- 명료한 아키텍처로 분해한다. - 컴포넌트가 낮은 커플링과 높은 응집도를 갖도록 한다. - 응용 도메인(application domain)을 반영한다.
재사용성	목적	시스템을 하위시스템으로 분해 할 때, 기존의 컴포넌트들을 최대한 재사용하여 효율적 개발이 되도록 한다.
	전략	- 시스템을 분해할 때 기존 컴포넌트를 재사용한다. - 공통된 기능적 요구사항이 있으면 독립적인 컴포넌트로 분해한다.
	전략 가이드라인	- 기능적 요구사항 변경을 예측하여 재사용성을 높이도록 한다. - 분해 시에 직접적인 두 개의 컴포넌트를 대신하여 공통적인 요구사항을 담고 있는 중간 컴포넌트의 도입을 고려한다. - 인터페이스 수정 및 복구를 통해 인터페이스 불일치를 최소화 한다.

그림 8-2. 구축용이성과 재사용성을 위한 아키텍처 설계 가이드라인

8.2 아키텍처 설계 절차의 개요

아키텍처 설계는 시스템 요구사항으로부터 도출한 선정된 아키텍처 드라이버로부터 시작된다. 해당 시스템의 아키텍처 기술을 위하여 관점체계를 선택하면 이에 따른 아키텍처 설계를 시작할 준비가 완료된다. 이러한 아키텍처 설계 흐름은 제 I부의 그림 5-1에서 설계 절차의 어느 단계에서 어떤 아키텍처 설계 원리가 적용되는 지와 함께 설명하였다. 그러면 아키텍처 설계문서의 기술 항목[98] 중 "D.3 아키텍처 설계 절차의 정의" 안에 들어가게 될 구체적인 아키텍처 설계 절차는 어떤 모습이 되어야 할지를 제 8.2절과 8.3절에서 살펴보기로 한다.

일반적인 일의 절차와 마찬가지로, 아키텍처 설계 절차도 올바른 해결책에 도달하는데 도움을 주는 요소와 잘못된 해결책에 도달하지 않도록 도움을 주는 요소로 구성된다. 이 책에서 제시하는 아키텍처 설계 원리들은 전자에 해당하는 요소들이다. 잘못된 아키텍처에 이르도록 할 수 있는 모든 요소를 위험요인으로 본다면, 이런 위험요인에 대처하기 위하여 많이 사용되는 아키텍처 절차가 점진적이고 반복적인 접근방법이다. 예를 들어, [Lattanze 08]의 ACDM은 아키텍처 분석을 통하여 현재의 아키텍처가 수용 가능한지 아닌지를 판단하는 명시적인 단계를 두어 수용 가능하다는 결정이 내려질 때에만 다음 단계로 넘어갈 수 있게 하였다. [Hofmeister 00]의 아키텍처 설계 절차는 초기 전역 분석(Initial Global Analysis) 외에 각 뷰마다 전역분석(Global Analysis) 단계를 두고, 각 뷰의 설계가 최종 설계라는 명시적인 단계로 끝나도록 함으로써 설계가 잘못되는 것을 막을 수 있게 하였다. 무엇보다도, 순방향 공학 외에 뒤로 돌아가는 절차를 두어, 언제라도 문제가 발견될 경우, 전 단계로 돌아가서 수정 작업을 할 수 있도록 하였다.

아키텍처 설계 절차의 핵심적인 아이디어를 간결하게 보이기 위하여 먼저 필요한 산출물들에 명칭을 주기로 한다.

98. 아키텍처 설계문서의 템플릿은 제 III부 1장 그림 1-1에 있다.

Reqs: 요구사항들의 집합

ADs: 우선순위가 결정된 선정된 아키텍처 드라이버들의 집합

ADPAT[99]: 아키텍처 설계문제 분석표

제 7장에서 설계의 일반원리를 다음과 같이 제시하였다:

GDP1. 큰 규모의 문제 해결을 위해서는 재귀적 분할정복 접근방법을 적용한다.

GDP2. 설계는 합성과 분석의 반복으로 구성된다.

GDP3. 합성을 위하여 경험적 방법 혹은 창의적 방법이 사용된다.

GDP4. 기존의 해결책을 재사용할 경우 상하향식 절차로 설계가 수행된다.

이 중 GDP4는 제외하고 GDP1-GDP3를 적용한 설계 절차의 골격을 그림 8-3과 같이 나타낼 수 있다.

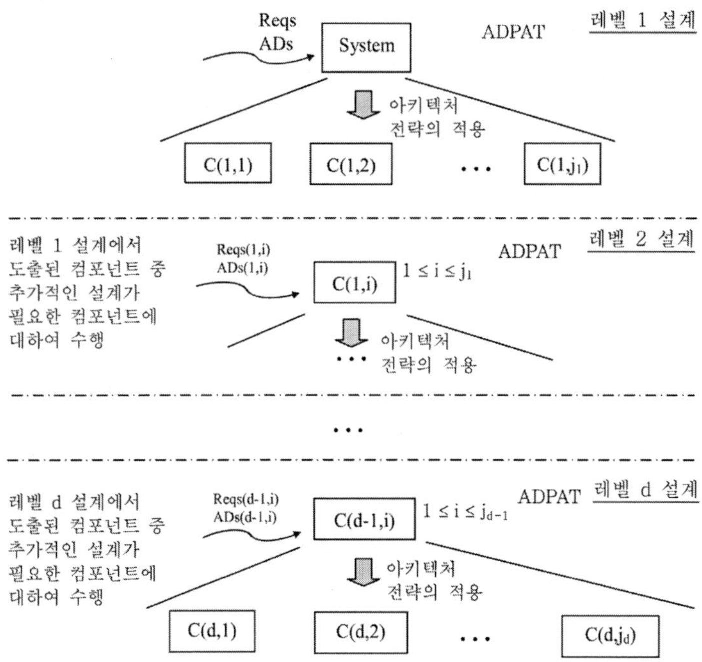

그림 8-3. 설계의 일반원리 GDP1-GDP3를 적용한 아키텍처 설계 절차

99. " ADPAT"는 "Architecture Design Problem Analysis Table" 의 약자이다.

그림 8-3에서 최초의 입력으로 아키텍처 결정에 사용되는 ADs와 ADPAT 외에도 Reqs가 들어 오는 이유는 Reqs의 요구사항들이 설계가 진행되며 시스템의 하위시스템 혹은 컴포넌트에 할당되어야 하기 때문이다.[100]

그림 8-3의 절차에 따르면 레벨 1 설계에서 도출된 컴포넌트 중 설계가 필요한 컴포넌트에 대하여 레벨 1 설계와 같은 방법으로 레벨 `2의 설계를 수행하고, 이와 같은 방법으로 아키텍처 설계를 재귀적으로 수행한다. 그림 8-3의 절차에서 우선 GDP1은 복잡도가 높거나 규모가 큰 컴포넌트에 대하여, 한 레벨 더 깊이 들어가는 과정에 적용된다. 이와 같이 큰 시스템을 설계하기 위하여 재귀적인 설계가 진행되며, 하위시스템 혹은 컴포넌트 설계를 위하여 새로운 아키텍처 스타일을 적용하는 것이 필요하게 될 수도 있다. 이 경우 스타일에 따라 해당 하위시스템 혹은 컴포넌트 아키텍처를 표현하기 위해 새로운 관점체계가 채택될 수 있다.

GDP2에서 합성은 아키텍처 전략을 적용함으로써 실현되고 있다. GDP2에서 분석은 하나의 뷰 또는 하나의 레벨 또는 각 레벨별로 각 뷰가 완성되는 시점에서 수행되어, 부적합한 뷰를 발견하였을 때 새로운 전략을 적용하기 위하여 백트랙킹(backtracking)이 일어남으로써 적용된다.

GDP3는 아키텍처 패턴의 적용 혹은 창조적 통찰의 적용으로 얻어진 아키텍처 전략의 적용을 나타낸다.

아키텍처 설계 절차 $\mathcal{D}$는 그림 8-4와 같이 나타낼 수 있다. 그림 8-4에서는 설계대상이 되는 시스템 혹은 컴포넌트를 x, 시스템의 요구사항들의 집합이 y, 아키텍처 드라이버들의 집합이 z, 아키텍처 설계문제 분석표가 w일 때, $\mathcal{D}$는 적용한 아키텍처 설계결과가 x, y, z, w와 $\mathcal{D}$에 의하여 결정된다는 의미에서 이를 $\mathcal{D}$(x,y,z,w)로 나타내고 있다. 설계 절차에 경험적 지식과 재사용 요구가 반영되기 위해서는 제 7장 7.4절에서 언급한 바와 같이 이러한 설계 절차가 상하향식으로 적절히 수정되어야 한다.

---

100. 이를 "책임의 할당"이라고 부르기도 한다.

설계 절차 $\mathcal{D}$

입력: S: 내부구조가 없는 상자로 나타낸 전체 시스템
Reqs: 요구사항들의 집합
ADs: 우선순위가 결정된 선정된 아키텍처 드라이버들의 집합
ADPAT: 아키텍처 설계문제 분석표

출력: (1) 재귀적인 내부 구조를 갖는 시스템의 아키텍처[101]
(2) 각 컴포넌트가 구현하게 되는 기능 요구사항과 비기능 요구사항의 할당

절차:

단계 1. 고려하여야 할 아키텍처 드라이버가 없으면 (즉 ADs = ϕ 이면), 단계 3으로 이동

단계 2. 우선순위가 가장 높은 AD∈ADs 를 반영한 한 단계의 설계를 수행
2.1 AD를 해결하기 위한 적절한 전략을 선택적용:[102]
컴포넌트들 $\{C_1,\cdots, C_k\}$과 이들의 상호연결들 $\{conn_1,\cdots, conn_p\}$을 S에 추가
2.2 Reqs들을 각 컴포넌트들에 적절히 할당(Ci의 요구사항은 $Reqs_{Ci}$)
2.3 해결되지 않은 아키텍처 드라이버들을 적임의 컴포넌트들에 할당
(C_i의 아키텍처 드라이버는 ADs_{Ci})
2.4 각 컴포넌트 Ci에 대하여 $\mathcal{D}(C_i, Reqs_{Ci}, ADs_{Ci}, ADPAT)$를 수행

단계 3. 종료

그림 8-4. 아키텍처 설계의 기본 절차

8.3 다관점체계를 위한 아키텍처 설계 절차

이 절에서는 제 6장에서 제시한 8개의 관점으로 구성된 다관점체계를 대상으로 하여 아키텍처 설계 절차를 논의한다.

제 8.2절에서 제시한 설계 절차는 재귀적(recursive) 설계 방법으로 시스템이 일반적으로 여러 계층으로 구성될 수 있는 점을 반영한 설계 방법이다. 아키텍처는 복수 개의 관점에서 기술할 때 아키텍처를 충실히 포착할 수 있다. 그러나 제 8.2절의 기본적 설계 절차는 개념적 뷰를 대상으로 하고

101. 즉, 각 시스템 및 시스템 내부의 컴포넌트는 하위 컴포넌트들과 이들 간의 상호연결을 포함할 수 있다.

102. 전략의 종류에는 (1) 아키텍처 설계패턴, (2) 재사용성 설계, (3) 구축용이성 설계가 있다.

있어 복수 개의 뷰를 어떻게 서로 연결 지어 설계할 것인가에 대한 구체적인 방법을 보여주고 있지 않다. 따라서 이 절에서는 제 8.2절의 설계 절차를 확장한 다관점체계의 설계 절차를 제시한다.

8.3.1 아키텍처 뷰의 설계순서

다관점 설계에 사용될 수 있는 대표적인 관점으로, 초기 아키텍처를 위한 개념적 관점 외에 모듈 관점, 실행 관점, 코드 관점, 배치 관점 등의 관점이 있다. 그림 8-5는 다관점체계의 8개의 뷰가 만들어지는 순서를 보여준다. 시나리오뷰, 개념뷰, 모듈뷰는 GDP1에 의하여 계층적 구조를 갖고 이를 위하여 재귀적 설계가 수행되어야 하므로, 계층적 구조를 갖는다. 실행뷰, 코드뷰, 배치뷰는 계층적 구조를 갖지 않으므로 계층화된 설계결과를 기반으로 하여 한번에 만들어지고 그 순서는 모듈뷰에서, 실행뷰, 코드뷰, 배치뷰의 순서가 된다. 이와 같은 순서의 근거는 다음과 같다:

> 코드 측면에서, 개념뷰는 명세를 확보한 후 설계를 얻기 위한 첫 단계이다. 배치뷰는 완성된 코드들이 어떤 물리적인 위치에서 자원을 할당 받는가를 보여준다. 코드뷰는 궁극적으로 배치되어야 하는 코드를 조직화한 결과이므로 배치뷰 이전에 위치한다. 한편 실행 측면에서는 서비스

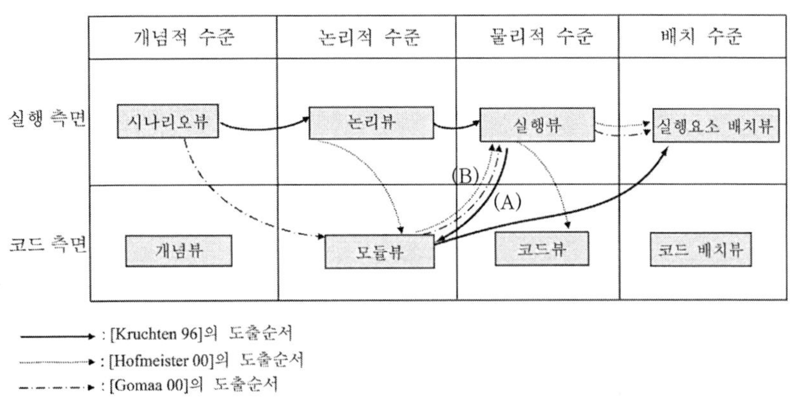

그림 8-5. 아키텍처 뷰의 설계 순서

관점의 뷰를 시나리오뷰가 최초에 제공하고, 컴퓨팅 자원 할당 관점을 제공하는 실행뷰 그리고 최종적으로는 실행코드를 시스템에 할당하는 배치뷰가 마지막으로 만들어져야 한다.

그러나, 이 모든 뷰를 도출하기 위하여는 실행 측면과 코드 측면이 적절히 협력적으로 교차하는 형태로 진행되어 개념뷰로부터 시작되어 배치뷰에 도달해야 한다. 이 중 개념뷰로부터 코드뷰로 가는 경로는 그림 8-5와 같이 두 가지가 있다. 첫 번째가 실행뷰를 먼저 도출하는 (A) 경로로 [Kruchten 96] 에서 볼 수 있는 접근 방법이다. 모듈뷰를 먼저 도출하는 (B) 경로는 [Hofmeister 00] [Gomaa 04]에서 사용하는 접근 방법이다.[103] 이 두 가지 방법의 차이는 실행뷰(혹은 프로세스뷰)에서 개념적 컴포넌트 혹은 모듈을 실행 시 개체에 할당할 때 개념뷰의 추상수준에 의해 생긴다. 개념뷰가 추상수준이 높은 경우에는 모듈뷰로 먼저 구체화하여 실행뷰를 도출하는 것이 좋고, 추상수준이 낮아서 상당히 구체적인 경우에는 실행뷰를 거쳐서 바로 코드뷰 (혹은 개발뷰)를 도출하게 된다.

이러한 순차적인 접근 방법은 상황에 따라 적절히 변경이 될 수 있다. 예를 들어 특정 하드웨어에 반드시 지원되어야 할 기능사항이 제약사항으로 명시되어 있다면 배치관점의 소프트웨어 아키텍처 모델이 먼저 설계될 수 있고 그 후에 논리관점이 배치관점에서 명시된 아키텍처를 준수하면서 설계가 된 후에 다시 배치관점이 세분화 될 수 있다.

각 속성들을 만족시키기 위해 관점들의 모델을 나중에 만들어지는 모델과 기존 모델들의 상충관계의 분석을 통하여, 고객이 원하는 속성들이 아키텍처에 적절히 반영 되도록 해야 한다.

---

103. [Bass 03a][Clements 11]에서는 모듈뷰를 C&C뷰에 앞서서 설계한다. 이런 순서는 모듈뷰에 개념적 아키텍처 혹은 논리적 아키텍처 역할을 부여하는 것을 의미한다. 그러나 모듈뷰가 모듈들 사이의 포함관계, 의존관계와 인터페이스를 정의하는 뷰라면, 고객과의 소통에 사용할 수 있고 아키텍처 설계의 시작점이 되는 아키텍처 뷰를 모듈뷰와 분리하는 것이 "관심의 분리(separation of concerns)"를 효과적으로 이루는 방법이다.

8.3.2 다관점체계의 아키텍처 설계를 위한 두 가지 접근방법

다관점체계의 아키텍처 설계를 위한 두 가지 접근방법을 생각할 수 있다. (1) 그림 8-3의 방법으로 얻어진 완전히 설계된 개념적 아키텍처[104]로부터 다른 뷰들을 하나씩 얻어내는 방법과, (2) 그림 8-3의 개념적 아키텍처의 설계단계별로 동시에 다른 뷰들을 만들어 가는 방법이 그것이다.

전자는 순차적인 설계방법으로 복잡도가 낮다는 장점이 있으나, 관점들의 관심사항이 서로 다르고 따라서 한 관점으로부터 얻는 뷰의 결정이 다른 뷰의 결정에 영향을 줄 수 있다는 점을 반영하기 어렵다는 단점이 있다. 후자는 병행적인 설계 방법으로 이러한 뷰 들 간의 영향을 체계적으로 반영할 수 있다는 장점이 있으나, 많은 작은 단계가 필요하다는 단점이 있다.[105]

그림 8-6과 8-7에서 시나리오뷰는 요구사항과 아키텍처 드라이버에 이미 포함되어 있다. 이들 그림은 참조관점체계의 뷰들 중 시나리오뷰를 제외한 나머지 일곱 개의 뷰를 설계하는 절차를 보여준다. 첫 번째로 설계되는 뷰는 항상 개념뷰이지만, 나머지 뷰들은 설계방법에 따라 다른 순서로 만들어 질 수 있다. 그림에서 해당 뷰가 어느 관점의 뷰인지는 아래 첨자로 된 인덱스로 구별한다. 따라서 System과 System1은 모두 시스템 전체의 개념뷰를 나타낸다. 뷰 2부터 뷰 7의 컴포넌트를 나타내는 상자의 뷰 기호에 설계레벨이 나타나지 않은 이유는 개념뷰는 계층적인 구조를 갖지만, 이 계층 구조를 다른 뷰의 컴포넌트들이 반드시 준수하지 않을 수 있기 때문이다. 따라서 이러한 컴포넌트의 테두리도 실선이 아닌 점선으로 표시하여 구별되게 하였다.

그림 8-6과 8-7은 각각 순차적인 설계 절차와 병행적인 설계 절차를 나타내는데, 둘 다 개념뷰의 설계는 동일하나, 다른 뷰를 도출하는 순서에 차이가 있다.

---

104. 제 6장 6.2.3절에서 개념적 아키텍처에 대한 상세한 논의를 하고 있다.

105. 그러나 아키텍처 설계를 자동화 하는 궁극적인 목표의 관점에서 보면, 후자의 방법은 피할 수 없는 방법일 수도 있고, 또한 많은 작은 단계가 필요하다는 점이 문제가 되지 않을 가능성이 많다.

그림 8-6과 8-7에서 점선 상자로부터 나오는 화살표가 없는데, 이는 반드시 이들로부터 다른 뷰의 컴포넌트가 직접적으로 도출되는 것은 아니기 때문이다. 즉 부분적인 요인이 될 수는 있으나 일대일(1-1) 맵핑 관계에 있지는 않다.

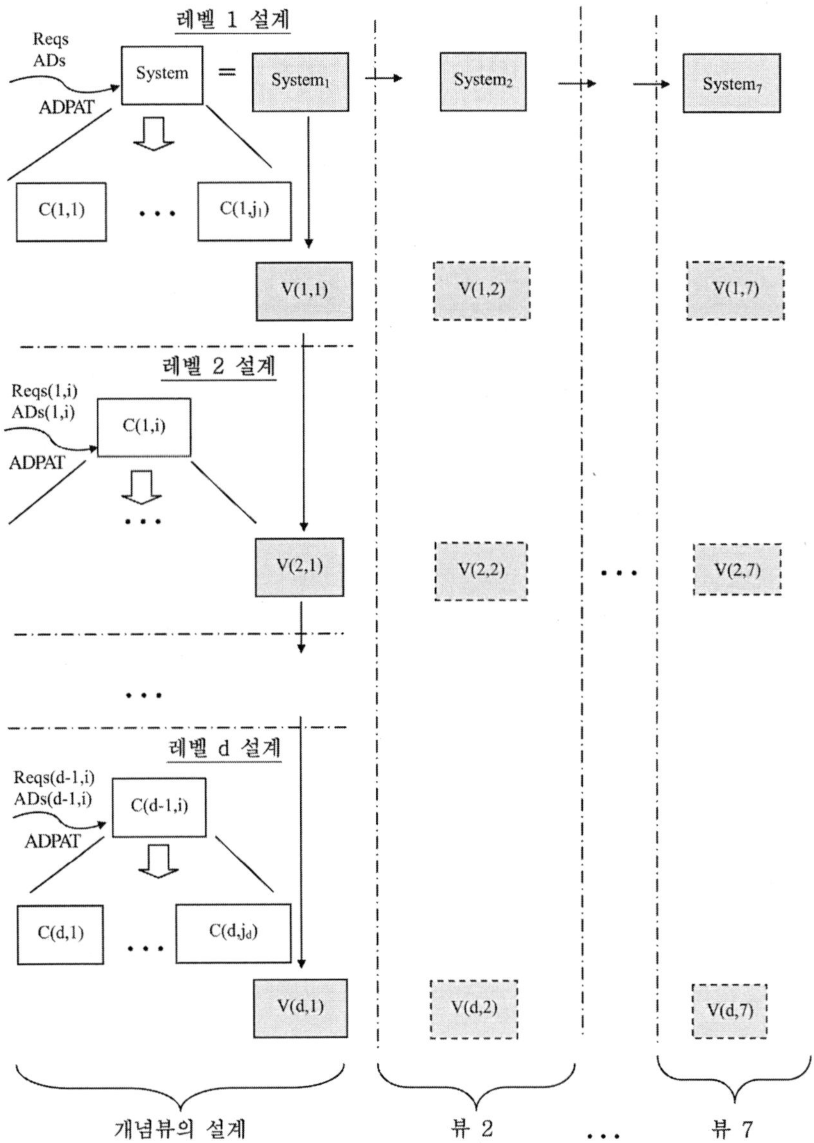

그림 8-6. 순차적인 다관점 설계 절차

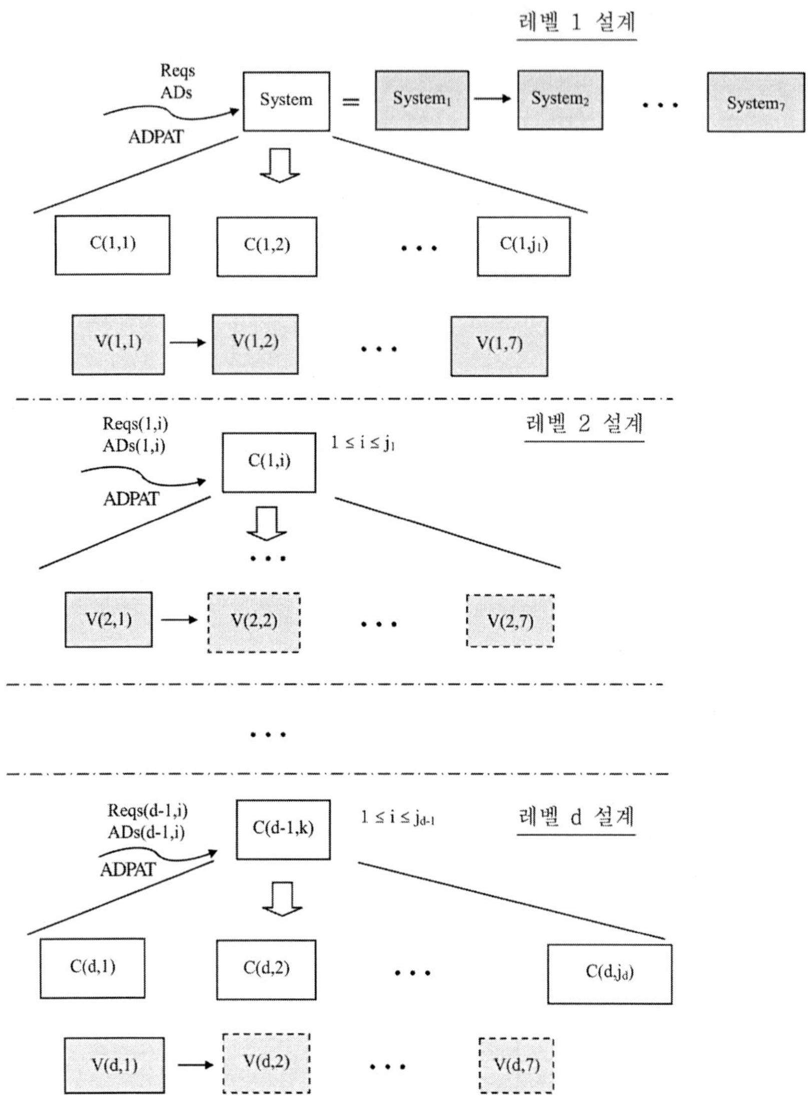

그림 8-7. 병행적인 다관점 설계 절차

8.4 아키텍처 설계 결정표

앞 절에서 제시한 가이드라인에 따라 아키텍처 설계가 진행이 된 뒤에는 그 설계가 진행되는 중에 내려진 아키텍처 설계 결정들이 정리되어야 한다. 표 8-1은 이를 위해 사용할 수 있는 아키텍처 설계 결정표의 템플릿을 보여준다.

표 8-1. 아키텍처 설계 결정표

설계결정	설계전략	적용점	해결조건/방법
ADD1	AS 11. (클라이언트-서버 아키텍처 스타일의 적용)	E.1절의 개념뷰	중앙의 데이터를 많은 사용자가 공유해야 한다.
ADD2	AS21. (로드 밸런싱)	config7.xml 의 변수 _noservers ... 등	J2EE는 서버의 수를 늘리고 서버들 사이에 부하를 균형 있게 만들 수 있는 메커니즘을 갖고 있다.
	...	...	...

ADD: Architecture Design Decision

아키텍처 설계 결정이 내려질 때, 소프트웨어 시스템 개발이 해결해야 할 여러 가지 설계 문제가 있기 마련이다. 아키텍처 설계 결정은 이를 해결하는 선택인데, 아키텍처 설계 결정표는 설계전략과 함께, 어떤 조건 혹은 상황에서 그리고 어떤 메커니즘에 의하여 설계문제에 대한 해결이 가능한지를 기술한다. 이와 같이 설계 문제, 해결조건/방법, 설계전략을 기록함으로써, 어떤 문제에 어떤 설계전략이 적용되었고 그 이유가 무엇인지를 명확히 알 수 있게 한다.[106]

관련연구

이 장에서는 아키텍처 설계 절차 방향에 대하여만 논의하였다. 구체적인 공정은 각 개발조직 마다, 그리고 개발 대상 시스템 마다 적절한 설계 절차를 정의하여야 한다.

---

106. 아키텍처 설계결정을 요약정리하기 위하여 [Bass 03a]에서도 이와 같은 사항을 문서화하도록 하고 있다. 이 책에서 사용하는 아키텍처 설계 결정표는, 그 외에도 추가적으로 적용점을 기록할 것을 요구한다. 즉 적용점들을 명시하여 아키텍처 설계전략이 적용된 결과에 대한 추적성을 갖도록 한다. 이로써 아키텍처 설계 결정표는 아키텍처의 타당성 검증(validation)을 위한 좋은 수단이 된다.

[Pohl 05]는 아키텍처가 결정하는 두 가지 범주의 결정이 아키텍처 구조(structure)와 아키텍처 결(texture)이라고 하고 아키텍처 구조는 소프트웨어 시스템을 부분들과 그들의 관계로 나누는 것을 말하고 아키텍처 결은 "시스템을 구현하기 위하여 필요한 공통된 개발 규칙의 집합"이라고 하였다(p. 117). 이 장의 제 8.2절과 8.3절의 아키텍처 설계 절차들은 아키텍처 구조에 초점을 맞추고 있다.

Rational Unified Process(RUP) [Jacobson 99][Kroll 03]의 아키텍처 설계 절차는, 적절한 아키텍처 기술을 위하여 일반적으로 필요한 복수개의 관점을 충분히 반영하고 있지 못하다. 4+1 views를 제안한 Kruchten이 공동저자인 [Kroll 03]의 경우에도, 복수개의 관점을 RUP의 아키텍처 설계 절차에 통합시키지 못하였다. 이러한 현상 외에도 RUP가 객체지향 시스템의 분석/설계/구현에 뿌리를 두고 있다는 점을 생각하면, RUP가 수용하고 있는 아키텍처의 개념이 아키텍처 기술의 발전과 조화를 이루지 못한 상태에 있음을 알 수 있다. 이와 관련하여 [Clements 09]가 미래의 연구방향을 제시하면서 객체지향 시스템 아키텍처가 객체지향 프로그램 개발 개념들을 뛰어넘어야 한다고 지적한 데에는, 이와 같은 현상에 대한 지적이 들어 있다고 볼 수 있다.

[Gomaa 00]는 다음 세 개의 뷰를 그림 8-5에 나와 있는 순서로 도출 한다(제 III부 4장 D.2~D.3절 참조):

1) 시나리오뷰
2) 모듈뷰[107]에 해당하는 하위시스템 아키텍처
3) 실행뷰에 해당하는 병행태스크 아키텍처

107. 이를 개념뷰로도 볼 수 있다. 그러나 시스템이 객체지향언어로 구현되어 개념적 컴포넌트들이 클래스로 바로 맵핑이 되기 때문에 모듈뷰로도 볼 수 있다.

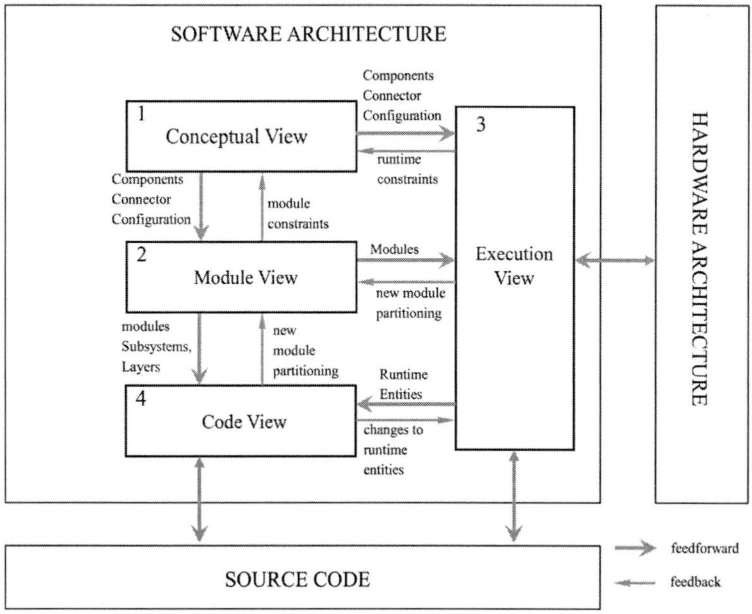

그림 8-8. Siemens의 아키텍처 설계 절차 ([Hofmeister 00]Figure 1.2에 번호추가)

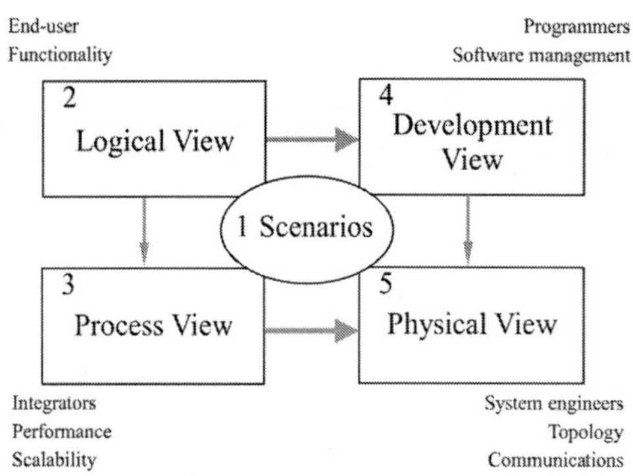

그림 8-9. "4+1" 뷰모델의 아키텍처 설계 절차 ([Kruchten 95]Figure 1에 번호추가)

9장 아키텍처 패턴

"과학은 자연의 패턴을 발견하고 노출시키는 체계적인 시도이다."[108]

- The Unknown

이 장은 아키텍처 패턴의 원리를 설명한다. 이를 위해 먼저 제 9.1절에서는 아키텍처 패턴의 정의와 그 기술방법을 보인다. 이어 대표적인 아키텍처 패턴들을 제 9.2절에서 살펴보고, 아키텍처 패턴을 이용하여 설계 결정들이 내려지는 사례를 제 9.3절에서 살펴본다. 제 9.4절에서는 아키텍처 패턴의 개념과 제 5장에서 논의한 아키텍처 스타일의 개념을 비교한다. 끝으로 제 9.5절에서는 아키텍처 패턴과 설계패턴의 개념을 비교한다.

9.1 정의 및 기술방법

[Taylor 09]는 아키텍처 패턴을 다음과 같이 정의하였다.

정의 9-1 (아키텍처 패턴). 아키텍처 패턴은 반복적으로 발생하는 설계문제에 적용될 수 있는 아키텍처 설계 결정으로, 문제가 발생하는 여러 가지 다른 소프트웨어 개발 상황에 답을 줄 수 있도록 일반화되어 있는 특징을 갖고 있다.

아키텍처 패턴을 기술하기 위하여는 패턴이 사용되는 문맥(context), 패턴이 해결하는 문제와 그 해결 방법 외에도, 패턴의 이름과 패턴의 사용에 따른 파급효과를 기술하여야 한다. 그림 9-1은 아키텍처 패턴을 기술하는 템플릿을 보여준다.

108. " Science is the systematic attempt to discover and expose nature's patterns."

아키텍처 패턴 이름	패턴을 지칭하는 의미 있는 이름
문맥	설계문제를 발생시키는 설계 상황, 패턴이 적용될 수 있는 상황을 기술하고, 문제와 문제의 문맥을 설명한다.
문제	문맥 속에서 반복적으로 발생하는 해결에 대한 요구 (혹은 필요성)
해결	문제의 요구 혹은 필요성에 대한 해결방안으로, (1) 컴포넌트와 그들의 관계로 이루어진 구성 (2) 컴포넌트의 책임 (3) 실행 시의 행위 및 협력방법 (4) 어떻게 그러한 구성이 문제를 해결하는가를 기술한다.
파급효과	시간과 공간 등의 자원관점의 장단점과 같은 적용결과를 기술한다. 결과는 혜택과 제약사항으로 표현한다.

그림 9-1. 아키텍처 패턴의 표현 템플릿[109]

9.2 아키텍처 패턴의 종류

아키텍처 패턴의 개념이 탄생하면서부터 널리 알려진 아키텍처 패턴을 정리하려는 노력은 지속되어 왔고 소프트웨어 기술의 발전과 더불어 아키텍처 패턴 리스트는 계속 늘어났다. Buschmann 등이 저술한 Pattern Oriented Software Architecture Vols. 1~5 ([Buschmann 96][Schmidt 00] [Kircher 04] [Buschmann 07a] [Buschmann 07b])가 아키텍처 패턴을 정리한 대표적인 결과이다. 이 책들은 1992년부터 15년간에 걸쳐서 저술되었으며, 제 1권은 아키텍처 패턴에 대한 소개서로 기본적인 패턴들을 소개하고, 제 2권과 3권은 네트워크로 연결된 병행적인 객체(Concurrent and Networked Objects)와 자원관리(Resource Management)를 위한 패턴들을 각각 소개한다. 제 4권과 5권은 2007년에 발간되었는데, 제 4권은 "분산 컴퓨팅을 위한 패턴 언어(A Pattern Language for Distributed Computing)"라는 부제를 갖고 있고, 제 1권~3권을 저술해가며 축적된 지식을 토대로, 분산컴퓨팅이라는 광범위

---

109. [Buschman 96]은 이 보다 더 세분화된 템플릿을 제시하는데, 그림 9-1의 요소 외에도 구조(structure), 동적 시나리오(dynamics), 구현(implementation) 그리고 기타사항에 대한 논의와 패턴의 변형(variants), 알려진 사용법(known uses) 등을 포함하고 있다(pp. 20~21).

한 범위의 소프트웨어를 위하여 필요한 패턴들을 체계적으로 정리하고 있다. 마지막으로 제 5권은 저자들의 아키텍처 패턴에 대한 개념과 전망을 제시하고 있다.

제 4권 [Buschmann 07a]은 분산컴퓨팅 영역에서 사용될 수 있는 패턴들을 제시하고 있는데, 표 9-1은 이들을 그룹별로 열거하고 있다. 표 9-1은 먼저 아키텍처의 최초의 틀을 잡는데 사용하는 "진흙에서 구조로(From Mud to Structure)" 패턴 그룹을 보여준다. 그 예로 계층(Layers) 패턴은 "개발대상 소프트웨어를 위하여 하나 이상의 계층을 정의하고 각 계층은 분명하고 특정한 책임을 가지게" 하고 도메인 객체(Domain Object) 패턴은 "응용의 각 구분되는 기능을 도메인 객체로 부르는 독립적인(self-contained) 구성요소로 캡슐화"한다. 그 밖에도 다양한 패턴그룹이 존재하는데, 예를 들어 명시적 인터페이스(Explicit Interface) 패턴은 "컴포넌트의 공개인터페이스를 그 구현으로부터 분리하고 컴포넌트의 사용자들에게 인터페이스를 사용할 수 있게 하지만 그 구현을 감추고 위치 독립적으로 만든다." 캡슐화된 구현(Encapsulated Implementation) 패턴은 "컴포넌트의 구현 세부사항은 인터페이스 뒤에 감춘다." 브로커(Broker) 패턴은 "통신 인프라의 세부사항을 응용의 기능과 분리하고 캡슐화하여 클라이언트들이 원격서비스를 지역서비스인 것처럼 사용할 수 있게 해주어" 분산응용의 컴포넌트들이 원격지의 일을 스스로 처리하지 않도록 하여 준다. 클라이언트 프락시(Client Proxy) 패턴을 사용하면 "프락시는 원격지의 컴포넌트와 동일한 인터페이스를 제공하여 클라이언트의 메시지 호출을 네트워크 건너로 보낸다."

9.3 아키텍처 패턴의 적용

이 절에서는 아키텍처 패턴을 적용한 예제로 [Buschmann 07a]이 제시한 재고관리 공정제어 시스템(Warehouse Management Process Control System: WMPCS)을 사용한다. 이 시스템은 재고관리, 주문관리, 배송, 물품수취, 물

표 9-1. 분산컴퓨팅을 위한 아키텍처 패턴의 분류 (출처: [Buschmann 07a])

패턴의 종류	패턴
진흙에서 구조로 (From Mud to Structure)	Domain Model, Layers, Model-View-Controller, Presentation-Abstraction-Control, Microkernel, Reflection, Pipes and Filters, Shared Repository, Blackboard, Domain Object,
분산 인프라 (Distribution Infrastructure)	Messaging, Message Channel, Message Endpoint, Message Translator, Message Router, Publisher-Subscriber, Broker, Client Proxy, Requestor, Invoker, Client Request Handler, Server Request Handler
이벤트 집결 및 발송 (Event Demultiplexing and Dispatching)	Reactor, Proactor, Acceptor-Connector, Asynchronous Completion Token
인터페이스 분리 (Interface Partitioning)	Explicit Interface, Extension Interface, Introspective Interface, Dynamic Invocation Interface, Proxy, Business Delegate, Facade, Combined Method, Iterator, Enumeration Method, Batch Method
컴포넌트 분리 (Component Partitioning)	Encapsulated Implementation, Whole-Part, Composite, Master-Slave, Half-Object plus Protocol, Replicated Component Group
어플리케이션 제어 (Application Control)	Page Controller, Front Controller, Application controller, command Processor, Template View, Transform View, Firewall Proxy, authorization
병행성(Concurrency)	Half-Sync/Half-Async, Leader/Followers, active Object, Monitor Object
동기화 (Synchronization)	Guarded Suspension, Future, Thread-Safe Interface, Double-Checked Locking, Strategized Locking, Scoped Locking, Thread-Specific Storage
객체상호작용 (Object Interaction)	Observer, Double Dispatch, Mediator, Command, Memento, Context Object, Data Transfer Object Message
적응과 확장 (Adaption and Extension)	Bridge, Object Adapter, Chain of Responsibility, Interpreter, interceptor, Visitor, Decorator, Execute-Around Object, Template Method, Strategy, Null Object, Wrapper Facade, Declarative Component Configuration
상태적 행위 (Modal[110] Behavior)	Objects for States, Methods for States, Collections for States
자원관리 (Resource Management)	Container, Component Configurator, Object Manager, Lookup, Virtual Proxy, Lifecycle Callback, Task Coordinator, Resource Pool, Resource Cache, Lazy Acquisition, Eager Acquisition, Partial Acquisition Activator, Evictor, Leasing, Automated Garbage Collection, Counting Handler, Abstract Factory, Builder, Factory Method, Disposal Method
데이터베이스 접근 (Database Access)	Database Access Layer, Data Mapper, Row Data Gateway, Table Data Gateway, Active Record

110. "Modal"는 "양태적" 혹은 "모드를 갖는"의 의미를 가지며 여기서는 "상태적"으로 옮겼다.

품 유통제어, 창고물품 배치관리 등의 기능을 수행하고, 이러한 기능요구사항 외에 분산처리, 성능, 규모확장성, 가용성 등의 요구사항이 있다.

먼저 시스템 기능을 각 기능 그룹이 독립적으로 개발되고 수정될 수 있도록 정합적인(coherent) 그룹들로 나누기 위하여 "계층 패턴"을 적용하여 다섯 개의 계층으로 나누었다. 계층 내에서 계층의 기능을 더 작은 컴포넌트들의 구성으로 나누기 위하여 "도메인 객체 패턴"을 적용하였다. 이 두 패턴을 적용한 결과가 그림 9-2(a)이다. 이 결과를 검토하여 보면 컴포넌트들이 계층으로 나뉘어 있지만, 서로 다른 계층에 속해있는 컴포넌트 간의 결합이 강하다는 것을 것을 알 수 있다. 이러한 컴포넌트들이 느슨히 연결되도록 만들기 위하여 "명시적 인터페이스 패턴"과 "캡슐화된 구현 패턴"을 사용할 수 있다. 이 두 패턴을 그림 9-2(a)에 적용한 결과가 그림 9-2(b) 이다. WMPCS는 네트워크로 연결된 분산시스템으로 개발되어야 하는데, 이 경우 WMPCS가 네트워킹 문제를 직접 다루지 않도록 하기 위하여 "브로커 패턴"을 적용하여 분산된 객체들이 서로와 통신할 수 있도록 하고 "클라이언트 프락시 패턴"을 적용하여 원격지의 객체가 클라이언트의 주소 공간 안에서 브로커와의 상호작용을 하도록 한다. 이 두 패턴을 그림 9-2(b)에 적용한 결과가 그림9-2(c)이다.

9.4 아키텍처 스타일과 아키텍처 패턴의 비교

아키텍처 스타일과 아키텍처 패턴에 대한 많은 연구에도 불구하고, 이 둘의 성격을 명확히 보여주고 구분하여 주는 정의는 존재하지 않는다. [Taylor 09]는 아키텍처 스타일과 아키텍처 패턴이 두 개의 서로 다른 개념이고, 그럼에도 현실적으로 서로 중복되는 부분이 있다는 것을 인정하지만, 그들이 제시하는 정의도 이들을 명확히 구분해 주지는 않는다. [Lattanze 08]은 이러한 상황이 아키텍처 스타일과 아키텍처 패턴에 대한 연구결과가 아키텍트들에게 실용적인 지침을 주는데 장애가 된다고 말한다(p. 63).

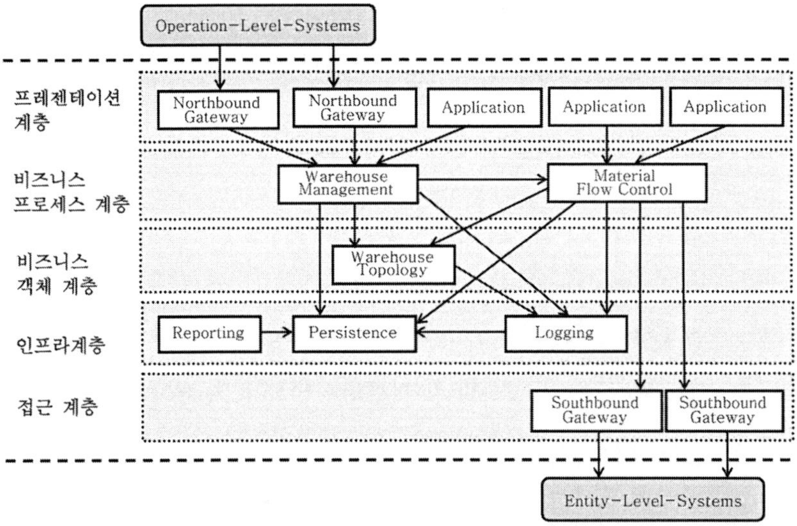

(a) 계층 패턴과 도메인 객체 패턴을 적용한 결과

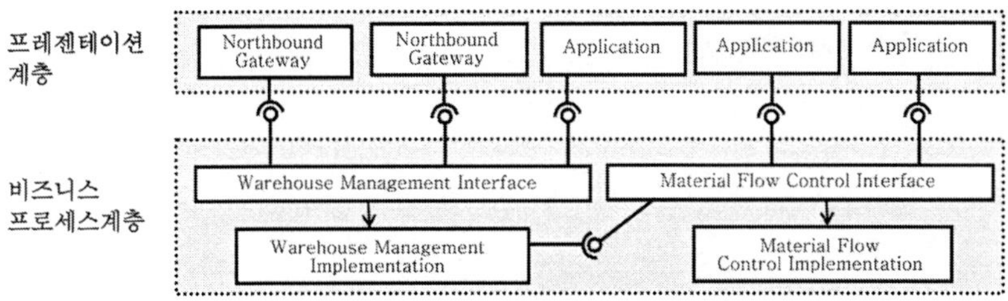

(b) 명시적 인터페이스 패턴과 캡슐화된 구현 패턴을 (a)에 적용한 결과

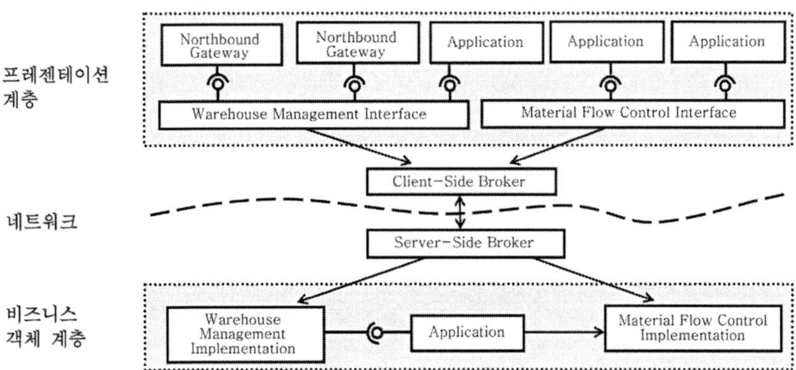

(c) 브로커 패턴과 클라이언트 프락시 패턴을 (b)에 적용한 결과

그림 9-2. 아키텍처 패턴의 표현([Buschmann 07a])

그림 9-3은 아키텍처 패턴에 대한 대표적인 연구인 [Buschmann 96]과 [Taylor 09]에서 보는 아키텍처 패턴에 대한 시각과, 아키텍처 스타일에 대한 시각을 비교하고 있다. [Buschmann 96]은 최초로 기본적인 아키텍처 패턴 리스트를 제공하였고, 이들은 그림 9-3의 Patterns 축에 열거되어 있다. 그림 9-3의 Styles 축은 [Taylor 09]에서 제시하는 아키텍처 스타일을 열거하고 있다. 그림 9-3에 따르면 MVC 패턴과 같이 분명히 아키텍처 패턴에 속하는 것과 객체지향 스타일과 같이 분명히 아키텍처 스타일로 분류되는 패턴이나 스타일도 있지만, '파이프-필터'나 '클라이언트-서버'와 같이 같은 대상을 [Buschmann 96]과 [Taylor 09]에서처럼 아키텍처 패턴과 아키텍처 스타일로 각각 다르게 부르는 패턴/스타일들도 존재한다.

아키텍처 스타일은 아키텍처 패턴에 비하여 문제영역에 대한 지식을 덜 반영한다. 즉 아키텍처 스타일은 적용 범위는 넓지만 구체적인 문제에 대한 해결을 주지 못한다. 반대로 아키텍처 패턴은 한정된 적용범위를 갖지만 구체적인 문제에 대한 해결을 준다. 그림 9-4는 아키텍처 스타일과 아키텍처 패턴의 역할을 대조시켜 보여주고 있다. 먼저 그림 9-4의 맨 위는 아키텍처

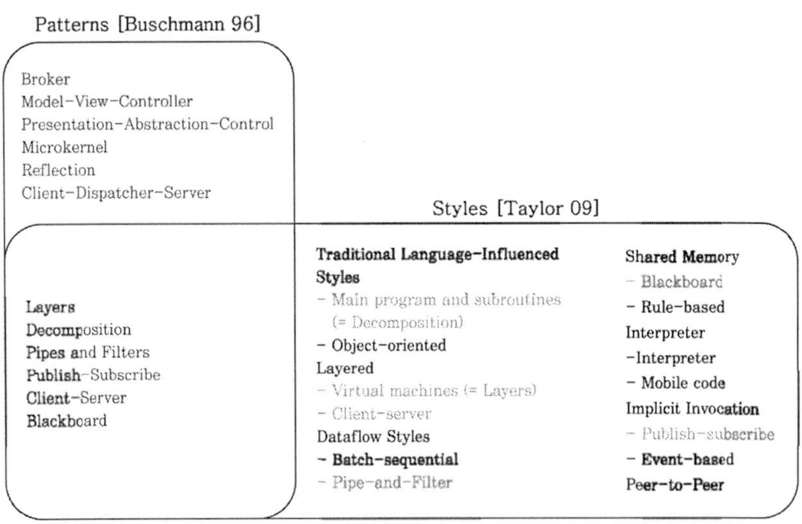

그림 9-3. 기존 연구에 있는 아키텍처 패턴개념과 아키텍처 스타일 개념의 비교

를 보는 '컴포넌트-커넥터 이분법'의 역할을 보여준다. 이는 아키텍처 표현의 기본적인 구성요소들을 제시한다. 그 다음으로 그림 9-4의 중간에는 컴포넌트와 커넥터가 특정 스타일을 형성하는 예이다. 왼쪽의 컴포넌트와 커

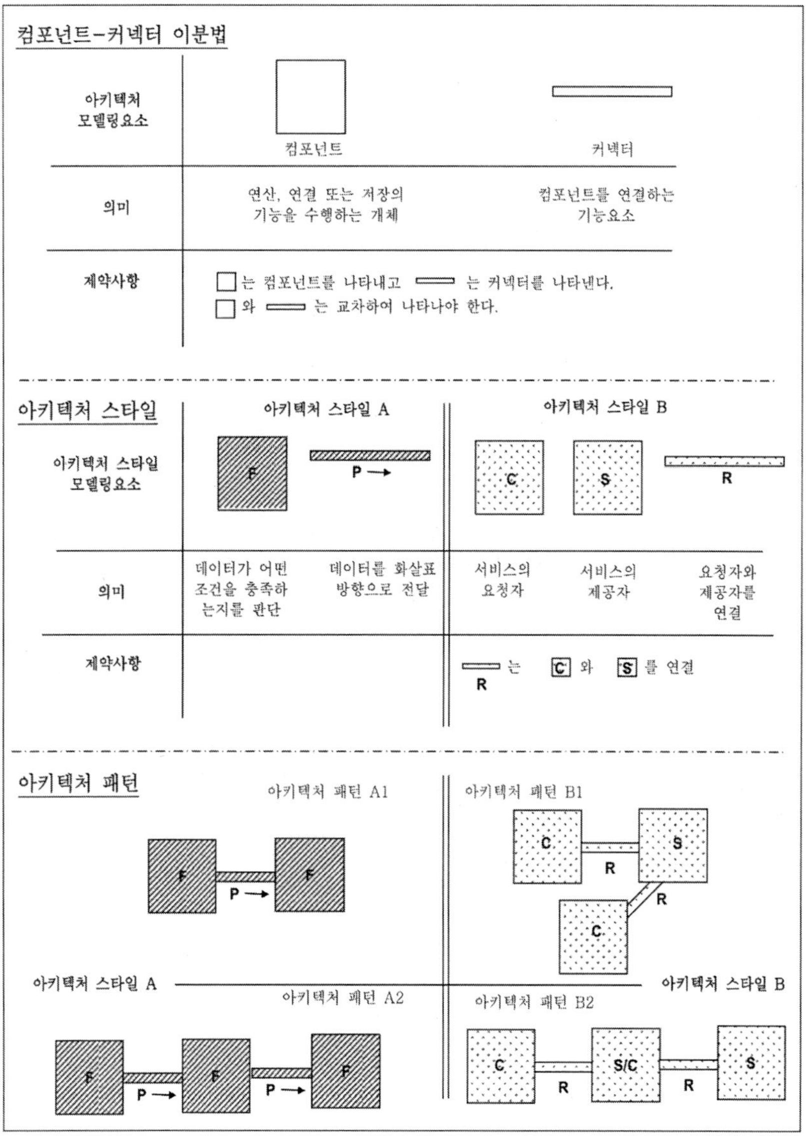

그림 9-4. 아키텍처 스타일과 아키텍처 패턴의 비교

넥터는 'Pipes and Filters'라는 특정 스타일의 컴포넌트와 커넥터이고, 오른쪽은 클라이언트-서버 아키텍처 스타일을 구성하는 컴포넌트와 커넥터는 유형을 보여주는데, 컴포넌트의 유형은 클라이언트 유형과 서버 유형 두 가지로 구성된다. 이 스타일에서는 클라이언트와 서버를 연결하는 커넥터 이외에 클라이언트끼리 연결하거나 서버끼리를 연결하는 커넥터는 존재하지 않는 특징을 갖는다. 제약사항은 주어진 스타일의 구성요소들이 서로 연결되는 방식을 제한한다. 그림 9-4는 같은 스타일 안에서 다양한 패턴이 가능함을 보여준다.

컴포넌트와 커넥터의 이분법이 아키텍처를 보는 방법을 결정한다면, 아키텍처 스타일은 문제의 해결에 다가가는 방법을 제시하고, 아키텍처 패턴은 해당되는 문제 혹은 하위 문제에 대한 구체적인 아키텍처 수준의 답을 준다고 볼 수 있다.

9.5 아키텍처 패턴과 설계패턴의 비교

설계패턴은 [Gamma 94]에서 소개되어 잘 알려진 개념으로, 반복적으로 발생하는 문제에 대한 일반화된 해결책을 제시한다. 아키텍처 패턴은 개략적이면서 소프트웨어 구조에 초점을 두고 있다. 반면 설계패턴은 아키텍처 패턴보다 더 세부적인 문제 해결에 초점을 두고 있다. 표 9-2는 특징, 구조에 영향을 미치는 정도, 활용 관점에서 설계패턴과 아키텍처 패턴을 비교하고 있다.

표 9-2. 아키텍처 패턴과 설계패턴의 비교

구분	아키텍처 패턴	설계패턴
특징	시스템 구조에 초점	세부적인 디자인에 초점
구조 영향도	시스템 구조에 영향	시스템 구조에 영향이 없음
활용	시스템 초기 설계 단계	시스템 최종 설계 단계

관련연구

아키텍처 패턴 및 설계패턴과 관련된 개념으로 숙어(idiom)가 있다. 숙어는 프로그래밍 언어에 특화된 패턴으로 주어진 프로그램언어의 특성을 사용하여 컴포넌트들의 특정한 측면 혹은 그들의 관계를 구현하는 방법을 규정한다.

Bushmann 등의 POSA(*Pattern Oriented Software Architecture,* Volumes I~V)의 Volume I(1999)에서 시스템을 최초로 구조화 때에 쓰는 패턴을 "진흙에서 구조로(From Mud to Structure)"그룹의 패턴으로 분류하였다. Volume I에서는 이러한 패턴으로 Layers, Pipes and Filters, Blackboard을 제시하였다. Volume IV(2007)에서 이러한 패턴으로 Domain Model, MVC, PSA, Microkernel, Reflection, Shared Repository, Domain Object의 패턴들이 추가되었다. 이러한 종류의 패턴은 특히 아키텍처 스타일로 볼 수 있다.

10장 품질속성 설계전략

"모든 문제들을 한꺼번에 해결하려 들지 마라. 하나씩 해결될 수 있도록 문제들을 줄을 세워라."[111]

- Richard Sloma

제 9장에서는 설계 문제에 적용할 수 있는 해법들을 포함하고 있는 도구 상자로서 패턴에 대하여 알아보았다. 패턴은 자주 발생하는 '문제'에 대한 준비된 해결방법이므로, 대개의 경우 특정한 품질을 확보하는 문제에 대한 해결방법을 제시하지는 않는다.[112] 패턴을 통하여 품질 개선 효과가 얻어질 수도 있으나 그것이 만족스럽지 않을 수도 있고, 또한 마땅히 적용할 패턴이 없는 상황에서 어떤 품질을 확보해야 하는 문제가 대두될 수도 있다.[113] 이 장에서는 이러한 상황에 적용할 수 있는, 특정 품질속성을 겨냥한 설계전략의 도출방법에 대하여 알아본다.

[Bass 13]에서는 성능, 상호운용성, 변경용이성, 가용성, 보안성, 시험용이성 및 사용용이성의 일곱 개의 품질속성에 대한 설계전략[114] 도출 지침을

111. "Never try to solve all the problems at once - make them line up for you one-by-one"

112. [Kazman 07]에 따르면 품질속성 설계전략은 "단일 품질속성 응답을 제어하는데 영향력 있는 설계 결정이다. 패턴은 반복적으로 발생하는 문제에 대한 미리 만들어놓은 솔루션으로 보통 여러 개의 힘의 충돌을 해결하게 된다. 일반적으로 문제에 대하여 솔루션을 제공하는 패턴이 존재할 경우 패턴을 사용하고, 패턴이 존재하지 않을 경우 전략을 사용하여 문제를 해결한다."

113. 물론 패턴의 리스트는 필연적으로 불완전하다.

114. [Bass 13]은 원래 이를 전술(tactic)이라고 불렀다. 전략(strategy)와 전술(tactic)은 정치학이나 전쟁학에서는 다른 구별되는 개념이지만, 소프트웨어 아키텍처 설계에서는 일반적으로 구별되지 않는 개념이기 때문에, 이 책에서는 전략으로 통일하여 지칭한다.

제시하고 있다(Ch. 5). 특정 품질속성에 대한 설계전략의 도출 절차는 다음 순서를 따른다:

1. 관련 품질속성을 위한 분석모델로 시작한다.
2. 모델의 파라미터를 식별한다.
3. 모델의 파라미터를 조정하기 위한 아키텍처적 기법을 식별한다.

한편 분석모델이 없는 경우에는 해당 품질속성을 달성하는 방법에 대하여 전문가와 인터뷰를 하고 전문가의 답을 추상화하여, 그로부터 당면 문제에 적용될 수 있는 답을 얻을 수도 있다.

모든 품질속성의 설계전략을 논의하여 품질속성 설계전략의 라이브러리를 제공하는 것이 이 장의 목적이 아니므로, 이 장에서는 두 개의 대표적인 품질속성에 대하여 설계전략도출 지침을 알아본다. 제 2장에서 논의한 바와 같이 품질속성은 크게 시스템 품질속성과 개발 품질속성으로 나눌 수 있다. 이 장에서는 시스템 품질속성의 예로 성능을 선택하고, 개발 품질속성의 예로 변경용이성을 선택하여 품질속성 설계전략 도출의 원리를 알아본다.

10.1 성능 설계전략

[Bass 13]에 따르면, 성능은 시간에 관련된 성질로 시스템은 사건이 발생하면 그 사건에 반응해야 하는데, 성능은 시스템이 사건에 반응하는데 걸리는 시간에 관한 것이다. 예를 들어 처리소요시간(latency)은 이벤트가 도착하여 응답이 생성될 때까지 걸리는 시간이다. 그림 10-1은 성능 설계전략의 역할을 보여준다.

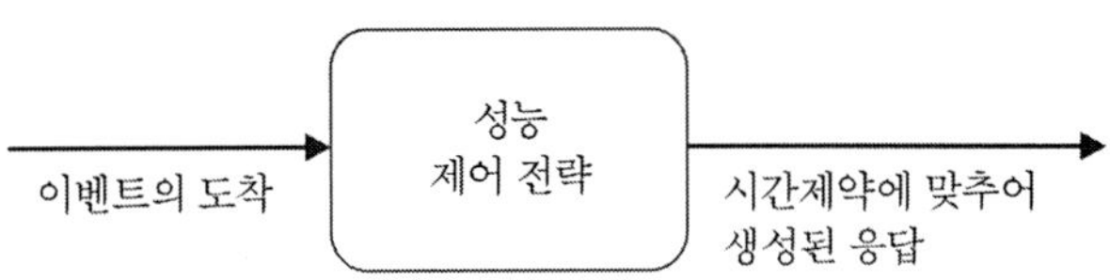

그림 10-1. 성능 설계전략의 역할 (출처: [Bass 13]p. 136)

표 10-1. 성능 설계전략[115] (출처: [Bass 13]p. 141)

자원 수요의 제어	자원의 관리
- 샘플링 빈도 조절 - 이벤트 응답 속도 관리 - 이벤트의 우선순위 부여 - 처리 오버헤드(overhead) 감소 - 실행시간 상한선 설정 - 자원 효율성의 증대	- 가용 자원의 증대 - 병행성(concurrency) 도입 - 복수의 컴포넌트 복제본(copy) 유지 - 복수의 데이터 복제본 유지 - 큐 크기의 상한선 설정 - 자원의 스케줄링

성능이 다루기 복잡한 이슈인 이유는 사건의 발원과 발생유형이 다양하기 때문이다. 이벤트가 도착한 후에, 시스템은 그 이벤트를 처리하고 있거나, 아니면 처리가 중지된 상태에 있거나 둘 중에 하나이다. 따라서 이 두 가지가 처리소요시간을 구성한다. 이들을 줄이는 다양한 방법들이 표 10-1에 요약되어 있다.

10.2 변경용이성 설계전략

[Lattanze 09]에 따르면, 변경용이성은 소프트웨어 시스템에 대한 변경을 얼마나 쉽게 할 수 있는가의 정도를 나타낸다. 이런 의미에서 시스템 변경은 시스템 실행 시의 변경용이성을 말할 수도 있다. 그러나 이 절의 논의에서는 개발 품질속성의 의미로 제한하기로 한다.

개발 품질속성으로서의 변경용이성은 산출물에 변경을 가하여 그 결과를 시험하고 배치하는데 가급적 적은 시간과 비용을 소요하는 능력이다. 따라서 변경용이성 설계전략의 목표는 변경을 하여 그 결과를 시험하고 배치하는데 소요되는 시간과 비용을 제어하는데 있다. 그림 10-2는 변경용이성

115. 표 10-1의 출처는 [Bass 13]p. 116이다. [Bass 13]은 이들을 자원수요(Resource Demand), 자원관리(Resource Management), 자원중재(Resource Arbitration)의 세 그룹으로 나누었다. 그러나 스케쥴링을 자원중재로 본 것 이외에는 분명한 구분이 가능한 분류로 보기 힘들기 때문에 여기서는 분류 없이 방법만을 열거하였다.

설계전략의 역할을 보여준다.

변경용이성 설계전략은 크게 네 가지 그룹이 있다[Bass 13]:

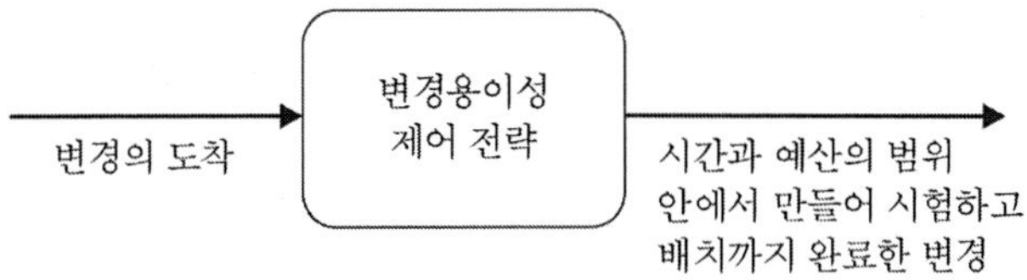

그림 10-2. 변경용이성 설계전략의 역할 (출처: [Bass 13]p. 106)

A) 모듈크기의 축소: 수정대상 모듈이 크면 수정 비용이 커지게 되므로, 모듈을 여러 개의 작은 모듈로 나눔으로써 미래에 발생할 변경의 비용을 줄일 수 있다.

B) 응집도 증대: 하나의 모듈에 서로 다른 목적의 기능이 존재할 경우 불필요하게 서로 영향을 미칠 수 있기 때문에, 그러한 기능들을 다른 모듈들로 분리시킨다.

C) 결합도 축소: 모듈들 간의 결합도를 다음의 방법으로 줄일 수 있다.

* 캡슐화: 모듈의 인터페이스를 명시적으로 도입하면, 모듈로 가는 결합이 모듈의 인터페이스로 가게 된다.
* 중개자(intermediary)의 사용: Publish-subscribe 아키텍처 스타일의 공유데이터저장소나 SOA 아키텍처 스타일의 디렉토리 서비스의 예에서 찾아 볼 수 있는 바와 같이, 의존관계를 제거하기 위하여 모듈들 사이에 중개자를 도입한다.
* 의존관계의 제한: Layered 아키텍처 스타일에서 인접한 하위 계층만을 이용할 수 있도록 정의한 것처럼, 모듈의 접근범위를 제한한다.
* 리팩토링: 동일한 변경에 의하여 두 개 이상의 모듈이 영향을 받을 경우 공통부분을 하나의 서브모듈로 만든다.
* 공통서비스의 추상화: 두 개 이상의 모듈이 동일하지는 않지만 유사한 서비스를 제공할 경우, 공통적인 서비스를 추상적인 형태로

정의하고, 그것의 개별화는 개별모듈에서 수행한다.

D) 바인딩의 지연: 바인딩은 추상적인(혹은 형식적인) 개체와 구체적인 (혹은 실제적인) 개체의 결합을 말하며, 소프트웨어 개발 산출물의 바인딩의 시점을 늦춤으로써 유연성을 확보할 수 있고 변경에 대하여 쉽게 대처할 수 있다.

표 10-2는 이러한 분류에 따른 변경용이성 설계전략을 요약하고 있다.

표 10-2. 변경용이성 설계전략 (출처: [Bass 13]p. 122)

A) 모듈크기 축소	B) 응집도 증대	C) 결합도 축소	D) 바인딩의 지연
– 모듈의 분리	– 의미적 정합성 (coherence)의 증대	– 캡슐화 – 중개자의 사용 – 의존관계의 제한 – 리팩토링 – 공통서비스의 추상화	

관련연구

이 장에서는 품질속성 설계전략의 도출 방법으로 [Bass 13]의 접근 방법을 소개하였다. 이 장에서 논의한 접근 방법을 적용하기 위해서는 품질속성을 일반적인 형태로 정의할 필요가 있다. 이는 품질속성의 의미를 명확히 하기 위하여 검증 가능한 형태로 시나리오를 도출하려던 제 2장의 접근 방법과는 상반된 방향이다. 제 2장의 접근 방법은 품질속성을 통하여 제기되는 문제를 명시적으로 만들어야 그에 합당한 알려진 해결방법을 끌어낼 수 있다고 보고 있다. 반면 이 장의 품질속성 설계전략의 도출 방법은 우리가 답을 가질 수 있는 범위 안에서 가능한 한 일반적인 형태로 문제를 정의함으로써, 최대한 많은 문제들에 대해 적용할 수 있는 해답(군)을 확보할 수 있다는 원칙에 입각한다. 즉, 준비된 해답을 활용할 수 있기 위해서는 준비된 해답에 맞는 형태로 문제가 정의되어야 하기 때문에, 이 장의 설계전략 접근방법을 적용하기 위해서는 일반적인 형태의 품질속성으로부터 출발하여야 한다. 역사적으로는 품질속성의 의미를 명확히 하는데 후자의 접근이 성공적이지 못하자 전자의 접근을 취하게 되었다. 그런 면에서 전자가 우월한 방법이라고 볼 수 있다. 한편 전자의 방법을 쓰더라도 패턴이나 품질속성 설계전략이 해결해 주는 문제들에 대해서는 그 해결방법을 가져다 쓸 수 있으므로 서로 상호 보완적인 관계에 있다고 할 수 있다.

제 3장에서 아키텍처 설계문제를 해결하기 위한 아키텍처 전략(architectural strategy)의 도출에 대하여 설명하였다. 이 장에서는 특정 품질 문제를 해결하기 위한 방법으로서 설계전략의 도출방법에 대하여 설명하였다. 아키텍처 전략은 본격적인 아키텍처 설계가 시작되기 전에 도출하거나 혹은 설계가 진행되며 도출되지만, 설계전략의 경우 설계가 진행되며 부딪히는 품질속성 문제의 해결에 적용된다.

[Taylor 10]는 "비기능적 성질의 설계(Designing for Non-functional properties)"라는 제목으로 효율성(efficiency), 복잡성(complexity), 규모확장성(scalability), 적응성(adaptability), 의존가능성(dependability)의 품질속성을 해결하는 방법들을 제시하고 있다(Ch.12).

11장 아키텍처의 분석

"다른 모든 기술과 마찬가지로, 연역과 분석의 학문은 오래 동안의 참을성 있는 학습을 통해서만 습득되는 것으로 평생이 걸려도 가장 높은 가능한 완벽한 수준에 도달할 수 없다."[116]

- Sherlock Holmes (Conan Doyle의 "주홍색 연구(A Study in Scarlet)")

제 7장, 9장, 10장에 걸쳐서 아키텍처 설계의 창조적인 단계를 지원하는 방법에 대하여 살펴보았다. 아키텍처 설계에 필수적인 12개의 원리 중 마지막 2개가 아키텍처 분석과 평가로, 이 장에서는 합성의 단계를 거쳐 도달된 (잠정적인) 아키텍처가, 의도한 대로 요구사항을 충족시키는가를 확인하는 방법으로서의 분석에 대하여 살펴보고, 제 12장에서는 이런 분석결과들을 종합하여 아키텍처 전반에 관하여 판단을 하는 아키텍처 평가에 대하여 논의한다.

11.1 아키텍처 분석 활동

아키텍처 분석은 정의 11-1과 같이 정의할 수 있다.

정의 11-1 (아키텍처 분석: architecture analysis). 아키텍처 분석은 아키텍처를 주어진 관점에서 검사 혹은 조사하여 그 결과를 정량적 혹은 정성적인 결

116. " Like all other arts, the Science of Deduction and Analysis is one which can only be acquired by long and patient study nor is life long enough to allow any mortal to attain the highest possible perfection in it."

과로 나타내는 활동이다.

이 정의에 따라 아키텍처 분석은 그림 11-1과 같은 활동으로 분석대상 아키텍처에 분석 관점을 적용하여 분석 결과를 도출한다. 그림 11-1에서 "분석대상 아키텍처 뷰"라는 표현 대신 "분석대상 아키텍처"라는 표현을 사용하였는데, 분석대상이 되기 위해서는 물론 아키텍처가 아키텍처 뷰로 모델화 되어 있어야 하고 분석관점에 따라 분석대상이 되는 아키텍처 뷰(들)도 달라진다.

분석 관점에는 기본적으로 기능적 관점의 사용 시나리오와 품질속성 시나리오가 있고, 그 밖에 아키텍처의 견고성(robustness)를 시험하기 위한 시나리오가 있다. 모든 시스템 요구사항이 분석관점이 될 수 있지만, 품질속성 시나리오가 가장 우선적인 분석 관점을 제공한다. 그 이유는 아키텍처 드라이버가 아키텍처를 결정하는데 중심적인 역할을 하였고, 따라서 이를 충족시키는 아키텍처를 확보하는 것이 가장 우선적이기 때문이다. 그러나 아키텍처 설계에 이미 적용한 시나리오만을 분석에 적용한다면, 미처 확인하지 못한 부분을 놓치는 불완전한 분석이 될 수 있다. 따라서 분석에서는 선정된 아키텍처 드라이버 이외에 선정되지 않은 아키텍처 드라이버도 활

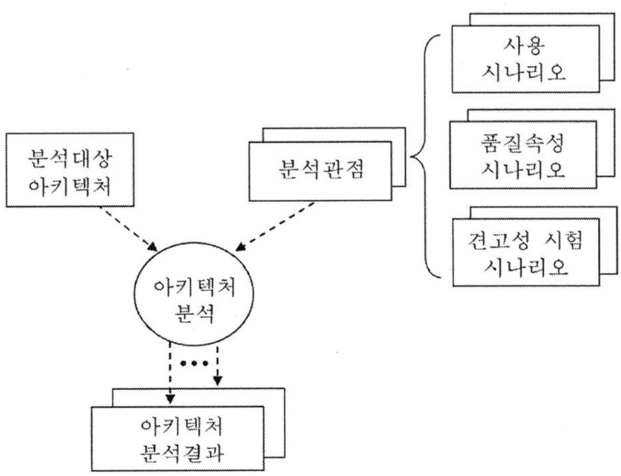

그림 11-1. 아키텍처 분석활동

용해야 한다. 품질속성 시나리오가 사용 시나리오를 기반으로 만들어지기 때문에 품질속성 시나리오에 이용된 사용 시나리오는 따로 분석 관점으로 두지 않아도 되지만, 그렇지 않은 경우에는 아키텍처 드라이버에 반영되지 않은 사용 시나리오도 활용하여 사용 시나리오들의 시스템에서의 실행가능성을 완전히 검증해야 한다.

이러한 기본적인 분석관점 이 외에도, 시스템이 고장(fault) 발생과 같은 다양한 운영환경 속에서도 요구되는 서비스를 제공할 수 있는지 확인하기 위한 시험 시나리오들도 추가적인 분석 관점을 제공한다.

11.2 아키텍처 분석의 예 - 민감점, 상충점, 위험요인의 분석

이 절에서는 널리 쓰이는 아키텍처 분석 방법인 Architecture Tradeoff Analysis Method (ATAM)의 사례를 통하여 아키텍처 분석에 수반된 활동들이 무엇이 있으며, 아키텍처 분석의 핵심을 구성하는 기법이 무엇인지 알아본다. ATAM은 [Kazman 98] [Kazman 00]의 연구에서 소개되었는데 이 절에서는 [Kazman 00]를 기준으로 소개한다. 그림 11-2는 ATAM 아키텍처 분석방법의 개요를 기술하고 있다. ATAM은 민감점(sensitivity points), 품질속성들 간의 상충점(tradeoff points), 위험요인(risks)을 분석결과로 도출하고, 효과적인 분석을 위하여 시나리오의 우선순위를 활용하며, 철저한 분석을 위하여 경험에 의존하는 품질속성별 질문들을 활용한다.

민감점[117]은 특정한 품질속성 응답을 얻는데 필수적인, 컴포넌트의 성질 혹은 컴포넌트 간의 관계의 성질이다. 예를 들어, 메시지의 처리에 소요되는 시간은 그 일에 관련된 가장 낮은 우선순위 프로세스에 민감할 수 있다.

상충점[118]은 두 개 이상의 품질속성에 영향을 미치는 성질로 하나의 품

117. [Kazman 00]p. 22. "A sensitivity point is a property of one or more components (and/or component relationships) that is critical for achieving a particular quality attribute response."

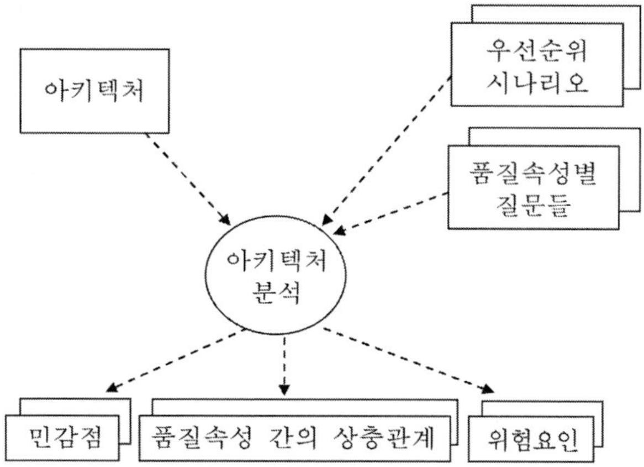

그림 11-2. ATAM 분석의 개요[119]

질이 높아지거나 낮아질 때, 다른 품질들이 이에 따라 낮아지거나 높아지는 관계에 있음을 의미한다. 예를 들어, 암호화 수준을 높일 경우 보안성은 높아지지만 더 많은 처리시간을 요구하여 성능이 낮아지게 된다.

위험요인[120]은 아직까지 확정되지 않은 아키텍처적인 결정 혹은 이미 확정되었지만 그 결과를 완전히 이해하지 못한 아키텍처적인 결정이다.

11.2.1 예제 시스템 소개

이 절에서 소개하는 예제는 [Kazman 98] [Kazman 00]에 나오는 예로, 전장에 있는 병사들의 이동, 전략 및 작전을 제어하도록 하는 전장제어시스템(Battlefield Control System: BCS)[121]에 대한 아키텍처 분석이다. BCS시스

118. [Kazman 00]p. 23. "A tradeoff point is a property that affects more than one attribute and is a sensitivity point for more than one attribute."

119. ATAM에서는 비위험(non-risk)도 분석결과에 포함하고 있으나, 비교적 중요성이 덜하여 이 장의 논의에서 제외하였다.

120. [Kazman 00]p. 3. "Risks are architecturally important decisions that have not been made, or decisions that have been made but whose consequences are not fully understood."

121. 미국정부가 이 시스템에 대한 요구사항을 제시하고, 용역업체가 이 시스템을 구축하였다.

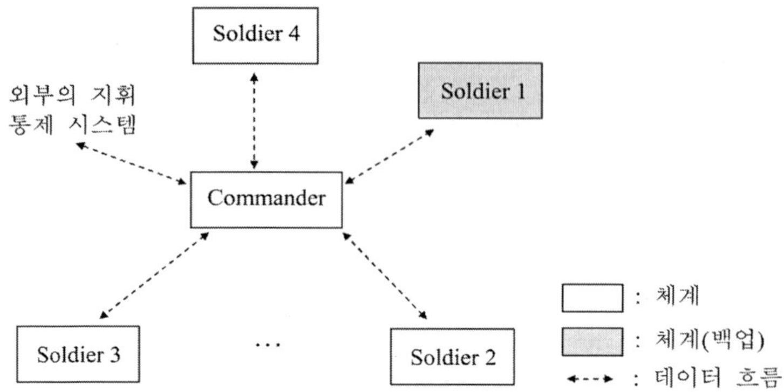

그림 11-3. BCS의 배치뷰

템은 그림 11-3과 같은 아키텍처를 갖고 있다. Commander 체계[122]는 외부의 지휘통제체계와 통신하며 동시에 여러 명의 Soldier 체계와 통신한다. Commander가 기능을 수행하지 못할 경우를 대비하여 Soldier 중 하나를 백업으로 지정하고 있다. 그림 11-3은 BCS의 분석 관점들이 배치뷰로 분석 가능하기 때문에 배치뷰가 분석 대상으로 선택되었다.

BCS시스템의 주된 아키텍처 전략(Architecture Strategy: AS)은 클라이언트 서버 스타일로 파악되었고, 그 밖에 파악된 부수적인 AS는 다음과 같다:

- 성능을 위하여 Commander가 각 Soldier 별로 독립적인 통신을 한다 (그림 11-5 참조).
- 가용성을 위하여 보조 컴포넌트를 둔다 (그림 11-7 참조).
- 변경용이성을 위하여 표준적인 하위시스템 구조를 적용한다.

시스템의 전체적인 품질은 변경용이성, 가용성 그리고 성능의 함수로 다음과 같이 표현될 수 있다:

$$QS = f(Q_M, Q_A, Q_P) \quad \text{(계산식 11-1)}$$

122. System

11.2.2 분석의 관점

그림 11-4는 BCS시스템의 품질속성 시나리오를 유틸리티 트리를 사용하여 도출한 결과이다. 도출된 품질속성 시나리오는 중요성과 위험 정도를 각각 상(High: H), 중(Medium: M), 하(Low: L)로 나타내었다.

품질속성 시나리오 외에도 아키텍처 접근방법의 분석을 위하여 도움을 줄 수 있는 일련의 질문을 도출 하였다. 예를 들어, 가용성에 대한 백업 Commander 접근방법에 대하여 다음과 같은 일련의 질문을 도출하였다:

- "컴포넌트 실패는 어떻게 탐지되는가?"
- "통신채널 실패는 어떻게 탐지되는가?"
- "여분의 컴포넌트가 대체 컴포넌트로 되기 위하여 걸리는 시간은 얼마인가?"
- "대체되어야 할 실패한 컴포넌트를 어떻게 식별하는가?"
- "시스템 안에서 정상적으로 동작하는 컴포넌트들은 여분의 컴포넌트가 제공하는 서비스를 사용하여야 한다는 통지를 어떻게 받는가?"

품질속성	품질속성 상세화	품질속성시나리오	우선순위 (중요성, 난이도)
성능	단도계산	— 응답시간 < 1초	(H,H)
	노드의 메시지 전달	— 응답시간 < 1초	(H,M)
변경용이성	JVM으로부터 EJVM으로 변경	— 새 메시지포맷 < 1 pm	(M,H)
	새로운 메시지 데이터 유형을 1 pw에 추가		
	웹 UI를 2 pw 내에 변경추가		
가용성	Commander 체계의 고장	— HW 장애 MTTR < 5 분	(H,L)
	Disk 없는 상태에서 작동		
	단일한 네트워크 장애 시 지속적인 운영		

pm: person-month
pw: person- week
MTTR(Mean Time To Repair):평균복구시간

그림 11-4. 품질속성 유틸리티 트리를 사용하여 BCS의 품질속성 시나리오를 도출한 결과(제 2장 참조)

표 11-1. BCS 분석에 사용되는 시나리오의 예

번호	시나리오 기술
1	사용자에게 동일한 정보가 표현되지만 다른 방식(장소, 폰트, 크기, 색깔 등)으로 표현된다.
2	추가적인 데이터를 사용자에게 제출하도록 요청된다.
3	사용자가 다이얼로그의 변경을 요청한다.
…	
15	도착하는 메시지 포맷이 변경된다.

이제 아키텍처 접근방법 분석을 위하여, 선정된 15개의 시나리오를(표 11-1) 대상 아키텍처에 시험항목(test cases)으로 적용한다.

11.2.3 성능전략 분석

BCS의 성능전략은 그림 11-5가 보여주는 것처럼 Commander와 각 Soldier가 독립적으로 통신하도록 하는 것이다. 예를 들어 Commander가 Soldier 2와 통신하기 위하여 Commander로부터 Soldier 2로 가는 메시지를 Soldier 1이 전달(relay) 해주면서 동시에 Soldier 2로부터 Commander에게 가는 메시지도 전달하는 직렬 통신 방법도 고려할 수 있을 것이다. 그러나 BCS에서는 Soldier 1부터 Soldier 4까지의 각 Soldier가 독립적으로 Commander와 통신하는 아키텍처를 선택하여 직렬 통신하는 경우보다 Commander와 각 Soldier 간에 메시지 전달에 소요되는 시간을 단축하였다.

분석을 위하여 다음과 같이 가정한다: 시스템 안에는 하나의 동작하는 Commander가 있고 이는 Soldier 수에 관계없이 동작하고, Commander가 동작하지 않으면 전체시스템은 동작하지 않는다. 시스템을 복구하는데 걸리는 시간은 하나의 Soldier를 Commander로 바꾸어 시스템이 동작하도록 회복하는데 소요되는 시간으로 본다.

먼저 성능 분석을 위하여 다음과 같은 사항들을 반영해야 한다:

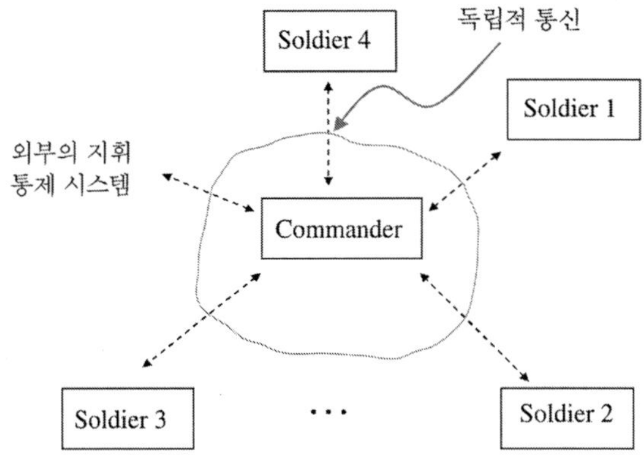

그림 11-5. BCS 성능 전략

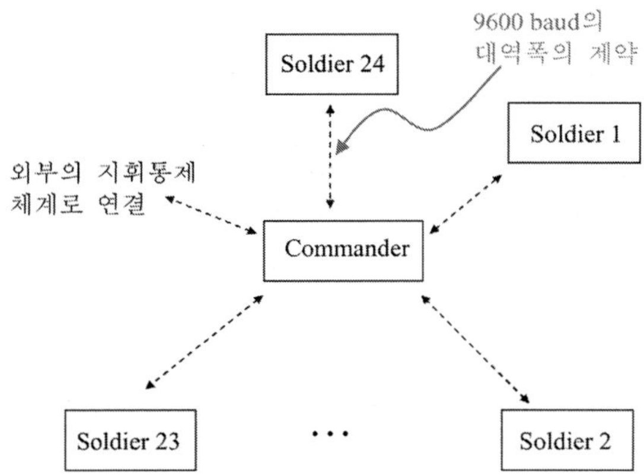

그림 11-6. 성능 전략 분석(그림 11-5에서 계속)

- 다양한 크기와 빈도의 메시지를 Commander에 보내어 주기적으로 데이터 갱신을 한다.
- Soldier 노드를 백업으로 바꾼다. (이를 위하여 백업은 모든 임무, 환경 DB정보 갱신, 하달된 명령, 현 Soldier의 위치와 현황, 상세한 병력 현황 정보를 획득해야 한다.)
- 무기의 수 혹은 임무의 수를 두 배로 늘린다.

또한 성능모델을 구축하기 위하여 다음의 사항들을 고려하여야 한다:

- 다양한 크기의 메시지가 존재
- 9600 baud 전송률 모뎀
- Commander 당 최대 25개의 Soldier가 가능

그러면 여러 가지 동작에 소요되는 시간은 다음과 같이 계산된다:

- 임무계획의 다운로딩:
  280 Kbits / 9.6 Kbits/초 = 29.17 초
- 환경 DB정보를 갱신하는데 소요되는 시간:
  66 Kbits / 9.6 Kbits/초 = 6.88 초
- 하달된 명령을 획득하는데 소요되는 시간:
  24 Soldiers * (18 Kbits/9.6 Kbits/초) = 45.0 초
- Soldier 위치와 현황 획득에 소요되는 시간:
  24 Soldiers * (12 Kbits/9.6 Kbits/초) = 30.0 초
- 병력현황 획득에 소요되는 시간:
  24 Soldiers * (42 Kbits/9.6 Kbits/초) = 105.0 초

그러므로 Soldier가 백업이 되는데 소요되는 총 시간은 216.05 초로, Commander의 상태를 백업이 알게 하는데 99.67 bits/초 즉 시스템의 전체 통신 대역폭의 약 1%가 소요된다. 이러한 시스템의 성능 모델은 백업의 수를 n, 통신 오버헤드를 CO라고 하면

$$Q_P = h(n, CO) \qquad \text{(계산식 11-2)}$$

으로 나타낼 수 있다.

11.2.4 가용성전략 분석

BCS는 가용성을 위하여 유사시에 Soldier 1이 Commander 역할을 떠 맡을 수 있도록 평상시에 Commander 데이터를 Commander로부터 받아두고, Commander에게 문제가 발생할 경우 Soldier 1이 그 역할을 대신하도록 하

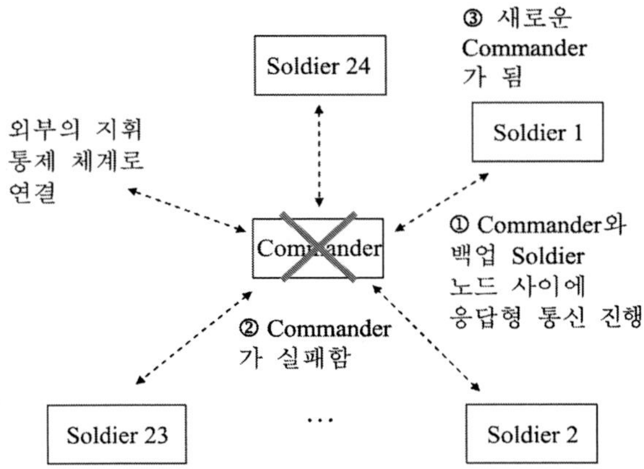

그림 11-7. BCS 가용성 전략

는 전략을 채택하고 있다.

가용성 관점에서 분석을 해보면 Commander에 장애가 발생할 경우를 대비하여 하나의 Soldier를 백업으로 두었지만, 그림 11-8이 보여주는 바와 같이 백업 Soldier마저 장애가 발생할 수 있다.

아키텍처 개선을 위하여 이러한 문제점에 대하여 다음의 가용성 관점의 대안[123]을 고려할 수 있다:

1) 백업이 Commander와 완전히 동기화된 '응답하는 백업'일 수 있다. 응답하는 백업은 Commander로부터 메시지를 받을 때마다 백업이 응답을 함으로써 메시지가 온전히 수신되었음을 알려준다.
2) 백업이 '수동적 백업'이어서 메시지가 온전히 수신되지 않은 경우에도 재송신 요청이 없다. 수동적 백업은 Commander로부터 메시지를 받을 때 백업이 응답을 하지 않음으로 메시지 트래픽 양을 줄일 수 있다.

123. 이와 같은 아키텍처 접근방법의 대안이 분석의 결과로서 제시될 수 있다. 대안 아키텍처의 도출은 엄밀히 말하여 분석 그 자체에 의해서가 아니라, 창조적인 과정에 의하여 얻어진다. 분석은 이해를 가져다 줌으로써 창조적인 과정을 촉발할 수 있다. 그러나 이 예에서 보는 바와 같이 이 활동들이 논리적으로 구별할 수 있지만, 정신활동의 측면에서는 매우 분리시키기 힘든 두 개의 활동임을 알 수 있다.

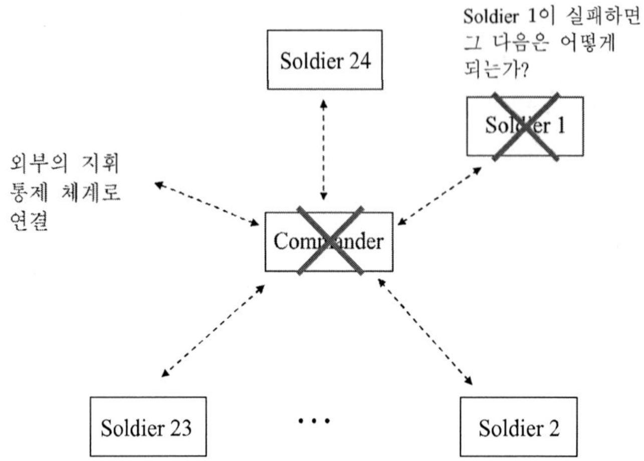

그림 11-8. 가용성 위험요인 (그림 11-7에서 계속)

3) 백업이 새로운 Commander가 되거나 '응답하는 백업'이 될 경우, 놓친 정보가 있을 경우 상위 지휘통제체계 혹은 다른 Soldier 노드로부터 이를 요청할 수 있다.

일반적으로 n이 응답하는 백업의 수이고 m이 수동적 백업의 수일 때 가용성은

$$Q_A = g(n,m) \quad \text{(계산식 11-3)}$$

로 나타낼 수 있다. 그러나 가용성이 증가하면서 Soldier를 백업으로 유지하기 위한 통신 오버헤드 또한 함께 증가한다. 그러므로 가용성과 성능이 상충 관계에 있다고 볼 수 있다.

11.2.5 분석결과

가용성 분석에서 응답하는 백업과 수동적인 백업을 구별하여 이에 따라, 응답하는 백업의 수를 n, 수동적인 백업의 수를 m 이라고 하면, 제 11장 11.2.3절의 계산식 11-2는 다음과 같이 수정된다:

$$Q_P = h(n, m, CO) \qquad \text{(계산식 11-4)}$$

이러한 성능모델과 가용성모델을 통하여 다음의 분석결과를 얻는다:

1) 민감점: 시스템의 성능모델이 $Q_P = h(n, m, CO)$로 나타내질 수 있으므로 시스템은 응답하는 백업의 수 n, 수동적인 백업의 수 m 그리고 통신 오버헤드 CO에 민감하다. n, m에 의하여 결정되는 통신채널의 지연(latency)이 성능과 가용성에 영향을 준다.
2) 상충점: 첫 째로 성능과 가용성이 상충관계에 있다. 고성능에 대한 요구는 Commander와 백업들 사이에 적은 통신 오버헤드를 요구하는 반면, 높은 가용성은 Commander와 백업들 사이에 높은 통신 오버헤드를 요구한다.
3) 위험요인: Commander와 백업 사이의 통신 트래픽이 많은 것을 적군이 탐지하여 공격대상으로 삼을 수 있다. 위험 완화책으로 복수의 Soldier 백업을 추가하고 Commander와 동기화시키는 방법이 있다.[124]

관련연구

ATAM 에서는 보통 아키텍처 분석의 대상을 개념적 아키텍처(notional architecture)로 본다. 한편 이 장의 예의 경우에는 실제 적용에서는 관심대상의 품질속성을 분석할 수 있는 배치뷰라는 특정한 뷰를 분석대상으로 선택하여 분석을 수행하였다. 제 6장에서 우리는 아키텍처를 뷰로 모델링 한다고 보고 각 뷰별로 그 뷰에서 적절히 다룰 수 있는 품질속성이 다르다는 것을 알았다. 따라서 이 예제는 제 6장의 시각과 일관된다. 또한 ATAM의 적

124. [ATAM 00]는 비위험 항목도 분석결과로 포함하고 있다. 예를 들어 이 경우 분석을 수행한 결과, "메시지 도착속도가 초당 1개 이하라고 가정하고 처리시간이 0.03초미만일 경우, 아키텍처는 1초의 연성마감시간(soft deadline)의 을 충족시켜야 한다"는 요구사항은 비위험 항목으로 식별되었다.

용을 반드시 개념적 아키텍처로 한정하지 않으며, 개념 수준의 아키텍처도 여러 가지 뷰가 있다고 생각할 수 있다.

이 장에서 소개된 ATAM 분석방법은 Software Architecture Analysis Method (SAAM) [Kazman 94]에서 발전하였다. SAAM이 변경용이성이라는 특정 품질속성의 분석에 초점이 맞추어진 반면, ATAM은 SAAM을 일반화한 분석방법이다. 이 두 가지 외에 분석방법으로 [Clements 02]가 소개한 Active Review for Intermediate Designs (ARID)가 있다. ATAM이 완성된 아키텍처에 대한 분석인 반면, ARID는 진행중인 아키텍처 설계에서 쓸 수 있는 방법이다.

아키텍처 분석은 이 장에서 소개된 일반적인 기법뿐 아니라, 특별한 문제영역에서 사용되는 기법도 있다. 예를 들어 실시간 시스템의 경우 태스크의 스케줄 가능성은 중요한 아키텍처적인 분석사항이다.

아키텍처를 확정하고 문서화하는데 대안 아키텍처의 제시는 매우 중요한 부분이다. 그 이유는 단일한 아키텍처를 놓고 좋고 나쁨을 따지는 것보다 최소한 두 개의 후보를 놓고 좋고 나쁨을 따지는 것이 훨씬 더 진지한 비교 분석이기 때문이다. 하나의 아키텍처만 고려된 상태에서는 단점이 발견되어도 그것을 대체할 방법을 찾을 의도가 없다고 보아야 한다. 종종 아키텍처 분석 활동의 부산물로 대안 아키텍처가 얻어지기도 한다. 그러나 제 11장 11.2.4절에서 언급한 바와 같이 대안 아키텍처 도출은 엄밀히 말하여 분석 활동의 결과는 아니지만, 분석 결과 중 하나로 포함시키는 것이 바람직하다. 이런 이유로 제 III부 1장에서 제시한 아키텍처 문서화 템플릿은 대안 아키텍처 기술을 G.3 항목에 포함시키고 있다.

[Bosch 00]는 소프트웨어 아키텍처 심사평가(assessment) 기법으로 시나리오 기반 평가, 시뮬레이션 기반 평가, 수학적 모델(혹은 측정식) 기반 평가, 경험 기반 평가가 있다고 설명한다(p. 105). 시나리오 기반 평가는 이 장에서 ATAM의 분석기법 사례를 통하여 본 방법에 해당하고, 시뮬레이션 기반 심사평가는 소프트웨어의 추상적 혹은 부분적 구현을 사용한 평가 방

법에 해당한다. 수학적 모델 기반 심사평가는 이 책의 제 III부 1장 사례연구의 스케줄가능성(schedulability) 분석이 그 예에 해당된다. [Bosch 00]은 개발 품질속성에 대하여는 시나리오 기반 평가와 수학적 모델 기반 평가가 잘 적용되고, 시스템 품질속성에 대하여는 시뮬레이션 기반 평가와 수학적 모델 기반 평가가 잘 적용된다고 기술하고 있다. [Bosch 00]은 또한 아키텍처 설계에서 한 번만 수행되는 심사평가가 있고, 설계의 반복이 이루어질 때마다 수행되는 심사평가가 있다고 하여 이 책에서 각각 평가와 분석으로 구별한 활동을 같은 용어로 지칭하였다.

[Clements 02]는 SAAM, ATAM, ARID 분석 방법을 적용사례와 함께 소개한다. [Moor 03]은 ATAM의 개요 및 단계 그리고 분석 예제를 제공한다.

모델을 만드는 활동인 모델링과 모델의 분석은 밀접히 연관된 활동이다. 아키텍처 설계가 적절한 추상 수준을 유지해야 하는 한편, 아키텍처 설계를 통하여 시스템의 성질을 분석하는 것이 그 중요한 역할 중 하나이므로, 아키텍처 설계 시 아키텍처의 추상 수준도 분석하고자 하는 관점 혹은 문제에 대한 답을 얻을 수 있을 정도로 충분히 상세하여야 한다는데 주의할 필요가 있다.

12장 아키텍처의 평가

"불확실하고, 위험한 상충되는 정보를 평가하는 일은 진정한 천재성이 요구되는 능력이다."[125]

- Winston Churchill

제 I부 5장 그림 5-1에서 아키텍처 분석과 아키텍처 평가를 구분된 활동으로 제시하였다. 아키텍처 분석은 설계활동의 부분으로 수행되는 활동이고, 아키텍처 평가는 아키텍처가 공식적으로 완료된 후에 수행되는 활동이다.[126] 아키텍처 분석은 제 11장에서 논의하였고, 이 장에서는 아키텍처 평가에 대하여 논의한다. 이 장에서는 먼저 제 12.1절과 12.2절에서 아키텍처 평가와 아키텍처 분석과의 차이점을 상세히 살펴보고, 제 12.3절에서는 아키텍처 평가 방법을 설명하고, 제 12.4절에서는 아키텍처 평가 방법의 대표적인 예인 CBAM의 방법에 대하여 상세히 알아본다.

12.1 분석과 평가

아키텍처 분석과 평가라는 용어에 대하여는 표준화된 정의가 존재하지 않으며, '분석'과 '평가'를 구별 없이 사용하는 경우도 많다. 그러나 분석과 평가는 밀접히 관련된 서로 구별되는 개념이다.

125. "True genius resides in the capacity for evaluation of uncertain, hazardous, and conflicting information."

126. 물론 평가결과가 만족스럽지 못하여 설계를 다시 수행하면 설계가 완전히 끝나지 않은 것이라고 말할 수 있다. 그러나 이 경우에도 여전히 한 번의 설계시도가 완료된 것이다.

먼저 이들의 개념을 알아보고, 또 이들이 어떻게 관련되는지 알아보기 위하여, 일반적인 분석과 평가의 의미를 알아보기로 한다. Webster 사전은 평가와 분석을 다음과 같이 정의한다:

정의 12-1(분석: analysis) 분석은 "전체를 그것을 구성하는 부분들로 분리하는 활동"[127]으로 "물체를 구성하는 요소들을 식별하거나 분리하는 활동,"[128] 즉, "복합체와 그 요소들 및 그 관계를 상세히 검사하는 활동"[129]을 의미한다.

정의 12-2(평가: evaluation) 평가는 "가치를 판단하거나 결정하는 활동"[130]으로 "신중한 조사 학습을 통하여 중요성, 가치 혹은 상태를 판단하는 활동"[131]을 의미한다.

이 정의에 따라 일반적인 개념으로서의 분석과 평가의 차이는 표 12-1과 같이 정리할 수 있다. 즉, 분석은 분해하여 들여다보는 과정이고 평가는 분석의 결과를 종합하여 판단하는 과정이다. 분석 결과가 중요한 판단으로 이어지기 위해서는 최초의 의도된 판단을 위하여 분석 결과를 반영하는 통합하는 과정이 있어야 하고, 이것이 평가이다. 평가 안에는 다시 여러 계층의

표 12-1. 분석과 평가의 차이점

분석	평가
• 분해하여 들여다봄 • 분석관점이 필요 • 판단/평가를 위한 원시 데이터를 제공	• 분석의 결과를 종합하여 판단 • 궁극적 가치 척도로 맵핑

127. "Separation of a whole into its component parts"
128. "Identification or separation of ingredients of a substance"
129. "Examination of a complex, its elements, and their relations"
130. "Determining or fixing the value of something"
131. "Determining the significance, worth, or condition of usually by careful appraisal and study"

세부적인 평가가 들어 있을 수도 있다.

12.2 아키텍처 분석과 평가

아키텍처 분석과 아키텍처 평가 역시 기본적으로는 각각 분석과 평가 활동으로 그 대상을 아키텍처로 한다는 점에서는 같으나, 아키텍처 분석이 아키텍처에 대하여 주어진 분석 관점에서 어떤 분석 결과를 도출하는 활동인데 반하여, 아키텍처 평가는 아키텍처 분석 또는 다른 방법을 통하여 얻어진 데이터를 종합하여 아키텍처에 대한 중요한 판단을 내리는 활동이라는 점에서 서로 다르다. 예를 들어, 우리가 아키텍처의 품질을 하나씩 판단하는 분석 기술을 갖는다고 하여도 이로써 아키텍처 전체의 품질을 아는 것은 아니고, 이를 위하여는 품질들 전체를 종합적으로 보는 기술이 필요하다. 아키텍처 평가는 이러한 종합적 평가를 겨냥한다. 따라서 아키텍처 평가를 다음과 같이 정의할 수 있다.

정의 12-3(아키텍처 평가: architecture evaluation) 아키텍처 평가는 "아키텍처의 가치를 판단하거나 결정하는 활동"으로 아키텍처 분석 혹은 기타의 방법으로 얻어진 아키텍처에 대한 하나 이상의 계량적 판정들을 객관화하고 종합하는 활동이다.

역사적으로 여러 가지 아키텍처 분석/평가 방법들이 제시되었으며 표 12-2는 대표적인 아키텍처 분석/평가 방법을 보여준다.

표 12-2. 아키텍처 분석/평가 방법

SAAM	Software Architecture Analysis Method ([Kazman 94])
ATAM	Architecture Tradeoff Analysis Method ([Kazman 98][Kazman 00])
ARID	Active Review for Intermediate Designs ([Clements 00])
CBAM	Cost-Benefit Analysis Method ([Kazman 02])
BITAM	Business IT Alignment Method ([Chen 05])

표 12-3. 아키텍처 분석방법과 아키텍처 평가 방법

아키텍처 분석방법	아키텍처 평가방법
SAAM ATAM ARID	CBAM BITAM

표 12-2의 방법들은 정의 12-1과 정의 12-2에 따르면 분석과 평가 요소를 모두 갖고 있다. 그러나 지배적인 결과가 아키텍처 분석 결과인지 아키텍처 평가 결과인지에 따라 이들을 표 12-3과 같이 분석방법 혹은 평가방법으로 분류할 수 있다.

12.3 아키텍처 평가 방법

아키텍처 평가는 분석을 위한 관점들을 제시하고, 분석의 결과들을 종합한다. 따라서 아키텍처 평가방법은 분석관점들의 집합과 이 분석관점들을 적용하여 아키텍처를 분석한 결과들을 종합하는 방법으로 구성된다고 말할 수 있다. 그러면 아키텍처 평가방법을 결정하고 이를 적용하는 절차를 그림 12-1과 같이 나타낼 수 있다.

그림 12-1이 보여주는 바와 같이 아키텍처 평가절차는 크게 3단계로 구성된다. 첫째 단계는 평가방법 준비 단계로 이 단계에서는 아키텍처 평가방법을 결정한다. 둘째 단계에서는 아키텍처와 아키텍처 분석관점을 사용하여 분석을 수행하고 분석결과를 얻는다. 분석결과는 아키텍처 설계를 통하여 이미 도출되어 있는 경우 이를 사용하면 되고, 그렇지 않은 경우는 새로이 분석을 수행하여야 한다. 마지막 셋째 단계에서는 단계 1에서 결정된 종합 방법을 단계 2로부터 얻어진 분석결과에 대하여 적용하여 평가결과를 얻게 된다.

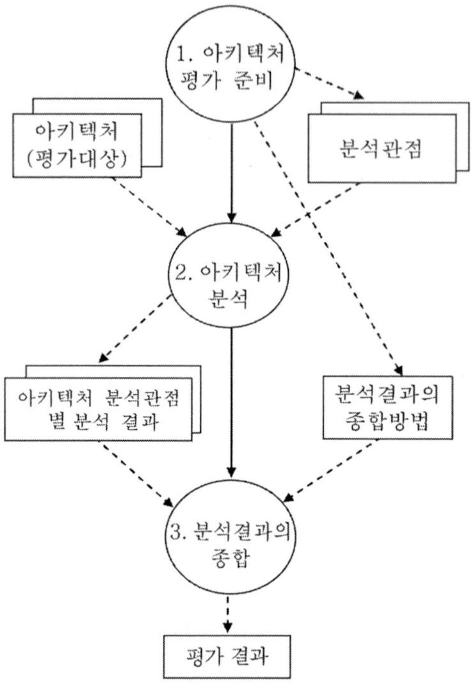

그림 12-1. 아키텍처 평가의 절차

아키텍처를 평가하는 방법은 평가 결과를 만드는 주체에 따라 크게 두 가지로 나눌 수 있다.[132] 첫 번째 방법은 (1) 계량적 측정 방법(Quantitative Measurement Method)으로, 이는 다시 (1A) 과거의 데이터에 기반한 측정식을 사용하는 방법과, (1B) 고객과 측정 방법을 상의하여 결정하는 방법으로 나눌 수 있다. 전자의 방법은 과거의 데이터에 기반하여 비교적 정확한 예측을 할 수 있다는 장점이 있으나, 과거의 데이터가 없는 새로운 측정 대상에 대하여는 적용하기 어렵고, 후자의 방법은 측정 목표를 정확히 결정할

---

132. [Bosch 00]은 소프트웨어 아키텍처의 평가를 "assessment" 라고 부르고 시나리오 기반 평가, 시뮬레이션 기반 평가, 수학적 모델 기반 평가, 경험기반의 평가로 분류하였다. [Bosch 00]의 분류는 평가의 "기법" 에 따른 분류이고, 평가 "대상" 혹은 "기준" 에 따른 분류는 아니다. 이 장의 (1A)는 수학적 모델 기반 방법에 해당되고, (1B)는 시나리오 기반 방법에 해당되고, (2C)와 (2D)는 [Bosch 00]가 말하는 경험기반의 평가로 볼 수 있는데, 수학적 모델이나 시뮬레이션 기반이 비경험적인 것은 아니라는데 주의할 필요가 있다.

수 있으나 그에 따른 측정 방법을 고안해야 한다. 제 2장에서 논의한 품질속성 시나리오 도출방법은 (1B)방법의 예이다.

두 번째 방법은 (2) 전문가에게 물어보는 방법(Ask-the-Expert Method)으로, (2C) 이해관계자(stakeholder)인 전문가들에게 물어보는 방법과, (2D) 이해관계자가 아닌 전문가들에게 물어서 결정하는 방법으로 분류할 수 있다. 이해 당사자인 전문가는 평가하고자 하는 대상에 대하여 잘 알고 있고, 대상에 대한 결정에 영향을 줄 수 있기 때문에 중요하지만, 객관적이지 않을 수 있다. 이해관계자가 아닌 전문가는 객관적인 입장에서 평가해 줄 수 있다는 장점은 있지만, 평가대상에 대하여 친숙하지 않은 단점이 있을 수 있다. 이 장에서는 (2C)의 경우의 예로 아키텍처 평가 방법 중 하나인 CBAM을 상세히 살펴본다.

12.4 아키텍처 평가 방법의 예 - CBAM의 응용

이 장에서는 아키텍처 평가의 대표적인 방법인 CBAM의 적용사례를 통하여 전형적인 아키텍처 평가의 절차 및 고려 사항들을 알아본다. 적용사례는 [Kazman 02]에서 가져왔다.

그림 12-2는 CBAM의 개략적인 아키텍처 평가 절차이다. CBAM의 상세한 절차는 그림 12-3에 있다. CBAM 절차는 아키텍처 설계의 방향을 결정하는 아키텍처 전략(Architecture Strategy: AS)들과 분석관점을 형성하는 N개의 품질속성 시나리오를 입력으로 하여 평가를 수행하고 각 아키텍처 전략의 순위를 평가결과로 결정한다.

CBAM은 9개의 단계로 구성되며, 단계 2부터 단계 9까지를 필요에 따라 반복할 수 있게 되어 있다. CBAM 단계들의 최초의 실행(반복 I)에서는 결정을 내리기 위한 분석관점의 수를 줄이고, 필요한 정보를 수집하고, AS의 최초의 순위를 결정한다. 반복 I은 비용과 이득만을 고려하는 기본적인 CBAM을 수행한다. 위험을 추정하고 불확실성을 고려한 더 정교하고 현실

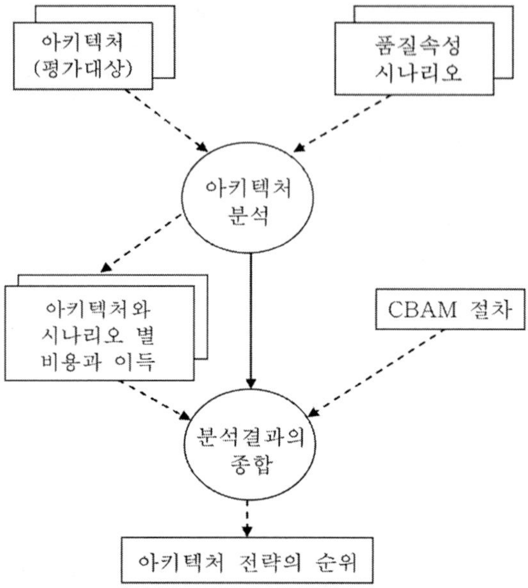

그림 12-2. CBAM 아키텍처 평가

입력: 1) 아키텍처
2) 아키텍처 전략들
3) N개의 품질속성 시나리오

출력: 각 아키텍처 전략의 순위

단계 1. 시나리오 정리 (N 개의 시나리오를 1/3 N 개의 시나리오로 축소)
단계 2. 시나리오 정제
단계 3. 시나리오 우선순위 (1/6 N 개의 시나리오로 축소)
단계 4. 각 시나리오의 응답수준별로 해당하는 효용값 부여
단계 5. AS을 도출하고 각 AS에 대하여 관련 시나리오별 품질속성 응답수준을 결정
단계 6. 보정(interpolation)으로 기대되는 품질속성 응답수준의 효용값 결정
단계 7. 아키텍처 전략이 주는 총 이득 계산
단계 8. 투자수익률(ROI)을 기초로 아키텍처 전략 선정
(반복 I를 실행 중인 경우 반복 II를 위하여 단계 2로 이동한다.
반복 II를 실행 중인 경우, 단계 9로 이동한다.)
단계 9. 직관을 이용하여 결과 확인

그림 12-3. CBAM 절차

ECS 시스템 요구사항

지구관측시스템인 EOS는 NASA의 인공위성들로 구성되어 지구의 변화에 대한 연구 등을 위한 데이터를 수집한다. ECS 는 EOS 데이터 정보시스템의 핵심 시스템으로 매일 수백 GB의 데이터를 처리한다. ECS의 임무는 데이터를 상위 형태의 정보로 처리하여 전 세계에 있는 과학자들에게 탐색할 수 있는 형태로 제공하는 것이다. 따라서 성능과 가용성이 중요하고, EOS가 장기 프로젝트이기 때문에 변경용이성도 중요한 품질 요구사항이다.

그림 12-4. CBAM 적용 대상 시스템의 요구사항

적인 결과를 줄 수 있는 CBAM의 실행(반복 II)은 반복 I의 기본적인 CBAM 결과를 바탕으로 수행될 수 있다. 반복 I과 반복 II 모두 결과가 직관과 일치하는지를 확인하여 일치하지 않는 경우 빠져있는 사항을 넣거나 잘못된 사항을 수정하여 직관과 일치할 때까지 다시 단계들을 반복한다. CBAM의 단계 중 단계 3, 7, 8이 평가에 속하는 단계이고, 단계 4, 5, 6은 엄밀하게는 분석을 수행하는 단계들이다.

이 장에서 그림 12-3의 CBAM 절차를 적용하는 대상은 지구관측시스템(Earth Observing System: EOS)의 핵심시스템(Core System)인 ECS로, ECS에 대한 요구사항은 그림 12-4에 나와 있다.

ECS시스템의 프로젝트 관리자(Project Manager: PM)는 ECS시스템 유지보수를 위하여 제한된 예산으로 적은 수의 AS를 선별해서 구현해야 하는 상황이며, CBAM을 적용하기 위하여 ATAM을 이용한 사전분석을 통하여, 이해관계자들로부터 많은 AS을 수집하였다. 이제 PM은 CBAM을 적용하여 ROI에 기초한 아키텍처의 설계전략을 하려고 선택하려고 한다.

12.4.1 반복 I

단계 1: 시나리오 정리

ATAM에서 얻어진 시나리오들과 이해관계자들로부터 추가적으로 추출된 시나리오를 모아 표 12-4와 같이 정리하였다.

표 12-4. 정리된 시나리오([Kazman 02] Table 1)

번호	시나리오
1	멈춰진 배포는 수동적 간섭을 요구하는데 이런 데이터 배포 실패를 줄여야 한다.
2	배포요청 시 분실되는 데이터의 배포를 줄인다.
3	주문신청절차에 실패가 발생하는 주문의 수를 줄인다.
4	수작업을 요구하는 전달되지 않은 주문의 수를 줄인다.
5	분실되는 주문의 수를 줄인다.
6	ECS를 추적하는 좋은 방법이 없다. 비회원은 많은 사용자 간섭 없이 주문에 실패하고 취소하였다(예를 들어 스프레드시트).
7	사용자는 데이터에 대한 주문이 실패한 이유에 대해 더 많은 정보를 필요로 한다.
8	제약 때문에 명령의 크기와 회수를 인위적으로 줄일 필요가 있다.
9	주문의 크기가 작으면 사용자에게 너무 많은 통지를 보내게 된다.
10	시스템은 1일 동안 50 GB의 사용자요청을 처리하여야 하고, 1주일에 1 TB의 사용자요청을 처리하여야 한다.

단계 2: 시나리오 정제

단계 1의 상태의 시나리오는 측정 가능한 형태가 아니므로, 자극/응답의 측정 가능한 형태로 분석하고 동시에 최악의 경우(worst case), 현재의 경우(current case), 바람직한 경우(desired case), 최상의 경우(best case)의 응답수준별로 응답목표치를 결정한다 (표 `12-5). 평가에 참가한 이해당사자들로부터 응답목표치를 입력받는다. 입력값들의 평균치나 Wideband Delphi 방법([Boehm 81]p. 335)과 같은 적절한 선정방법을 통하여 단일한 목표치로 결정된다.

표 12-5. 정제된 시나리오에 대한 응답수준별 응답목표([Kazman 02] Table 2)

	응답목표			
응답수준 / 시나리오	최악의 경우	현재의 경우	바람직한 경우	최상의 경우
1	10% 중단	5% 중단	1% 중단	0% 중단
2	〉 5% 분실	〈 1% 분실	0% 분실	0% 분실
3	10% 실패	5% 실패	1% 실패	0% 실패
4	10% 중단	5% 중단	1% 중단	0% 중단
5	10% 분실	〈 1% 분실	0% 분실	0% 분실
6	50% 도움필요	25% 도움필요	0% 도움필요	0% 도움필요
7	10% 정보수신	50% 정보수신	100% 정보수신	100% 정보 수신
8	50% 제약	30% 제약	0% 제약	0% 제약
9	개당 1	개당 1	100 개당 1	1000 개당 1
10	〈 50% 목표 달성	60% 목표 달성	80% 목표 달성	〉 90% 목표 달성

단계 3: 시나리오 우선순위 결정

평가 팀의 구성원은 개별적으로 혹은 팀 전체로서, 총 100점의 점수를 선택된 시나리오 집합에 할당한다. 표 12-6의 2열은 이러한 방법으로 시나리오 1부터 10까지에 적용하여 얻어진 득표수를 보여준다. 이 단계에서는 단계 1에서 얻어진 시나리오를 다시 1/2로 줄일 수도 있으나 이 예제에서는 줄이지 않고 그대로 사용한다.

표 12-6. 시나리오별 득표수와 효용값 ([Kazman 02] Tables 3 & 4)

시나리오	응답수준 / 득표수[133]	응답목표			
		최악의 경우	현재의 경우	바람직한 경우	최상의 경우
1	10	10	80	95	100
2	15	0	70	100	100
3	15	25	70	100	100
4	10	10	80	95	100
5	15	0	70	100	100
6	10	0	80	100	100
7	5	10	70	100	100
8	5	0	20	100	100
9	10	50	50	80	90
10	5	0	70	90	100
합계	100				

단계 4: 각 시나리오의 응답수준별로 해당하는 효용값(utility)을 부여

평가 참여자들의 합의에 의하여 각 시나리오의 효용값을 결정한다. 효용값 0은 효용값의 최소치이고 100은 최대치이다. 표 12-6의 3열부터 6열까지가 응답수준별 효용값을 나타낸다. 예를 들어 시나리오 7의 현재의 응답수준은 표 12-5에 따르면 "50% 정보수신"이다. 이 응답수준의 효용값은 표 12-6에 따르면 70이다.

단계 5: AS를 도출하고, 각 AS에 대하여 관련 시나리오별 품질속성 응답수준을 결정

도출된 AS별로 표 12-6의 시나리오에 대하여 각 AS가 달성하는 응답수준을 결정한다(표 12-7). 하나의 AS는 여러 개의 시나리오에 영향을 줄 수 있다.

133. 표 12-6에서 모든 득표 수가 5의 배수가 되었으나, 이는 요구되는 사항은 아니다.

AS는 ATAM을 진행하며 도출할 수도 있고, 이 단계에서 새로이 도출할 수도 있다. 예를 들어 "AS 8. 주문실패 통지" 아키텍처 전략은 시나리오 6과 시나리오 7 두 개의 시나리오에 영향을 미치는데, 이 아키텍처 전략을 적용한 후 시나리오 6의 경우에는 현재 시스템의 "25% 도움 필요" 응답 수준이 "20% 도움 필요" 응답 수준으로 좋아지고, 시나리오 7의 경우 현재 시스템의 "50% 정보수신" 수준이 "90% 정보수신" 수준으로 높아지게 된다.

표 12-7. 각 AS별 관련 시나리오의 응답목표([Kazman 02] Table 5)

아키텍처 전략	아키텍처 전략 이름	응답목표		
		영향 받는 시나리오	현재 수준	기대 수준
AS1	제출시 주문 저장	3	5% 실패	2% 실패
		5	<1% 분실	0% 분실
		6	25% 도움 필요	0% 도움 필요
AS2	주문 조각화	8	30% 제약	15% 제약
AS3	주문 묶기	9	개당 1	100 개당 1
		10	60% 목표 달성	55% 목표 달성
AS4	주문 분할	4	5% 중단	2% 중단
AS5	주문 재할당	1	5% 중단	2% 중단
AS6	주문 재시도	4	5% 중단	3% 중단
AS7	주문 강제 완료	1	5% 중단	3% 중단
AS8	주문실패 통지	6	25% 도움 필요	20% 도움 필요
		7	50% 정보 수신	90% 정보 수신
AS9	개별 주문 추적	6	25% 도움 필요	10% 도움 필요
		7	50% 정보 수신	95% 정보 수신
AS10	사용자 정보 링크 제공	7	50% 정보 수신	60% 정보 수신

단계 6: 보정으로 기대되는 품질속성 응답수준의 효용값을 결정

각 시나리오별로 표 12-6의 최악의 경우, 현재의 경우, 바람직한 경우, 최상의 경우의 효용값을 참조하여 기대응답수준의 효용값을 결정한다 (표 12-8). 예를 들어 AS8이 적용된 경우, 시나리오 6의 응답수준 "25% 도움 필요"에서 "20% 도움 필요"로 개선됨에 따라 효용값은 현재의 80에서 85로 증가하고, 시나리오 7의 응답수준이 "50% 정보 수신"에서 "90% 정보수신"으로 높아짐에 따라 효용값도 현재의 70에서 90으로 증가하게 된다.

표 12-8. 각 AS별 관련 시나리오의 기대효용([Kazman 02] Table 6)

아키텍처 전략	아키텍처 전략 이름	영향 받는 시나리오	현재 수준	기대 수준
AS1	제출시 주문 저장	3	70	90
		5	70	100
		6	80	100
AS2	주문 조각화	8	20	60
AS3	주문 묶기	9	50	80
		10	70	65
AS4	주문 분할	4	80	90
AS5	주문 재할당	1	80	92
AS6	주문 재시도	4	80	85
AS7	주문 강제 완료	1	80	87
AS8	주문실패 통지	6	80	85
		7	70	90
AS9	개별 주문 추적	6	80	90
		7	70	95
AS10	사용자 정보 링크 제공	7	70	75

단계 7: AS가 주는 총 이득 계산

각 아키텍처 전략 AS_i가 주는 총 이득 B_i을 계산식 12-1을 사용하여 계산한다.

$$B_i = \Sigma_j (b_{i,j} \times W_j) \qquad \text{(계산식 12-1)}$$

j는 AS_i가 영향을 주는 시나리오의 인덱스이고, W_j는 시나리오의 가중치, $b_{i,j}$는 AS_i선택 시 시나리오 j가 주는 이득이다. 계산 결과는 표 12-9과 같다. 표 12-9에서 아키텍처 전략의 원시 이득(Raw AS Benefit)은 기대 효용값에서 현재 효용값을 뺀 값이다. 예를 들어 AS8이 적용될 경우 시나리오 6의 응답 수준 개선을 통하여 얻어지는 효용의 증가가 5이고 시나리오 6의 비중이 10이므로 시나리오 6의 응답수준 개선을 통하여 얻어지는 이득은 50이다. 시

표 12-9. 아키텍처 전략의 총 이득([Kazman 02] Table 7)

아키텍처 전략	영향 받는 시나리오	시나리오 비중	원시 이득	정규화된 이득	총 이득
AS1	3	15	20	300	
	5	15	30	450	
	6	10	20	200	950
AS2	8	5	40	200	200
AS3	9	10	30	300	
	10	5	-5	-25	275
AS4	4	10	10	100	100
AS5	1	10	12	120	120
AS6	4	10	5	50	50
AS7	1	10	7	70	70
AS8	6	10	5	50	
	7	5	20	100	150
AS9	6	10	10	100	
	7	5	25	125	225
AS10	7	5	5	25	25

나리오 7의 응답수준 개선을 통하여 얻어지는 효용의 증가가 20이고 시나리오 7의 비중이 5이므로, 시나리오 7의 응답수준 개선을 통하여 얻어지는 이득은 100이다. 따라서 AS8이 가져다주는 총 이득은 150이 된다.

단계 8. 투자수익률(Return On Investment: ROI)을 기초로 AS선정

각 AS에 대하여 비용을 추정한다. 비용 추정은 과거의 데이터가 있는 경우 데이터에 기초하여 수행할 수 있고, 데이터가 없는 경우 아키텍처 평가 참여자들의 의견에 기초하여 수행한다. 그리고 AS별 ROI를 계산식 12-2를 사용하여 계산한다.

$$ROI(AS_i) = B_i/Cost_i \quad \text{(계산식 12-2)}$$

그러면 각 AS_i의 ROI 값에 따라 AS들의 순위가 표 12-10과 같이 결정된다. 예를 들어, AS8이 적용될 경우 그 비용은 300으로 추정되고, 총 이득은 표 12-9에서 계산된 것처럼 150이다. 따라서 ROI(AS8) = 0.5 이다. 이는 세 번째로 높은 ROI 값으로 AS8의 우선순위는 3이 된다.

표 12-10. 아키텍처 전략의 ROI([Kazman 02] Table 8)

아키텍처 전략	비용	총 이득	전략의 ROI	전략 순위
AS1	1200	950	0.79	1
AS2	400	200	0.5	3
AS3	400	275	0.69	2
AS4	200	100	0.5	3
AS5	400	120	0.3	7
AS6	200	50	0.25	8
AS7	200	70	0.35	6
AS8	300	150	0.5	3
AS9	1000	225	0.22	10
AS10	100	25	0.25	8

단계 9. 직관을 이용하여 결과 확인[134]

마지막으로 이러한 순위가 기업의 사업목표와 부합하는지 확인하고, 중요한 문제가 있으면 앞의 단계들을 반복한다.

12.4.2 반복 II

반복 II에서는 각 AS별로 위험요인(risk)을 식별하고, 각 위험요인에 대해서 발생확률, 발생할 경우의 응답수준 및 효용값의 변경에 대한 파급효과, 완화전략(mitigation strategies)을 평가하거나 파악한다. 표 12-11은 그 결과를 정리한다. 예를 들어 AS1에 대하여 총 5개의 위험요인이 식별되었지만, AS8에 대하여는 아무런 위험요인도 식별되지 않았다.

표 12-11. AS별 위험요인([Kazman 02] Table 9)

ID	위험요인/전략	확률	영향	완화전략
AS1: 제출시 주문 저장				
T4	선택된 DBMS가 가용하지 않게 될 수도 있다.	0.4	높음 50%까지 비용증가	DBMS 교환; 50% SLOC (Source Lines of code)에 상응하는 비용증가
T5	복잡한 주문 객체를 DBMS에 저장하는 능력이 광고한 바와 같이 공간적 속성들을 지원하지 못하게 할 수 있다.	0.5	중간, 운영성 및 사용자 만족도 감소	공간적 속성들을 지원하지 않음

134. CBAM의 단계 9는 CBAM 의 결과를 다시 확인한다는 점에서 바람직한 단계이지만, 평가 결과의 확인을 기본적으로 직관에 의존함으로써, 만일 직관이 잘못되었다면 잘못된 결과를 받아들이게 된다는 점에서 방법에 허점을 담고 있는 것이라고 볼 수 있다. 우리의 직관이 타당함은 어떻게 알 수 있는가? 여러 사람이 같이 CBAM 을 수행할 경우 누구의 직관이 더 타당한가? 이런 질문에 대하여 답을 정확히 내릴 수 없다면, 직관이 옳은지 그른지 알 수 없으므로, CBAM의 결과를 받아들여야 할지 알 수 없다는 결론을 내려야 한다. 직관은 새로운 발견에서 탐구의 방향을 제시하고, 실험을 위한 가설을 제공한다는 점에서 중요하나, CBAM에서는 그것을 CBAM 방법을 성공적으로 종료시키는 판단기준으로 이용하는 데에는 문제가 있다고 볼 수 있다. CBAM을 직관의 검증수단으로 사용한다면 문제가 없겠으나, 직관을 CBAM의 검증수단으로 사용하는 데에는 문제가 있다고 보아야 한다.

표 12-11. AS별 위험요인([Kazman 02] Table 9)

ID	위험요인/전략	확률	영향	완화전략
T6	DBMS 회사의 변경이 공급자 새로운 객체 모델의 성능 특성을 현저히 바꿀 수 있다.	0.3	높음 70%까지 비용증가	DBMS의 비객체 요소를 사용하는 코드작성: 70% SLOC에 상응하는 비용증가
S1	새로운 DBMS 객체 인터페이스가 전략을 개발하며 예상했던 분량보다 훨씬 많은 코드를 요구할 수 있다.	0.6	높음 70%까지 비용증가	없음
S2	DBMS 회사가 전략을 시험하는 중에 뒤늦게 설치해야 하는 패치를 내놓을 수 있다.	0.7	낮음 25%까지 비용증가	없음
AS2: 주문 조각화				
AS3: 주문 묶기				
AS4: 주문 분할				
T2	구현이 주문을 분할하기 위하여 광범위한 운영 부하를 발생시켜서 운영성을 감소시킬 수 있다.	0.5	높음, 운영성 감소	인터페이스 재설계; 50% 새로운 SLOC
AS5: 주문 재할당				
T1	기대한 것보단 적은 수의 주문들이 중단되어 주문을 재할당하는 능력으로부터 이득이 발생할 수 있다.	0.7	중간 3% 중단	주문강제종료에 더 중점을 둠
AS6: 주문 재시도				
S3	주문을 재시도하는 이득이 앞으로 2년 동안에 저장매체의 변경으로 인하여 변경될 수 있다.	0.3	낮음 current may change to goal	없음

표 12-11. AS별 위험요인([Kazman 02] Table 9)

ID	위험요인/전략	확률	영향	완화전략
AS7: 주문 강제 완료				
AS8: 주문실패 통지				
AS9: 개별 주문 추적				
T3	팀이 사용자와 많은 요구사항 수집과정을 거치지 않고도, 수용할 수 있는 사용자 인터페이스를 개발할 수 있는 적절한 전문인력을 가지고 있지 않을 수 있다.	0.8	높음 50%까지 비용증가	특수한 UI의 전문인력 추가; 20% SLOC에 상응하는 비용증가
AS10: 사용자 정보 링크 제공				
T7	현재 전략으로 계획되지 않은 정보로의 링크를 사용자가 원할 수 있다.	0.5	낮음에서 중간 20에서 50%까지 비용증가	추가적인 정보를 지원하는 코드 작성; 항목의 개수에 따라 20에서 50%의 비용증가
C1	웹서버 라이선스 지원방법이 사용자별 라이선스를 요구하는 방식으로 변경될 수 있다.	0.4	높음 비용이 4배가 될 수 있음	대체 웹서버를 사용하도록 시스템을 수정; 20% SLOC에 상응하는 비용증가
C2	고급 웹 개발 전문인력이 필요할 수 있다.	0.5	중간 50% 비용증가	특수한 UI의 전문인력 추가; 20% SLOC에 상응하는 비용증가

위험요인의 유형에는 고려되는 전략의 비용 추정에 영향을 주는 위험요인(Type I), 전략이 주는 이득의 추정에 영향을 주는 위험요인(Type II), 이득 추정에 영향을 주면서 다른 부수적 효과를 갖는 위험요인(Type III), 프로젝트관리 일정에 관련되는 위험요인(Type IV)으로 나눌 수 있다. 예를 들어 T3는 표 12-11에 따르면 50%까지 AS9의 비용을 높일 수 있는 위험요인이다.

표 12-12는 표 12-11의 위험요인들을 유형별로 분류한 결과이다. 위험요인이 부작용(side effect)을 가진 경우 위험요인 ID에 "s"를 붙여서 표시하

표 12-12. 위험요인의 유형([Kazman 02] Table 10)

ID	유형	코멘트
T4	I	비용
T5	III	이득-부작용
T6	I	비용
S1	I	비용
S2	I	비용
T2	III	이득-부작용
T1	II	이득
S3	II	이득
T3	I	비용
T3s	IV	일정
T7	I	비용
C1	I	비용
C2	I	비용
C2s	IV	일정

였다. 예를 들어 위험요인 T3s는 주 위험요인 T3에서 파생되는 위험요인으로 일정에 관련된 위험요인이다.

위험요인의 파급효과와 발생확률은 이해관계자들에 의하여 결정되었다. 이 수치에 따라 이득과 비용이 재계산된다. 추가적으로 비용추정에서는 비용추정절차에서 발생할 수 있는 오류를 감안하여 10%를 추가한다. 표 12-13에서 최소치와 최대치는 신뢰범위를 나타낸다. 이제 ROI는 신뢰범위를 고려하여 계산된다. 예를 들어 AS8의 경우,

$$
\begin{aligned}
ROI_{Min} &= \text{이득최소치}/\text{비용최대치} \\
&= 135/330 \\
&= 0.409
\end{aligned}
$$

ROI_{Max} = 이득최대치/비용최소치

= 165/270

= 0.611

이 된다. ROI기대값은 최소치와 최대치의 평균으로 계산한다. 맨 오른쪽 열은 새로운 ROI 기대값에 따라 정해진 수정된 순위이다.

표 12-13. 범위 값을 사용한 불확실성 추정([Kazman 02] Table 11)

전략	비용		총 AS 이득		전략의 ROI		ROI 기대값	순위
	최소값	최대값	최소값	최대값	최소값	최대값		
AS 1	1200	7152.75	850	950	0.119	0.79	0.454	4
AS 2	360	440	180	220	0.409	0.611	0.510	2
AS 3	360	440	247.5	302.5	0.563	0.84	0.701	1
AS 4	180	220	50	100	0.227	0.556	0.391	5
AS 5	360	440	80	120	0.182	0.333	0.258	7
AS 6	180	220	0	50	0	0.278	0.139	10
AS 7	180	220	63	77	0.286	0.428	0.357	6
AS 8	270	330	135	165	0.409	0.611	0.510	2
AS 9	900	1650	202.5	247.5	0.123	0.275	0.191	8
AS 10	90	440	22.5	27.5	0.051	0.306	0.166	9

표 12-14는 반복 I을 통하여 얻어진 표 12-7의 결과와 반복 II에서 얻어진 표 12-13의 결과를 비교한다.

표 12-14. 표 12-10과 표 12-13의 비교

전략	표 12-10의 결과				표 12-13의 결과	
	비용	총 AS 이득	전략의 ROI	전략 순위	기대 ROI	수정된 전략순위
AS1	1200	950	0.79	1	0.454	4
AS2	400	200	0.5	3	0.510	2
AS3	400	275	0.69	2	0.701	1
AS4	200	100	0.5	3	0.391	5
AS5	400	120	0.3	7	0.258	7
AS6	200	50	0.25	8	0.139	10
AS7	200	70	0.35	6	0.357	6
AS8	300	150	0.5	3	0.510	2
AS9	1000	225	0.22	10	0.191	8
AS10	100	25	0.25	8	0.166	9

CBAM의 마지막 단계인 단계 9에서는 표 12-13의 결과를 확인 하는데, 이를 위하여 예를 들어 두 개의 AS간의 쌍대비교방법을 사용할 수도 있다. 즉, ASi가 모든 다른 AS들 ASj에 대하여 ASi 〉 ASj 인 확률을 얻을 수 있다면, 그 평균값의 크기로 우선순위를 정할 수 있다.

12.5 아키텍처 전략 평가에서 아키텍처 평가로

제 12.4절에서는 다양한 아키텍처 전략 후보들을 놓고, 그들의 ROI와 우선순위를 결정하는 평가 방법을 보았다. 그러나 우리가 궁극적으로 평가하고자 하는 대상은 아키텍처 전략이 아니라 아키텍처로 아키텍처는 하나 이상의 아키텍처 전략이 적용되어 얻어진다.

따라서 아키텍처 평가를 위하여는 전략들의 우선순위를 결정하는 것으로서 충분하지 않고, 개별적인 전략의 가치를 합산할 수 있는 방법이 있어서 시스템 개발에 적용될 전략들의 집합을 결정할 수 있어야 한다. 예를 들어 개발예산이 1,500 이라고 하자. 표 12-14의 전략들 가운데 이 예산으로 적용할 수 있는 전략의 집합은 우선순위에 따라 {AS3, AS2, AS8, AS4, AS7}이 될 것이다. 왜냐하면 이들 전략의 비용이 각각, 400, 400, 300, 200, 200 이기 때문에다. AS1은 우선순위가 4임에도 불구하고 비용이 1,200이 되어 우선순위가 높은 다른 전략을 우선적으로 선택해야 하기 때문에 선택되지 못한다.

이 예는 "아키텍처 전략들의 이득의 합이 아키텍처의 이득과 같고, 아키텍처 전략들의 비용의 합이 아키텍처의 비용과 같다"는 것을 가정한다. 그러나 실제로는 아키텍처 전략들 간에 크건 작건 '간섭효과'가 있을 가능성이 매우 높다. 이는 지금까지의 평가 방법이 근사치에 지나지 않음을 보여준다. 보다 더 정확한 평가에 도달하기 위해서는 간섭의 정도를 측정하고, 이를 아키텍처의 이득과 비용의 계산에 반영하는 방법이 필요하다.

관련연구

제 12.2절 표 12-3에서 아키텍처 분석방법으로 SAAM, ATAM, ARID를 제시하였는데, 공교롭게도 [Clements 02]는 "소프트웨어 아키텍처 평가(Evaluating Software Architectures)" 라는 제목으로 이 분석 방법들을 소개하고 있다.

[Asundi 01] 는 [Kazman 02]에 앞서 CBAM 관련 기술을 소개한 보고서로서 ASi〉ASj일 확률 계산을 위한 계산식을 제시한다. [Kazman 02] 은 CBAM의 개요 및 단계, NASA ECS Project에 대한 사례연구를 담고 있다.

제 III부

소프트웨어 아키텍처 설계 문서화

"문서화는 아키텍트 대신 말을 해 준다. 아키텍처에 대한 백 개의 질문에 답하는 것 이외에 아키텍트가 다른 할 일들이 있는 현재에도, 그리고 아키텍트가 프로젝트를 떠나고 다른 사람이 진화와 유지보수를 책임지는 미래에도."[135]

– Paul Clements et al. ([Clements 11]pp. 9-10)

이 책의 제 II부에서는 소프트웨어 아키텍처 설계의 12개의 원리를 하나하나 살펴보았다. 아키텍처 설계 문서화 방법은 이 책에서 설계원리의 하나로 제시하지는 않았지만, 아키텍처 설계 문서가 아키텍처 설계 결과를 담는 "그릇"의 역할을 하기 때문에 방법은 매우 중요한 또 하나의 아키텍처 설계 원리로 볼 수 있다.

아키텍처 설계 문서화 방법은 아키텍처 설계 문서의 템플릿과 아키텍처

135. "Documentation speaks for the architect. It speaks for the architect today, when the architect should be doing other things besides answering a hundred questions about the architecture. And it speaks for the architect tomorrow, when he or she has left the project and now someone else is in charge of the evolution and maintenance".

의 표현에 사용되는 언어를 포함한다. 아키텍처 설계 문서 템플릿은 설계 문서 안에 무엇이 들어가고 들어가지 않는지, 무엇이 먼저 나오는지 나중에 나오는지, 무엇이 어느 것의 일부인지 아닌지 등을 규정하기 때문에, 좋은 아키텍처 설계 문서 템플릿은 좋은 아키텍처 설계가 만들어 질 수 있도록 제약을 줄 뿐 아니라, 아키텍처 설계 문서가 원활한 의사소통 수단이 될 수 있도록 하는 역할을 한다.

제 III부에서는 제 1장에서 설계 문서 템플릿을 제시하고, 제 2장에서는 UML을 사용한 소프트웨어 아키텍처 표기법을 설명한다. 마지막으로 제 3장에서는 문서 템플릿과 소프트웨어 아키텍처 표기법에 따라 작성한 아키텍처 설계 사례를 소개한다. 사례 연구의 대상은 [Wing 87]에서부터 많이 논의되어온 도서관 관리시스템이다. 도서관 시스템의 아키텍처 설계 사례는 가능한 단순한 시스템을 대상으로 하여 이 책에서 제시한 설계원리, 아키텍처 문서화, 아키텍처의 표현을 비교적 완전한 형태로 보여준다. 사례연구에서는 설계 방법의 모든 과정을 보이기 보다는 아키텍처 설계과정의 필수적인 마일스톤을 보인다.

1장 아키텍처 설계 문서 템플릿

"이상적인 설계 절차를 따르는 것은 매우 어렵다; 그것을 가장(假裝)하는 것도 쉽지 않다. 그러나 그 결과는 이해할 수 있고, 유지보수가 가능하며 재사용할 수 있는 산출물이다."[136]

- D. L. Parnas and P. Clements ([Parnas 86])

그림 1-1은 이 책에서 제안하는 아키텍처 설계 문서 템플릿을 보여준다. 이 아키텍처 설계 문서 템플릿의 각 절에 들어가는 내용은 다음과 같다:

A) 시스템 개요에서는 시스템의 목적을 포함하여 시스템에 대한 소개를 하고 또한 시스템의 운용환경을 UML 문맥다이어그램을 사용하여 보여준다.

B) 아키텍처 설계 문서가 그 자체로서 완전한(self-contained) 문서가 되도록 하기 위하여 B에서는 요구사항을 기술한다:

B.1에서는 기능요구사항을 열거한다.

B.2에서는 품질요구사항을 열거한다. 품질요구사항은 제 II부 2장에서 논의한 바와 같이 검증 가능한 품질속성 시나리오 형태로 기술되어

136 "It is very hard to be a rational designer; even faking that process is quite difficult. However, the result is a product that can be understood, maintained, and reused." 이 말은 우리가 만드는 설계문서에 담긴 결과들이 실제로—시행 착오를 거치며—설계가 진행된 모습을 그대로 보여주지 않고, 마치 한 치의 오차도 없이 논리적으로 완벽하게 설계가 수행된 것처럼 결과가 제시되고 있고, 그렇기 때문에 이해할 수 있는 유용한 설계문서가 된다는 것을 뜻한다.

야 하고, 이를 위하여 품질속성 트리를 사용할 수 있다.

B.3에서는 제약사항을 열거한다.

B.4에서는 개발 도메인과 시스템 요구사항에 대한 분석이 수행되었을 경우 그 결과를 제시한다. 아키텍처 설계 문서 템플릿에서 "[ ]"는 그 절이 선택적임을 나타낸다.

아키텍처 설계 문서 제목

A. 시스템 개요

B. 시스템 요구사항
  B.1 기능요구사항
  B.2 품질요구사항
  B.3 제약사항
  [B.4 요구사항 분석모델]

C. 아키텍처 설계문제 분석
  C.1 선정된 아키텍처 드라이버
  [C.2 아키텍처 설계문제 분석]
  C.3 아키텍처 설계문제 분석표

D. 아키텍처 설계 절차
  [D.1 아키텍처 스타일]
  D.2 아키텍처 관점체계
  D.3 아키텍처 설계 절차의 정의

E. 아키텍처 설계 결과

F. 설계결과의 분석
  [F.1 추가 아키텍처 설계문제 분석표]
  F.2 아키텍처 설계 결정표
  F.3 아키텍처 분석관점 및 분석 결과

G. 아키텍처 평가
  G.1 평가방법
  G.2 아키텍처 평가 결과
  G.3 대안 아키텍처 및 평가

H. 토의 사항

그림 1-1. 아키텍처 설계 문서 목차

C) 아키텍처 설계문제 분석을 수행한다:

C.1에서는 B.2와 B.3에서 기술한 아키텍처 드라이버 가운데, 아키텍처 설계에 사용될 아키텍처 드라이버들을 선정하는 방법을 제시하고, 이에 따라 선정된 아키텍처 드라이버들을 열거한다.

C.2에서는 아키텍처 설계문제 분석을 수행한다.

C.3에서는 이 결과를 아키텍처 설계문제 분석표로 정리하는데, 템플릿으로 제 II부 3장 3.3절의 표 3-2를 사용한다.

설계문제	설계요인	설계전략	이유 (이득/비용/ 위험요인/ 불확실성 포함)	관련사항 (관련전략/ 파급효과/ 완화전략)
…	…	…	…	…

D) 대상시스템의 아키텍처 설계를 위한 절차가 D절에 명시적으로 들어간다. 설계 절차는 프로젝트 계획의 일부로서의 설계 계획과는 다른 것이고, 설계결정이 일어나는 순서에 주된 관심이 있다. 즉, 어떤 뷰를 어떤 뷰 보다 먼저 설계할 것인지, 설계가 재귀적(recursive)으로 일어나면, 구체적으로 어떻게 여러 개의 뷰를 재귀적으로 정의해 나갈 것인지 등이 주된 관심사항이다.

D.1에서는 적용되는 아키텍처 스타일을 제시한다.

D.2에서는 관점체계를 정의한다.

D.3에서는 설계 절차를 정의한다.

E) 이 절은 D.3절에서 정의된 절차에 따라 단계별로 전개된다. 따라서 각 시스템마다 E절의 구성과 내용이 달라진다. (상세한 가이드라인은 제 II부 8장을 참조.)

F) 이 절에서는 E절에서 만들어진 아키텍처 설계에 대하여 분석을 수행

한 결과를 담는다:

F.1에서는 아키텍처 설계과정 중 아키텍처 설계문제 분석 단계에서 예상하지 못한 새로운 설계문제들이 발견되고 이들에 대한 대응전략이 만들어 질 수 있는데, 아키텍처 설계문제 분석표와 동일한 템플릿을 사용하여 이들을 기록한다.

설계문제	설계요인	설계전략	이유 (이득/비용/ 위험요인/ 불확실성 포함)	관련사항 (관련전략/ 파급효과/ 완화전략)
…	…	…	…	…

F.2에서는 최종적으로 어떠한 중요한 설계결정들이 내려졌는지를 일목요연하게 볼 수 있도록 제 II부 8.4절에서 소개한 아키텍처 설계결정표 템플릿을 사용하여 중요한 설계 결정들을 정리한다.

설계결정	설계전략	적용점	해결조건/방법
…	…	…	…

F.3에서는 시스템의 요구되는 주요 기능적 요구사항과 품질 요구사항이 달성됨을 보인다. 그 외에도 아키텍처의 견고성을 시험하기 위한 시나리오를 통하여 견고성에 대한 분석도 수행한다. 분석을 수행하기 위하여 분석의 관점을 상세화하는 질문들을 도출할 수 있다. 분석 결과는 각 관점별로 기록하고, 그 외에 공통적인 분석관점으로 아키텍처의 위험요인, 상충점, 민감점 등을 분석한다. 위험요인을 나타내기 위한 템플릿은 제 II부 12장 표 12-11에 있다.

G) 이 절에서는 결정된 아키텍처의 평가와 더불어 대안 아키텍처 및 그에 대한 평가결과를 기록함으로써, 결정된 아키텍처가 좋은 선택임

을 정당화 한다:

G.1에서는 평가방법을 제시한다.

G.2에서는 E절에서 설계한 아키텍처에 대하여 G.1의 평가방법으로 평가를 수행한다.

G.2에서는 채택되지 않은 아키텍처 전략 혹은 대안 아키텍처를 제시하고, 이를 평가하여 채택된 설계의 타당성에 대한 심도 있는 논의를 한다. 대안 아키텍처는 논리뷰를 사용하여 제시한다.

H) 이 절에서는 A절-G절에서 논의되지 못한 사항들을 논의한다.

그림 1-1의 아키텍처 설계 문서 템플릿은 제 II부에서 제시한 12개의 아키텍처 설계 원리를 반영할 수 있도록 고안되었다. 그림 1-2는 12개의 원리가 템플릿의 항들에 어떻게 반영되는지를 보여준다. ADP4는 E의 모든 부분

아키텍처 설계 원리	아키텍처 문서의 적용 절
ADP 1. 아키텍처 드라이버	B.2 B.3
ADP 2. 품질속성, 검증가능성, 품질속성시나리오	B.2
ADP 3. 아키텍처 설계문제 분석	C
ADP 4. 컴포넌트, 커넥터, 인터페이스	E 전체에 걸쳐 나타남
ADP 5. 아키텍처 스타일	D.1
ADP 6. 소프트웨어 아키텍처 관점체계	D.2
ADP 7. 설계의 일반원리	D.3 E 전체에 걸쳐 나타날 수 있음
ADP 8. 아키텍처 설계 절차	D.3 E 전체에 걸쳐 나타남
ADP 9. 아키텍처 패턴	E 전체에 걸쳐 나타날 수 있음
ADP 10. 품질속성 설계전략	E 전체에 걸쳐 나타날 수 있음
ADP 11. 아키텍처의 분석	F.3
ADP 12. 아키텍처의 평가	G

그림 1-2. 아키텍처 설계 원리와 아키텍처 문서 목차의 맵핑

에 걸쳐서 나타나기 때문에, 따로 나오는 곳을 명시하지 않는다. 기타의 원리들 ADP7, ADP9, ADP10은 그 원리들이 사용되는 곳에 태그를 붙여서, 어떤 상황에서 어떤 아키텍처 결정이 내려졌는지 명확히 드러나도록 한다. 나머지 원리들은 템플릿의 형식에 의하여 위의 표가 보여주는 바와 같이 자명하다.

2장 소프트웨어 아키텍처의 표현

"천지자연의 소리가 있으면 반드시 천지자연의 글이 있다."[137]

- 정인지 (훈민정음 해례본 서문[138])

제 1장에서 아키텍처 설계문서의 작성방법에 대하여 논의하였다. 설계문서 작성에 필요한 다양한 표 형식의 템플릿들은 이 책의 제 II부에서 아키텍처 설계 원리를 설명하는 가운데 소개 되었다. 개발에 필요한 중요한 결정들 가운데, 아키텍처 기술의 핵심으로 볼 수 있는 것이 아키텍처 다이어그램이다. 그러면 아키텍처 다이어그램을 어떻게 표현할 것인가? 특히 다양한 뷰가 존재하는 가운데 이들을 표현할 수 있는 적절한 표현언어는 무엇인가?

이 책에서 추천하는 아키텍처 기술 언어는 UML 기반의 언어이다. 그 이유는 UML은 산업계 표준이기 때문에 많은 사람들이 UML에 익숙하여 소통에 용이한 장점이 있고, 특히 UML2.0에 와서는 아키텍처 표현을 위한 많은 피처들을 갖추어 아키텍처 표현에 적절한 언어로 발전하였기 때문이다.

이 장에서는 우리가 원리에서 논의한 요소와 개념들을 표현하는데 적절한 UML2.0의 요소, 다이어그램을 정의하여 아키텍처를 표현할 수 있도록 하고자 한다. 이를 위하여 특히 [Hofmeister 00]의 표기법을 많이 참고하였다.

각 뷰에 해당하는 표현 언어를 표로 제시하면서, (1) 필수적인 요소와 보조적인 요소들을 구별하였다; (2) 각 뷰 단위로 예시를 두어, 제안내용을 쉽

137. "有天地自然之聲則必有天地自然之文"(For any sound that there is, there must be a way to write it.)

138. 1446년

게 이해할 수 있도록 하였다; (3) 추적성은 뷰와 독립적으로 표현하였다.

제 2.1절에서는 아키텍처의 각 뷰에 공통적으로 적용되는 근본적인 관계인 '연결'과 '포함'에 대하여 먼저 설명하고, 이어 제 II부 6장에서 제시한 여덟 개의 관점을 기술한 표기법을 사용 시나리오 관점, 개념적 관점, 논리적 관점, 모듈 관점, 실행 관점, 코드 관점, 배치 관점의 순서로 소개하고, 마지막으로 요구사항으로부터의 추적성과 아키텍처 뷰들 간의 추적성을 기술하는데 사용할 템플릿을 제시한다.

2.1 아키텍처 뷰에서의 컴포넌트와 커넥터의 연결

뷰 그림은 뷰의 요소(즉, 컴포넌트, 커넥터)들을 연결한 그림이다. 각 아키텍처 뷰를 위한 컴포넌트와 커넥터의 유형이 정의되면 유형에 관계없이 하나의 뷰에 사용되는 컴포넌트와 커넥터들은 서로 교차하여 연결된다. 즉, 컴포넌트와 커넥터는 연결 대상이지만, 컴포넌트끼리 혹은 커넥터끼리는 연결 대상이 아니다.

또한 커넥터를 명시적으로 사용하여 컴포넌트들 간의 연결을 표현하지 않는 경우에도, 예를 들어 그림 2-3이나 그림 2-7과 같이 요소의 네스팅(nesting)을 이용하여 연결을 표현할 수도 있다.

하나의 뷰 그림에 두 개 이상의 서로 다른 커넥터가 동시에 존재할 수도 있고, 하나의 뷰 그림에 한 종류의 커넥터만이 나오는 단순한 뷰 그림만을 사용할 수도 있다. 그림 2-11의 경우는 실행요소들 간의 통신경로를 나타내는 커넥터와 노드와 노드에 배치된 실행요소들간의 포함관계를 나타내는 커넥터의 두 종류의 커넥터가 존재한다. 그리고 뷰 그림에서 전자는 명시적으로 후자는 네스팅으로 표현되었다.

네스팅을 이용한 연결방법은 계층적인 표현을 가능하게 하여주고, 계층적인 설계는 아키텍처 설계에 필수적인 사항이기 때문에, 그림 2-10과 같이 명시적인 포함커넥터를 사용하는 대신 많은 뷰들이 네스팅을 사용한다.

2.2 시나리오뷰

시나리오는 텍스트 형태 혹은 순차도나 커뮤니케이션 다이어그램의 도형적 표현으로 나타낼 수 있다.

예제)

텍스트 기술

"엘리베이터가 그 전의 요청을 처리하는 중에 Elevator Button Request 이벤트가 도착할 수 있기 때문에, ElevatorManager 객체가 요청 이벤트을 다루는 책임을 가진다."

도형적 표현

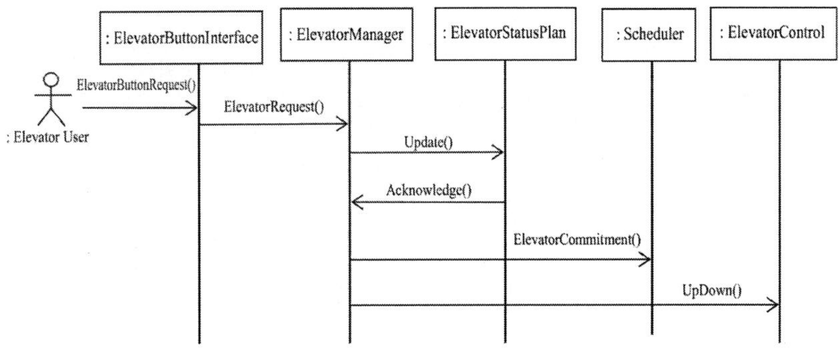

그림 2-1. 순차도로 표현된 시나리오

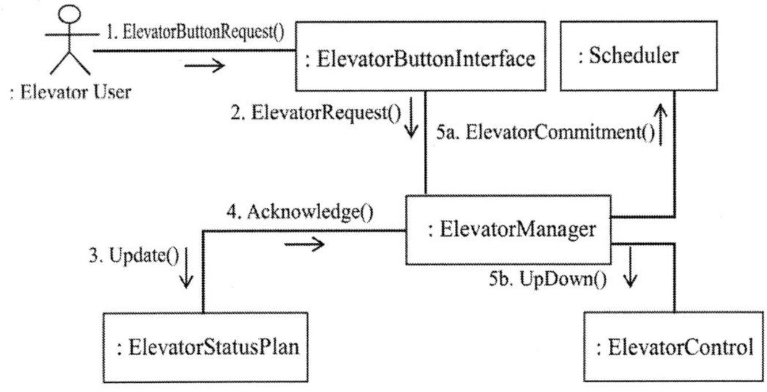

그림 2-2. 커뮤니케이션 다이어그램으로 표현된 시나리오

2.3 개념뷰

개념뷰는 (1) 고객과 소통이 용이하고, (2) 기능 컴포넌트를 식별하고, (3) 그것들의 그룹핑 및 계층화가 주 표현 대상이고, 필요에 따라 (4) 이들간의 데이터의 흐름을 표시해야 하기 때문에 다음과 같은 기호를 사용할 수 있다.

요소	기호	설명
컴포넌트(기능)	Name	컴포넌트는 다시 다른 컴포넌트들로 구성될 수 있으나, 서브시스템이나 계층을 포함할 수 없다.
컴포넌트(서브시스템)	Subsystem Name	서브시스템은 큰 단위의 기능을 나타낸다.
컴포넌트(계층)	Layer Name	계층끼리는 위아래로 배치하여 위의 계층이 아래 계층의 서비스를 사용함을 표현한다.
데이터 흐름	—— ——▶	데이터의 방향을 표현하고자 할 때는 화살표를 사용한다.

예제)

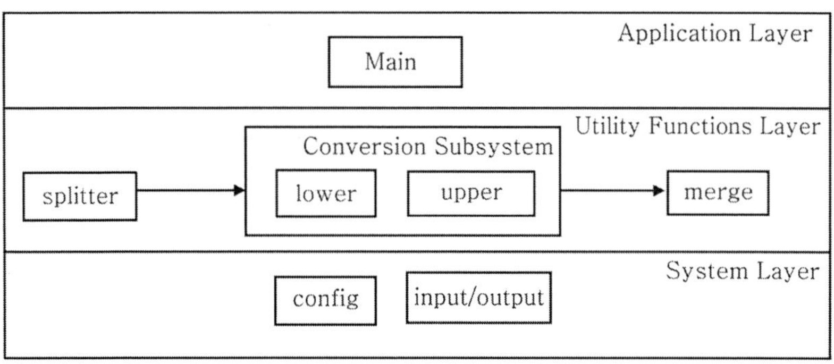

그림 2-3. 개념뷰 예제

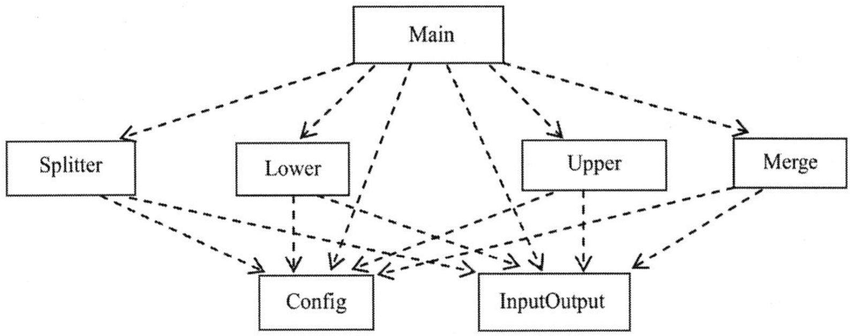

그림 2-4. 사용관계 모듈뷰 예제

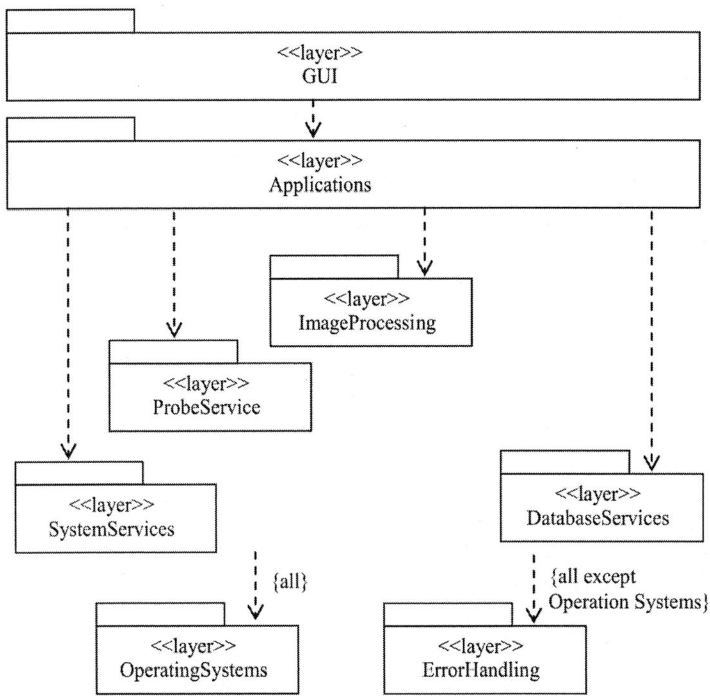

그림 2-5. 계층화된 사용관계 모듈뷰 ([Hofmeister 00]Figure 5.11)

2.4 논리뷰

요소	기호	설명
컴포넌트	<<component>>	
커넥션 컴포넌트	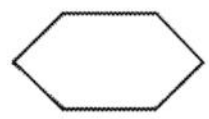	
컴포넌트 (데이터)		
커넥터	— ↔ →	데이터 혹은 시그널의 방향을 표현하고자 할 때는 화살표의 방향을 표시한다.
포트	□	UML2.0과 마찬가지로 롤(role)과 포트를 구별하지 않는다. 그림의 단순화가 필요한 경우 생략 가능하다.

예제)

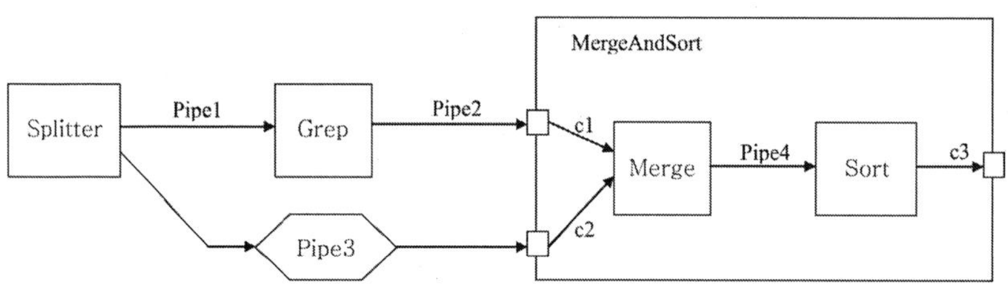

그림 2-6. 논리뷰 예제 (제 II부 그림 4-5와 동일)

2.5 모듈뷰

요소	기호	설명
컴포넌트(모듈)	<<module>>	
컴포넌트(인터페이스)	○ 혹은 <<interface>>	
컴포넌트(서브시스템)	<<subsystem>>	
컴포넌트(계층)	<<layer>>	
커넥터(사용관계)	--->	모듈간의 사용관계
커넥터(포함관계)	네스팅(혹은 ——◆)	모듈간의 포함관계
커넥터(인터페이스 제공)	——○	
커넥터(인터페이스 요구)	——(	

예제)

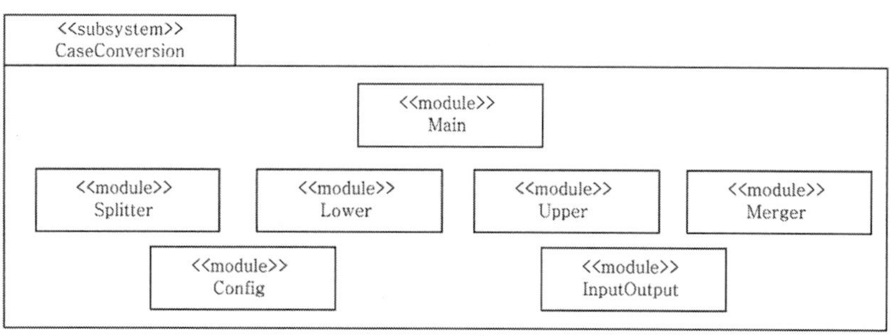

그림 2-7. 네스팅으로 표현된 포함관계 모듈뷰 예제

2.6 실행뷰

요소	기호	설명
컴포넌트(프로세스)	<<process>>	
컴포넌트(쓰레드)	<<thread>>	
컴포넌트(데이터)	<<data>> 혹은	
커넥터	《커넥터 유형》	

예제)

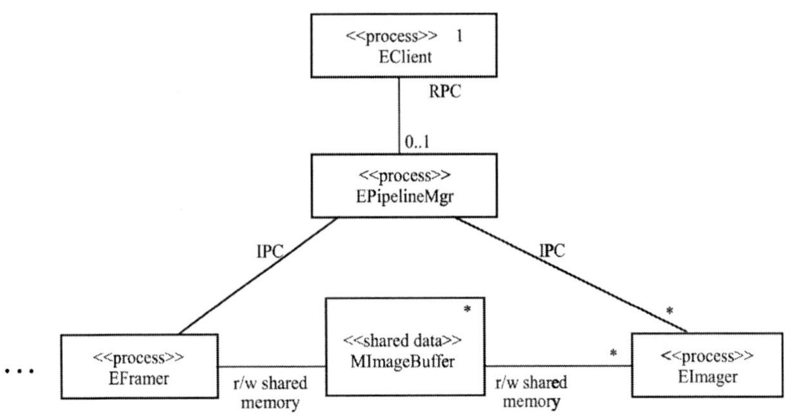

그림 2-8. 실행뷰 예제 ([Hofmeister 00]Figure 6.13의 일부)

2.7 코드뷰

요소	기호	설명
컴포넌트(소스)	<<source>>	
컴포넌트(바이너리)	<<binary>>	
컴포넌트(라이브러리)	<<library>>	
컴포넌트(실행파일)	<<executable>>	
컴포넌트(구성파일)	<<configuration description>>	
컴포넌트(코드그룹)	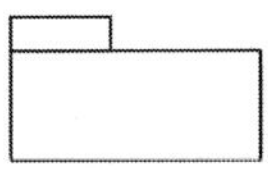	
커넥터(사용관계)	import - - - ->	코드요소 간의 가져오기(import) 관계
커넥터(포함관계)	네스팅(혹은 ——◆)	코드요소 간의 포함관계

예제)

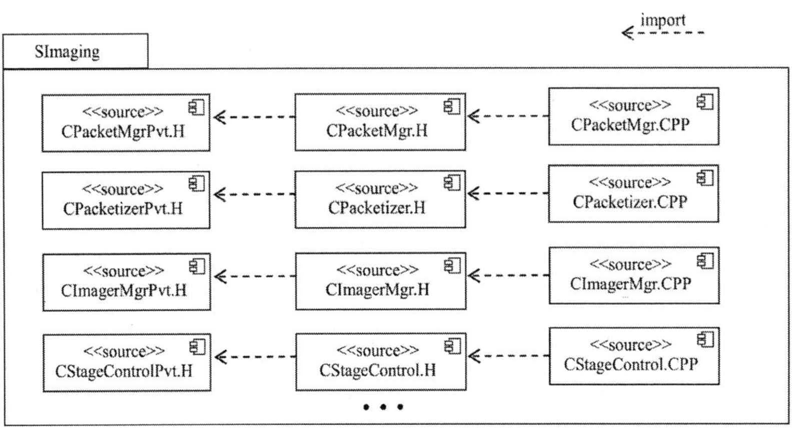

그림 2-9. 사용관계 코드뷰 예제 ([Hofmeister 00]Figure 7.5의 일부)

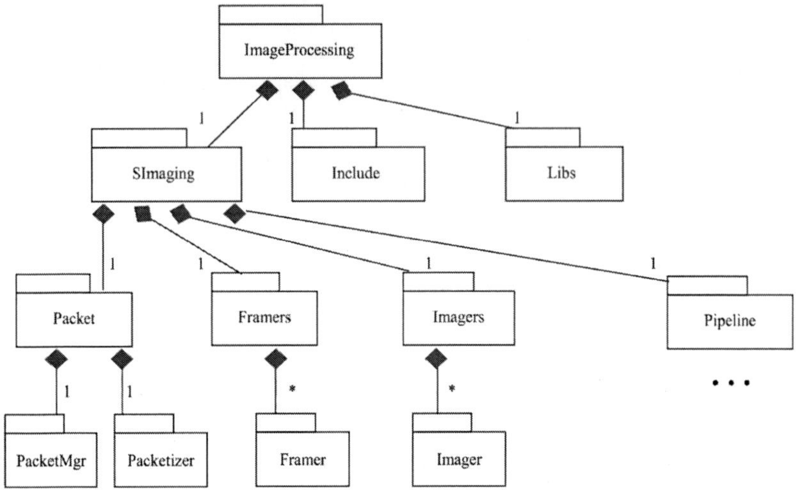

그림 2-10. 포함관계 코드뷰 예제 ([Hofmeister 00] Figure 7.7 의 일부)

2.8 실행요소 배치뷰

실행요소 배치뷰는 실행뷰와 같이 다음 기호를 사용한다.

요소	기호	설명
컴포넌트(노드)	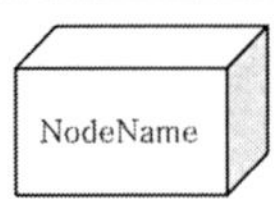	
커넥터	<<커넥터 유형>>	

예제)

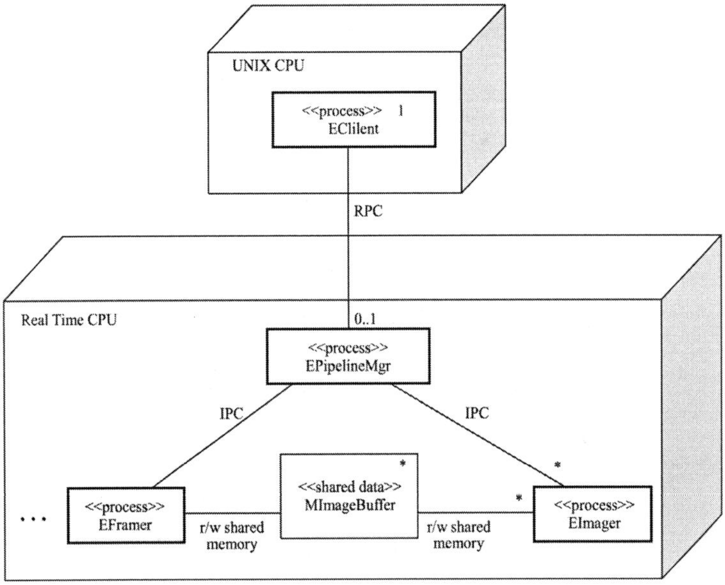

그림 2-11. 제 2.4절 예제의 실행요소들의 배치를 보여주는 뷰

2.9 코드 배치뷰

코드 배치뷰는 코드뷰와 더불어 다음 기호를 사용한다.

요소	기호	설명
컴포넌트(노드)	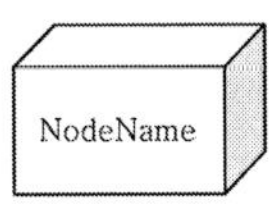	
커넥터	《커넥터 유형》	

예제)

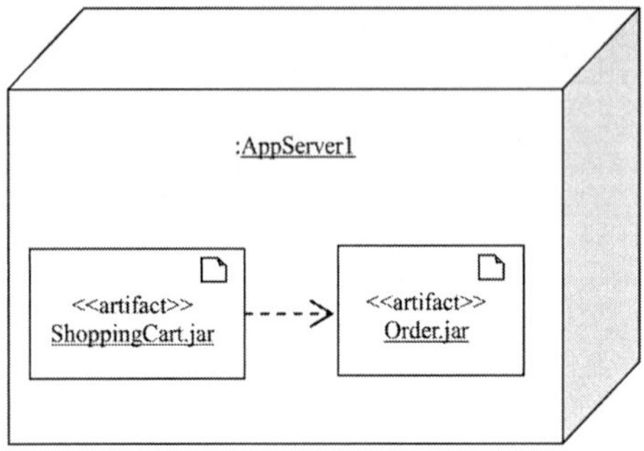

그림 2-12. 코드의 배치를 보여주는 뷰([UML2.4.1 11] Figure 10.8)

2.10 추적성

추적성 표현은 일반적으로 소스요소(source element)와 타겟요소(target element)가 다대다 관계이므로 다음과 같이 표로 표현한다.

추적성의 유형	
소스요소	타겟요소
req1	de1
req1	de2
req2	de2
…	…

그림 2-13. 추적성 기술 템플릿

이 책에서 다루는 두 가지 추적성 유형은 (1) 요구사항으로부터 아키텍처로의 추적성과, (2) 아키텍처 뷰들 간의 추적성이다. 이 책에서는 (1)의 유형으로 요구사항으로부터 개념뷰로의 추적성을 정의하고, (2)의 유형으로 "개념뷰 - 논리뷰 -모듈뷰 - 실행뷰 - 실행요소 배치뷰 - 코드뷰 - 코드 배치뷰"의 추적성을 정의함으로써 아키텍처 뷰들 간 추적성의 정의를 완결한다.

2.11 동적 행위

시스템이나 컴포넌트의 동작이 복잡할 경우, 그 행위를 정확히 정의하는 것이 필요하다. 이를 위하여 UML의 활동도(activity diagram)나 상태차트를 사용할 수 있다.

예제)

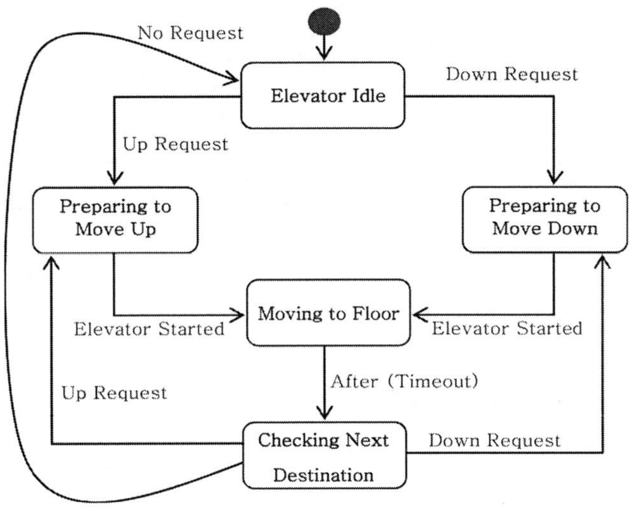

그림 2-14. 상태차트의 예([Gomaa 00] Fig.18.12)

2.12 인터페이스

단방향 인터페이스[139]의 정의는 그림 2-15와 같이 표현할 수 있다:

<table>
<tr><th colspan="3">(제공) 인터페이스 이름</th></tr>
<tr><td colspan="2">소개</td><td>인터페이스의 용도와 특징을 설명</td></tr>
<tr><td colspan="2">요구 인터페이스</td><td>이 인터페이스를 제공하기 위하여 필요로 하는 인터페이스들과 필요로 하는 메소드들</td></tr>
<tr><th colspan="3">제공 메소드 리스트</th></tr>
<tr><td colspan="3">…</td></tr>
<tr><td colspan="2">메소드 이름</td><td>메소드의 이름을 기술</td></tr>
<tr><td></td><td>소개</td><td>메소드의 기능을 설명</td></tr>
<tr><td></td><td>시그너처(signature)</td><td>파라미터들 각각의 이름과 유형을 기술</td></tr>
<tr><td></td><td>파라미터</td><td>각 파라미터의 정의를 기술</td></tr>
<tr><td></td><td>사전조건(precondition)</td><td>메소드가 호출되기 전에 충족되어야 하는 조건을 명시</td></tr>
<tr><td></td><td>사후조건(postcondition)</td><td>메소드가 호출된 후에 충족되는 조건을 명시. 결과값이 반환(return)될 때에는 결과값을 명시</td></tr>
<tr><td></td><td>예외처리</td><td>사전조건이 충족되지 않은 상태에서 호출될 때 메소드가 발생시키는 예외처리들을 기술</td></tr>
<tr><td colspan="3">…</td></tr>
<tr><th colspan="3">인터페이스 프로토콜</th></tr>
<tr><td colspan="3">…</td></tr>
</table>

그림 2-15. 인터페이스 기술 템플릿

인터페이스 프로토콜은 그림 2-1과 같은 순차도 또는 그림 2-14와 같은 상태차트를 사용하여 기술한다. 다방향 인터페이스의 정의의 경우 각 방향의 인터페이스에 대하여 단방향 인터페이스의 정의를 하고, 이들의 연결된 행위를 추가적인 인터페이스 프로토콜로 정의한다.

---

139. 제 II부 4장 4.3절 참조.

관련연구

소프트웨어 아키텍처를 정형화된 형식으로 표현 함으로써 설계와 분석 그리고 진화에 도움을 주고자 많은 ADL 들이 만들어졌다. 대표적인 구조기술 언어로 Wright [Allen 94], Unicon [Shaw 95], C2 [Medvidovic 96], Rapide [Luckham 98], ACME [Garlan 00]등이 있다. Wright는 병렬시스템(concurrent system)의 행위 모델링과 분석에 초점을 둔 언어이고, Unicon는 공통 인터액션 프로토콜(Common Interaction Protocol)들을 써서 이미 존재하고 있는 컴포넌트 간에 동작이 원활하도록 만드는 접착 코드를 생성하는데 초점을 두고 있다. C2는 분산 지향적 실시간 시스템의 구조를 표현하는데 초점을 두고 있다. ACME는 이런 ADL들이 가지고 있는 공통점에 기반하여 서로 다른 ADL간에 정보교환을 가능하게 하는 아키텍처 기술 교환 언어(Architecture Description Interchange Language)이다.

아키텍처 표현을 위한 많은 ADL들이 연구되었음에도 불구하고, 실제 소프트웨어 개발에는 UML을 이용한 아키텍처 표현이 많이 사용되어 왔다.

3장 아키텍처 설계 문서화 사례[140]

"좋은 사례가 주는 성가심보다 더 참기 힘든 것은 없다"[141]

- Mark Twain

이 장에서는 도서관 관리 시스템(LMS: Library Management System) 아키텍처 설계 사례를 소개한다. 작은 설계 사례를 통하여 이 책에서 소개한 기본적인 원리의 적용을 볼 수 있고 또한 그림 1-1의 아키텍처 설계 문서 목차를 따르는 문서화의 사례를 보인다.

A. 시스템 개요

LMS는 도서관이 소장하고 있는 책을 관리하는 시스템이다. LMS의 행위자는 세 종류가 있는데, 사용자(User)[142] 즉 고객(Customer), 직원(Staff) 그리고 이웃 도서관의 시스템(Neighbor Library System)이다. LMS는 사용자에게 도서관이 소장한 책에 대해서는 검색, 대출 및 반납 서비스를, 도서관이 소장하지 않은 책에 대해서는 도서관간 대출 서비스를 제공한다. 직원은 LMS를 사용해서 새 도서의 추가 및 기존 도서의 삭제를 할수 있다. LMS는 더 고급의 기능을 가질 수 있도록 점진적으로 진화할 수 있는 능력을 갖고 있어야 한다. 특히, LMS는 늘어나는 수의 사용자를 수용할 수 있도록 높은 규모확장성을 가져야한다. LMS는 최초에는 100명의 사용자를 지원한다.

아래 다이어그램은 LMS 시스템의 문맥과 Use Case들을 보여준다.

140. 이 설계문서는 정필수 박사, 안종선씨와의 공동작업으로 만들어졌다.

141. "Few things are harder to put up with than the annoyance of a good example."

142. 넓은 의미에서 LMS 시스템의 사용자는 Staff과 Neighbor Library System을 포함하지만, Customer가 LMS 시스템 사용자의 대부분을 구성하기 때문에 우리는 이 문서에서 "Customer"와 "User"를 상호교환적으로 사용한다.

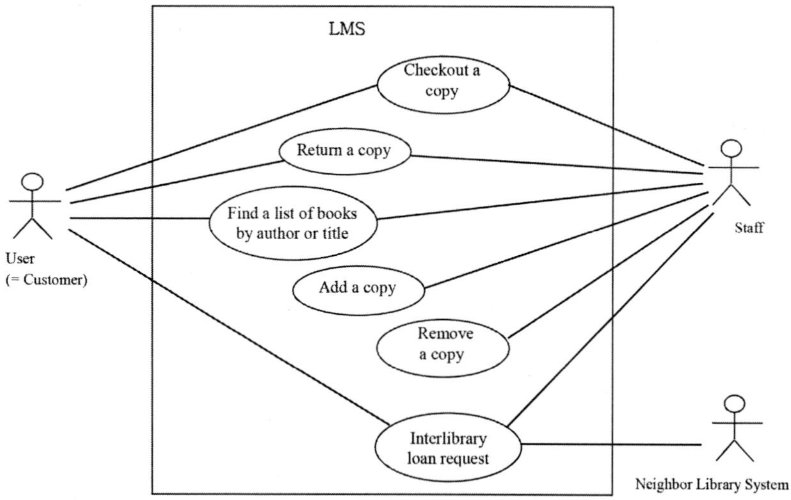

B. 시스템 요구사항

B.1 기능요구사항

LMS의 사용 시나리오:

ID	UC01
이름	Checkout a copy
행위자	User, Staff
설명	고객의 도서 대출을 처리한다.
선행조건	해당 도서가 도서관에 있다.
절차	1. 도서 ID, 도서명, 고객명, 날짜를 입력 받는다. 2. 해당 도서의 대출요청을 처리한다.

ID	UC02
이름	Return a copy
행위자	User, Staff
설명	고객의 도서 반납을 처리한다.
선행조건	해당 도서가 대출된 상태이다.
절차	1. 도서 ID를 입력 받는다. 2. 해당 도서의 반납요청을 처리한다.

ID	UC03
이름	Find a list of books by author or title
행위자	User, Staff
설명	저자 혹은 제목으로 도서를 검색한다.
선행조건	N/A
절차	1. 저자 혹은 제목을 입력 받는다. 2. 해당 도서목록을 출력한다

ID	UC04
이름	Add a copy
행위자	Staff
설명	도서를 등록한다.
선행조건	해당 도서가 등록되어 있지 않다.
절차	1. 도서 ID, 도서명, 출판사, 저자를 입력 받는다. 2. 해당 도서를 등록한다.

ID	UC05
이름	Remove a copy
행위자	Staff
설명	도서를 삭제한다.
선행조건	해당 도서가 등록되어 있다.
절차	1. 도서 ID를 입력 받는다. 2. 해당 도서 정보를 삭제한다.

ID	UC06
이름	Request an interlibrary loan
행위자	User, Staff, Neighbor Library System
설명	도서관간 대출서비스를 통해 도서를 요청한다.
선행조건	도서가 도서관에 없다.
절차	1. 도서의 제목과 저자명을 입력한다. 2. 도서의 이 정보가 이웃도서관의 시스템으로 전달된다. 3. 요청된 도서의 가용성이 반환된다.

B.2 품질요구사항

품질속성 트리를 사용한 LMS의 품질요구사항 기술

품질속성	품질속성 상세화	품질속성 시나리오	우선순위	
			중요성	개발 난이도
QA1. 사용용이성	인터페이스 적응	QAS1-1. 처음으로 시스템을 사용하는 직원도 30분 이내에 모든 기능을 수행할 수 있다. 처음 사용하는 고객은 바로 사용 가능해야 한다.	M	M
QA2. 성능	응답속도	QAS2-1. 최대 부하*가 걸린 상태에서 사용자의 요청에 0.1초 내에 응답을 완료한다.	M	M
	수용량	QAS2-2. 최대 부하*가 걸린 상태에서 초당 100개의 요청에 대한 응답을 완료한다.	H	H
	처리량	QAS2-3. 100명의 사용자를 지원할 수 있어야 한다.	H	L
QA3. 확장용이성	규모확장성 (scalability)	QAS3-1. 1년 후, 200명의 사용자를 지원할 수 있어야 한다.	H	H
	확장개발성 (extendibility)	QAS3-2. 새로운 기능 추가 시, 5개 이내의 모듈만 영향을 받는다.	H	M

QA: Quality Attribute, QAS: Quality Attribute Scenario

* 100명의 사용자가 접속했을 때 H: High, M: Medium, L: Low

B.3 제약사항

ID	제약사항
CR1	Java ORB 미들웨어를 사용한다.
CR2	오픈 소스 데이터베이스를 사용한다.
CR3	시스템은 x86기반의 리눅스(커널 3.5.x)서버에서 운용된다.

CR: Constraint Requirement

C. 아키텍처 설계문제 분석

C.1 선정된 아키텍처 드라이버

아키텍처 드라이버	요구사항	선정이유
AD1	CR1	시스템에 직접 관련된 제약사항
AD2	CR2	시스템에 직접 관련된 제약사항
AD3	QAS2-2	우선순위(H, H)
AD4	QAS3-1	우선순위(H, H)
AD5	QAS3-2	우선순위(H, M)

AD: Architecture Driver

Note) 아키텍처 드라이버들의 우선순위는 결정되지 않았다.

C.2 아키텍처 설계문제 분석표

아키텍처 설계문제	요구사항 (아키텍처 드라이버)	아키텍처 (설계) 전략	이유 (이득/비용/위험요인/ 불확실성 포함)	관련사항 (관련전략/ 파급효과/ 완화전략)
Issue 1. 제약 사항의 구현	AD1, AD2, CR1, CR2, FT3.1	AS01. 서버와 클라이언트를 연결하기 위해 Java ORB 미들웨어를 사용한다.	CR1	
		AS02. MySQL 오픈소스 데이터 베이스를 사용한다.	- MySQL은 CR3이 요구하는 리눅스 환경에 최적화되어 있다. - CR2	
Issue 2. 사용자 증가에 대비	AD4, FO2.1	AS11. 클라이언트-서버 아키텍처 스타일을 적용한다.	기존 시스템에 대한 변경 없이 향후 사용자 수 증가에 대비할 수 있다.	
		AS12. 서버에 대한 부하를 최소화 하기 위하여 멀티쓰레딩(Multi-threading)을 사용한다.	서버 측의 부하를 최소화 하여, 더 많은 사용자를 지원할 수 있다.	
Issue 3. 향후 계속적인 기능 확장	AD5	AS21. 시스템을 계층화 한다.	각각의 컴포넌트가 독립성을 갖도록 하여 한 컴포넌트의 변경이 다른 컴포넌트에 영향을 주지 않도록 한다.	
		AS22. 각 모듈을 캡슐화하고 메소드들은 기능별로 묶는다.	코드 변경시 수정이 용이하다.	
Issue 4. 성능	AD3, AD4, FO2.1	AS31. 높은 성능을 위하여 멀티쓰레딩을 사용한다.	멀티쓰레딩을 사용하여 오버헤드를 최소화한다. 따리서 요청된 작업들이 더 빨리 처리될 수 있다.	

AS: Architecture Strategy

아키텍처 설계 환경요인들

대분류	소분류	이름	설명	변경가능성	파급효과
조직	직원기술	FO2.1	멀티쓰레딩 프로그래밍이 가능한 개발자가 있다.	없음	
기술	소프트웨어 기술	FT3.1	MySQL은 리눅스 환경에 최적화되어 있다.	없음	

FO: Organizational Factor, FT: Technological Factor

D. 아키텍처 설계 절차

D.1 아키텍처 스타일

시스템은 여러 명의 고객 혹은 직원이 서버에 DB의 도서정보에 대한 검색, 추가, 삭제, 수정을 요청하면 이에 대해서 응답하는 방식으로 동작하여야 한다. 따라서 시스템은 요청을 처리하기 위하여 클라이언트의 역할을 하고 응답을 수행하기 위해 서버의 역할을 할 필요가 있다. 그러므로, Issue 1에 대응하기 적합한 아키텍처 (설계) 전략으로 요청/응답 커넥션을 사용하는 클라이언트-서버 아키텍처 스타일을 선정한다. (AS11. 클라이언트-서버 아키텍처 스타일을 적용한다.)

D.2 아키텍처 관점체계

제 II부의 참조 관점체계의 여덟 개의 뷰 중 개념뷰를 제외한 일곱 개의 뷰를 다음 순서로 도출한다:

(1) 시나리오뷰

(2) 논리뷰

(3) 모듈뷰

(4) 실행뷰

(5) 실행요소 배치뷰

(6) 코드뷰

(7) 코드 배치뷰

D.3 아키텍처 설계 절차의 정의

시스템의 규모가 작기 때문에 최상위와 차상위의 두 개 수준의 설계로 충분하다. 따라서 이 시스템의 최상위(Level-1) 설계와 차상위(Level-2) 설계를 다음의 순서로 진행한다:

(1) E.1절에서는 각 뷰에 대한 Level-1 설계를 수행

(2) E.2절에서는 각 뷰에 대한 Level-2 설계를 수행

E. 아키텍처 설계결과

E.1 Level - 1 설계

E.1.1 시나리오뷰

여기에서는 시스템의 여러 가지 사용 시나리오 중, 아키텍처 설계를 위하여 두 개의 대표적인 시나리오를 사용한다.

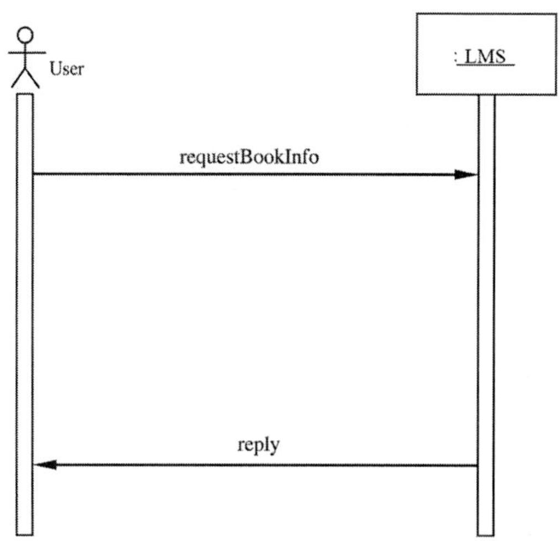

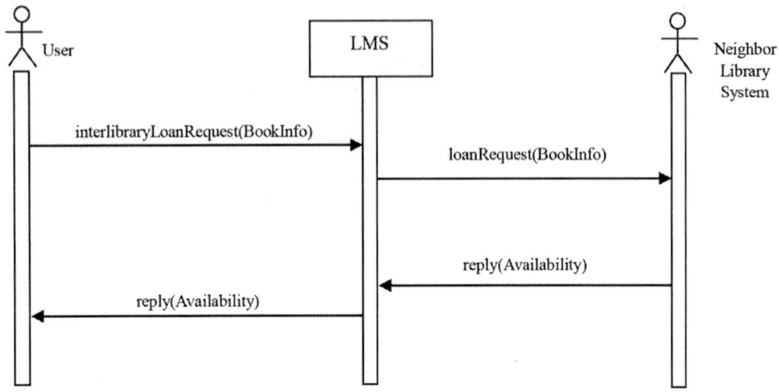

E.1.2 논리뷰

ADD01[143]: AS11. 클라이언트-서버 아키텍처 스타일을 적용한다.

ADD02: AS01. 서버와 클라이언트를 연결하기 위해 Java ORB 미들웨어를 사용한다.

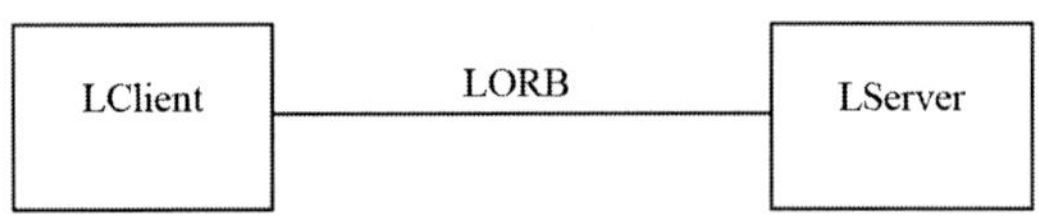

시나리오뷰에서 논리뷰로의 맵핑

이름	종류	논리뷰	
		이름	종류
LMS	개발 대상 시스템	LClient	컴포넌트
		LServer	컴포넌트
		LORB	커넥터

E.1.3 모듈뷰

ADD03: AS01. ORB 미들웨어를 통해서, 클라이언트는 서버의 인터페이스를 사용하여 원격으로 서버의 기능을 호출한다.

143. "ADD"는 id가 아키텍처 설계 결정(architecture design decision)에 관한 것임을 나타낸다.

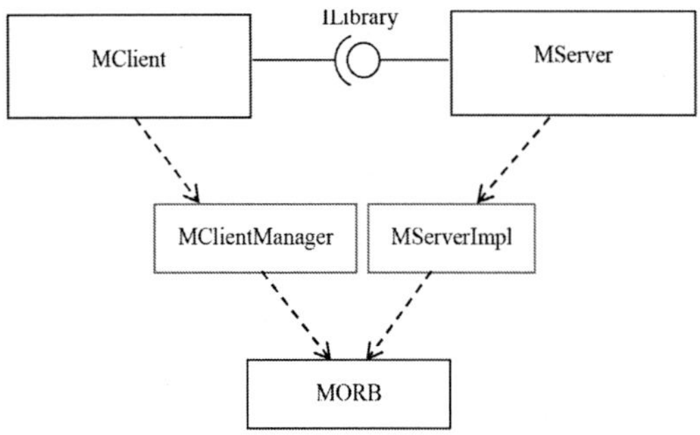

논리뷰에서 모듈뷰로의 맵핑

논리뷰		모듈뷰	
이름	종류	이름	종류
LClient	컴포넌트	MClient MClientManager	모듈
LServer	컴포넌트	MServer MServerImpl	모듈
		ILibrary	인터페이스
LORB	커넥터	MORB	모듈

ADD04: AS21. 시스템을 계층화한다.

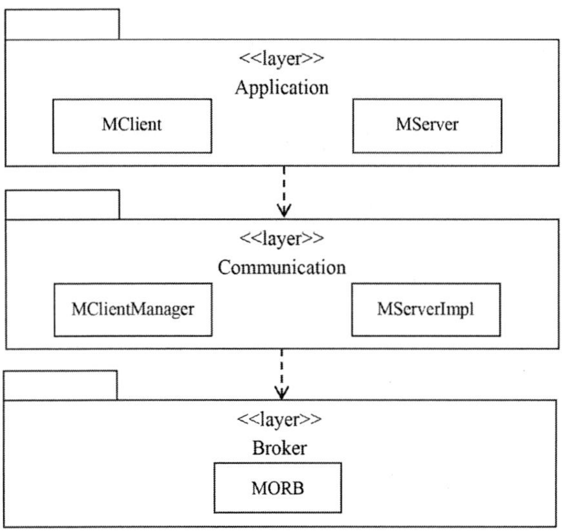

E.1.4 실행뷰

ADD05: 서버와 클라이언트 사이의 통신을 위해 Remote Procedure Call (RPC)를 사용한다.

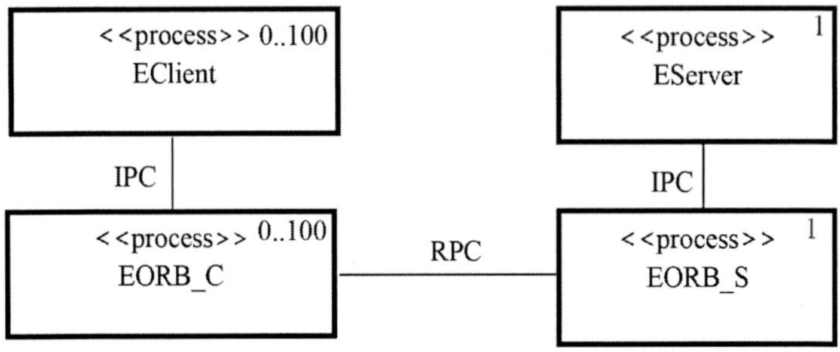

모듈뷰에서 실행뷰로의 맵핑

모듈뷰		실행뷰	
이름	종류	이름	종류
Client-side Subsystem			
MClient MClientManager	모듈	EClient	프로세스
MORB	모듈	EORB_C	프로세스
Server-side Subsystem			
MServer MServerImpl	모듈	EServer	프로세스
MORB	모듈	EORB_S	프로세스

E.1.5 실행요소 배치뷰

ADD06: 서버 프로세스는 실시간 OS 노드에 배치되고 클라이언트 프로세스들은 Linux OS 노드들에 배치된다.

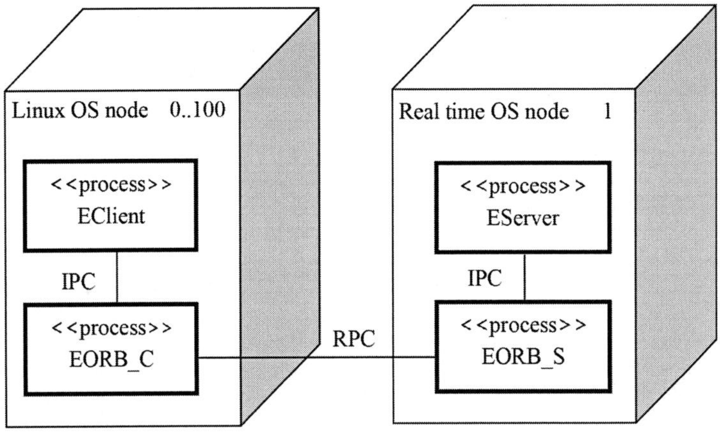

E.1.6 코드뷰

소스코드 코드뷰

ADD07: 서버와 클라이언트의 RPC 통신을 위해서 "OpenORB.jar"를 가져오기한다.

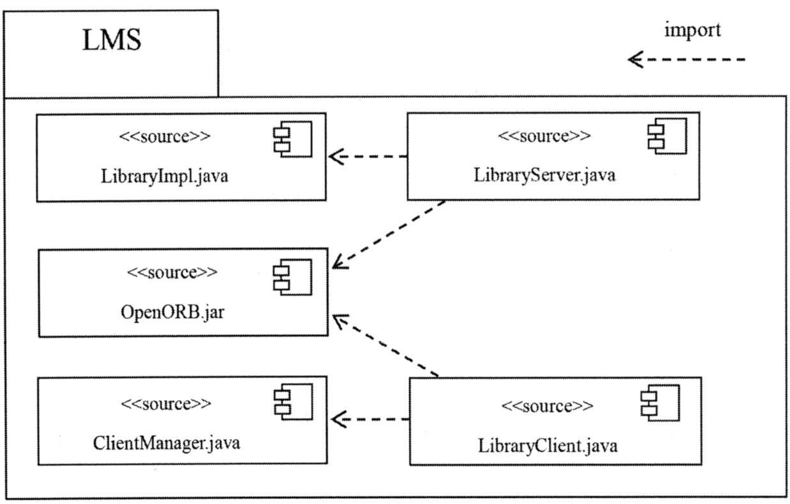

모듈뷰에서 소스코드 코드뷰로의 맵핑

모듈뷰		소스코드 코드뷰		설명
이름	종류	파일	디렉토리	
MClient	모듈	LibraryClient.java	Client-side Directory	
MClientManager	모듈	ClientManager.java		
ILibrary	인터페이스	Library.idl		
MORB	모듈	OpenORB.jar		
MServer	모듈	LibraryServer.java	Server-side Directory	
MServerImpl	모듈	LibraryImpl.java		
ILibrary	인터페이스	Library.idl		
MORB	모듈	OpenORB.jar		

Note) "OpenORB.jar"는 외부 라이브러리이며 다음 웹사이트에서 받을 수 있다:
http://eclipsecorba.sourceforge.net/

바이트코드 코드뷰

ADD08: 바이트코드가 소스코드로부터 자동 생성되기 때문에, 바이트코드 구조와 소스코드 구조는 동일하다.

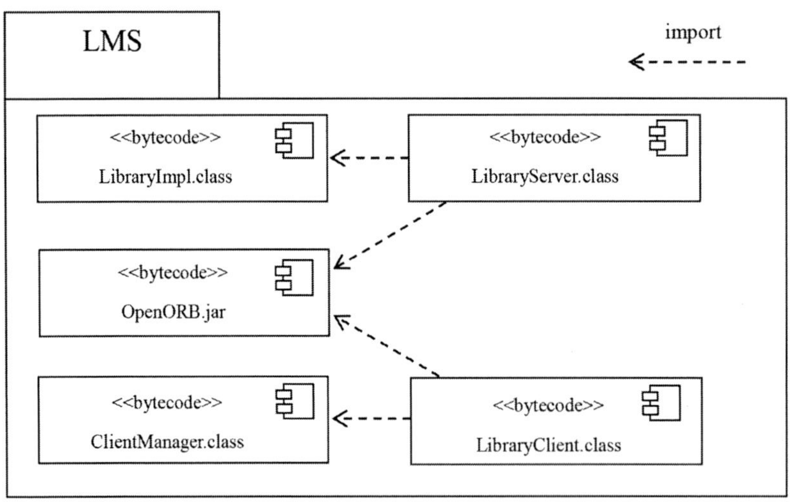

E.1.7 코드 배치뷰

ADD09: 서버의 부하를 줄이기 위해, 동시에 연결될 수 있는 사용자 수는 최대 100명으로 제한된다.

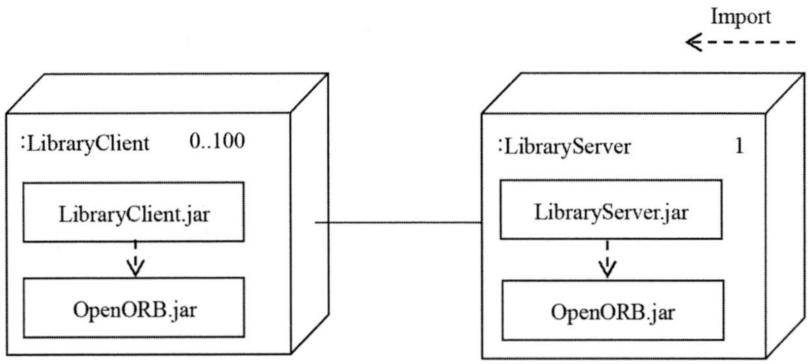

E.2 Level - 2 설계

E.2.1 시나리오뷰

Level-1 논리뷰 설계의 결과로, Level-1 시나리오뷰는 다음과 같이 상세화된다.

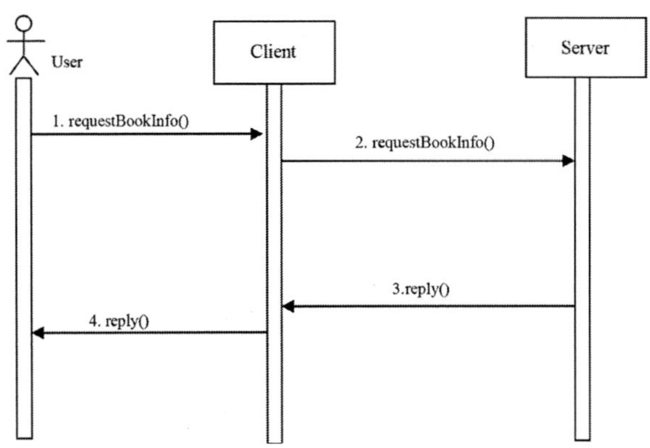

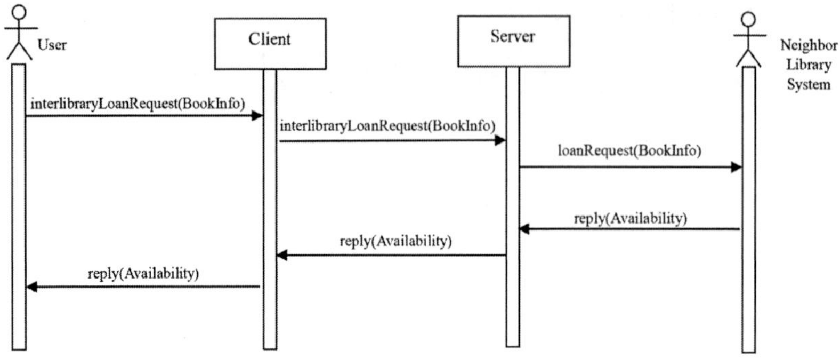

E.2.2 논리뷰

Level-1 논리뷰의 LClient과 LServer 컴포넌트가 각각 다음과 같이 분해된다.

ADD61[144]: AS61[145]. 서버와의 통신을 전담하는 기능을 분리된 컴포넌트에 둔다.

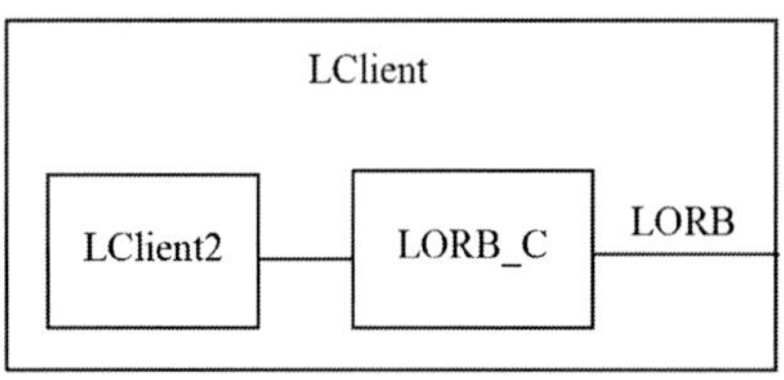

ADD62: AS62. 클라이언트와의 통신을 전담하는 기능을 분리된 컴포넌트에 둔다.

ADD63: AS02. 오픈소스 데이터베이스를 사용한다.

ADD64: AS64[146]. 이웃 도서관의 시스템과의 연결을 위한 게이트웨이 컴포넌트를 둔다.

---

144. Level-2 설계를 위한 아키텍처 설계 결정의 번호는 새로운 Level-1 설계 결정을 향후 추가할 수 있도록 의도적으로 "61"에서 시작한다.
145. Level-2 설계를 위한 아키텍처 전략의 번호는 새로운 Level-1 아키텍처 전략을 향후 추가할 수 있도록 의도적으로 "61"에서 시작한다.
146. 번호는 순차적으로 주지 않을 수 있다.

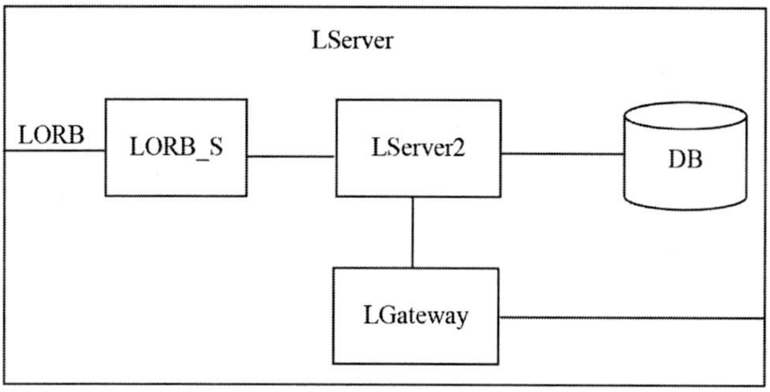

Level-2 논리뷰로의 상세화

Level-1 논리뷰		Level-2 논리뷰	
이름	종류	이름	종류
LClient	컴포넌트	LClient2	컴포넌트
		LORB_C	컴포넌트
LServer	컴포넌트	LServer2	컴포넌트
		LORB_S	컴포넌트
		LGateway	컴포넌트
		DB	컴포넌트

E.2.3 모듈뷰

ADD65: AS65. 논리뷰에서 데이터베이스 컴포넌트가 분리되었기 때문에, 그것을 구현하기 위한 데이터베이스 모듈은 하나의 독립된 계층으로 분리된다.

ADD66: AS66. 이웃 도서관 시스템과의 통신을 위해서 MLibp2p 모듈을 추가한다.

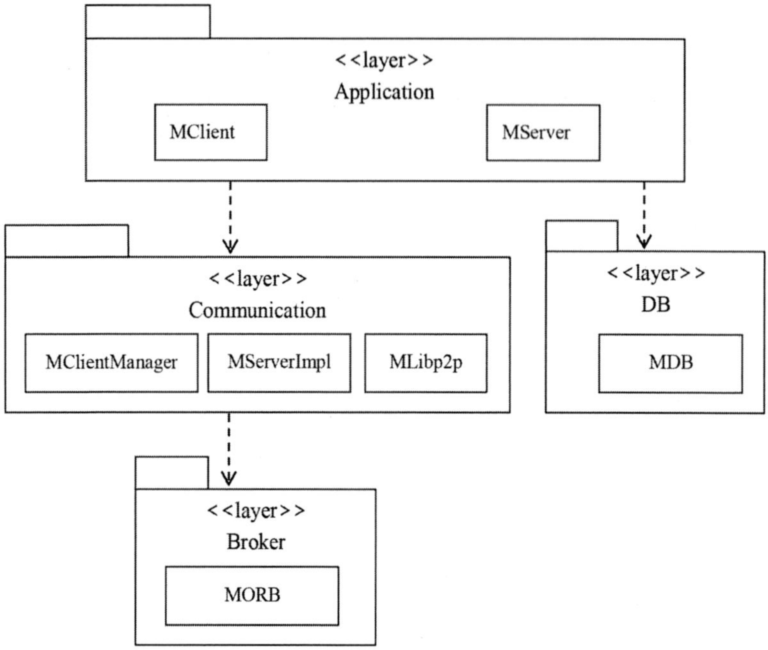

다음 다이어그램은 모듈들 사이의 관계를 상세히 보여준다.

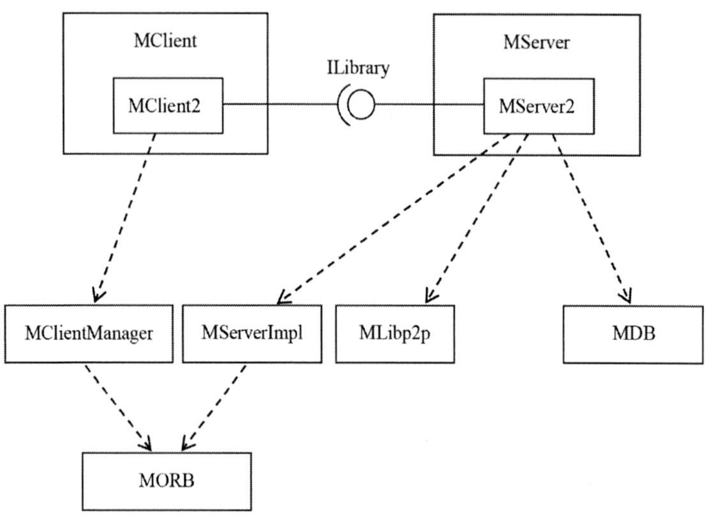

논리뷰에서 모듈뷰로의 맵핑

논리뷰		모듈뷰	
이름	종류	이름	종류
LClient	컴포넌트	MClient2 MClientManager	모듈
LServer	컴포넌트	MServer2 MServerImpl	모듈
LORB_C	컴포넌트	MORB	모듈
LORB_S	컴포넌트		모듈
LGateway	컴포넌트	MLibp2p	모듈
DB	컴포넌트	MDB	모듈
		ILibrary	인터페이스

인터페이스 기술

ADD67: AS22. 각 모듈은 캡슐화하고 메소드들을 기능별로 묶는다.

ILibrary 인터페이스		
소개		LMS시스템에 대한 기능을 제공한다.
경로		Library\library.idl
제공 메소드 리스트		
메소드 이름		checkoutCopy( )
	소개	도서를 대출한다.
	시그너처	in string id, in string userName, in string userId
	파라미터	id : 도서 ID, username : 사용자명, userId : 사용자 주민등록번호
	사전조건	현재 대출중인 도서가 아니어야 한다.
	사후조건	해당 사항 없음.
	예외처리	현재 다른 사용자에 의해 대출된 도서이면 대출을 허용하지 않는다.
메소드 이름		returnCopy( )
	소개	도서를 반납한다.
	시그너처	in string userId, in string bookId
	파라미터	userId : 사용자 주민등록번호, bookId : 도서 ID
	사전조건	userId를 가진 사용자가 bookId를 가진 도서를 현재 대출 중이다.

	사후조건	해당 사항 없음.
	예외처리	userId를 가진 사용자가 현재 bookId를 가진 도서를 현재 대출 중이지 않다면 반납이 불가능하다.
메소드 이름		findBooksByAuthor( )
	소개	저자를 검색어로 하여 일치하는 도서를 검색한다.
	시그너처	in string author, out short count
	파라미터	author : 도서의 저자, count : 검색된 도서의 개수
	사전조건	등록된 도서목록에 포함되어 있는 도서에 한해 검색된다.
	사후조건	해당 사항 없음.
	예외처리	등록되지 않은 도서는 출력하지 않는다.
메소드 이름		findBooksByTitle( )
	소개	도서제목을 검색어로 하여 일치하는 도서를 검색한다.
	시그너처	in string title, out short count
	파라미터	title : 도서제목, count : 검색된 도서의 개수
	사전조건	등록된 도서목록에 포함되어 있는 도서에 한해 검색된다.
	사후조건	해당 사항 없음.
	예외처리	등록되지 않은 도서는 출력하지 않는다.
메소드 이름		addCopy( )
	소개	도서를 리스트에 등록한다.
	시그너처	in string ISBN, in string title, in string id, in string author
	파라미터	ISBN : 도서의 ISBN, title : 도서제목, id : 도서 ID, author : 도서저자
	사전조건	같은 ID를 가진 도서가 등록되어 있지 않아야 한다.
	사후조건	해당 사항 없음.
	예외처리	ID가 같은 도서가 이미 등록되어 있을 경우, 등록이 불가능하다.
메소드 이름		removeCopy( )
	소개	도서를 리스트에서 삭제한다.
	시그너처	in string id
	파라미터	id : 도서 ID
	사전조건	리스트에 등록된 도서이어야 한다.
	사후조건	해당 사항 없음.
	예외처리	리스트에 등록되지 않은 도서는 삭제할 수 없다.

메소드 이름		requestInterlibraryLoan( )
	소개	이웃 도서관에 도서를 요청한다.
	시그너처	in string author, in string title
	파라미터	title : 책의 제목, author : 책의 저자
	사전조건	도서가 도서관에 없다.
	사후조건	N/A
	예외처리	등록되지 않은 도서는 출력하지 않는다.

E.2.4 실행뷰

ADD68: AS12, AS31. 멀티쓰레딩을 적용한다.

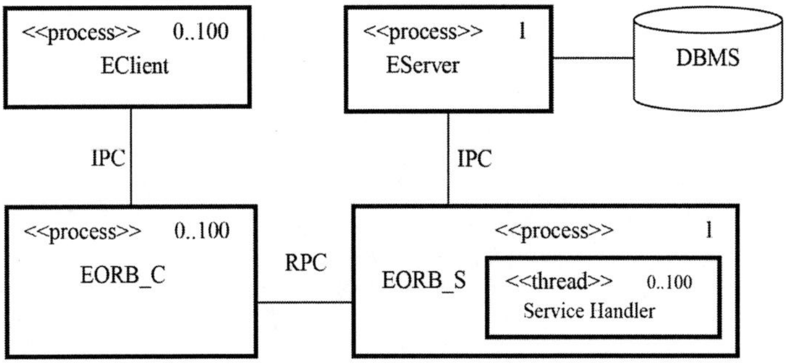

ORB 서버 프로세스, ORB 클라이언트 프로세스들과 Service Handler 쓰레드의 생성과 그들 간 연결의 수립.

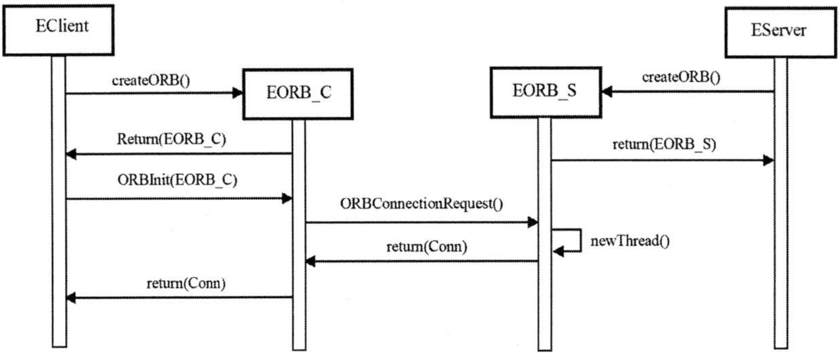

E.2.5 실행요소 배치뷰

ADD69: E.1.5절의 Level-1 실행요소 배치뷰를 따른다.

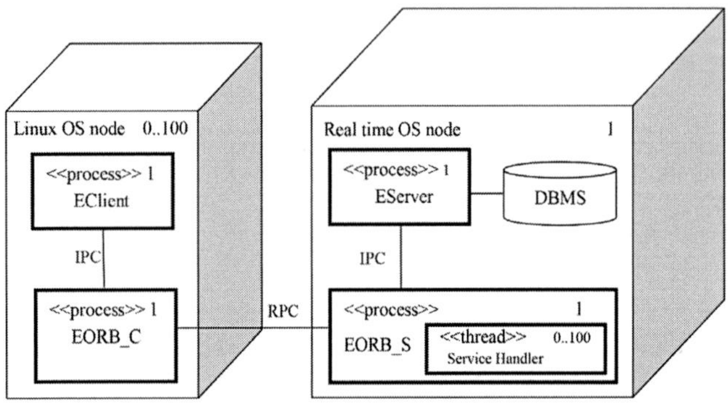

모듈뷰에서 실행뷰로의 맵핑

모듈뷰		실행뷰	
이름	종류	이름	종류
Client-side Subsystem			
MClient MClientManager	모듈	EClient	프로세스
Server-side Subsystem			
MServer MServerImpl MLibp2p	모듈	EServer	프로세스
Middleware Subsystem			
MORB	모듈	EORB_C EORB_S	프로세스
		Service Handler	쓰레드
DB	모듈	DBMS	프로세스
ILibrary	인터페이스		

E.2.6 코드뷰

소스코드 코드뷰

ADD70: AS02. MySQL.jar 오픈소스 모듈을 사용한다.

ADD71: Neighbor Library System과 통신하기 위하여, Libp2p.jar 모듈을 사용한다.

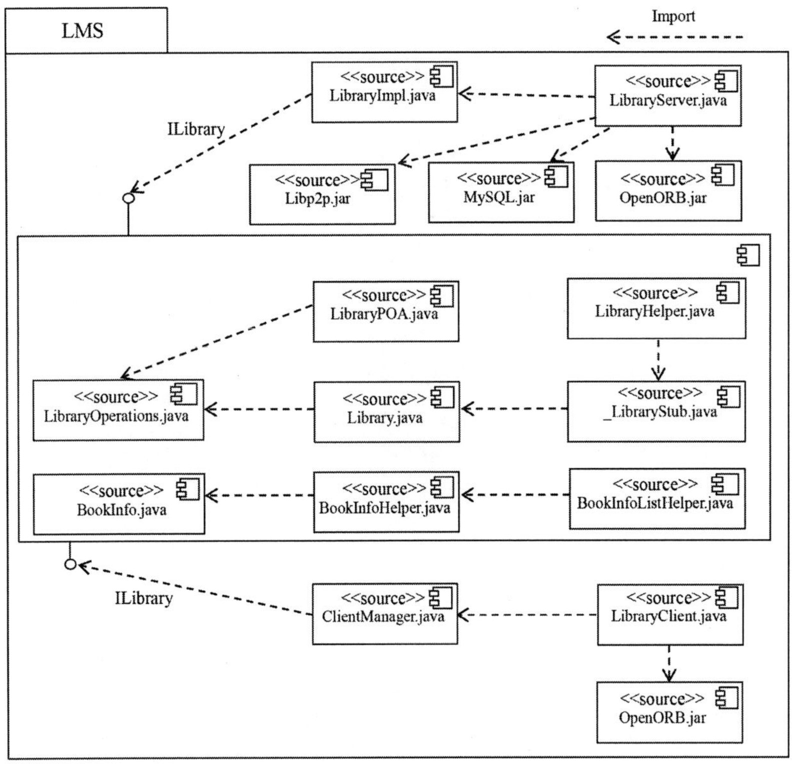

코드 조직도

ADD72: AS72. 유지보수가 용이하게 코드를 Client-side Directory와 Server-side Directory로 나눈다.

```
LMS Project
├─ Client-side Directory
│   ├─ LibraryClient.java
│   ├─ ClientManager.java
│   ├─ Library.idl
│   ├─ OpenORB.jar
│   └─ LibraryApp
│       ├─ Library.java
│       ├─ LibraryOperation.java
│       ├─ _LibraryStub.java
│       ├─ LibraryHelper.java
│       ├─ BookInfo.java
│       ├─ BookInfoHelper.java
│       └─ BookInfoListHelper.java
└─ Server-side Directory
    ├─ LibraryServer.java
    ├─ LibraryImpl.java
    ├─ Library.idl
    ├─ Libp2p.jar
    ├─ OpenORB.jar
    ├─ MySQL.jar
    └─ LibraryApp
        ├─ Library.java
        ├─ LibraryOperation.java
        ├─ _LibraryStub.java
        ├─ LibraryHelper.java
        ├─ BookInfo.java
        ├─ BookInfoHelper.java
        ├─ BookInfoListHelper.java
        └─ LibraryPOA.java
```

모듈뷰에서 소스코드 코드뷰로의 맵핑

실행뷰		소스코드 코드뷰		Remark
이름	종류	이름	종류	
MClient2	모듈	LibraryClient.java	파일	
MServer2	모듈	LibraryServer.java	파일	
MClientManager	모듈	ClientManager.java	파일	
MServerImpl	모듈	LibraryImpl.java	파일	
MLibp2p	모듈	Libp2p.jar	파일	
MORB	모듈	OpenORB.jar	파일	
DB	모듈	MySQL.jar	파일	
ILibrary	인터페이스	Library.idl	파일	

바이트코드 코드뷰

ADD73: ADD08과 동일.

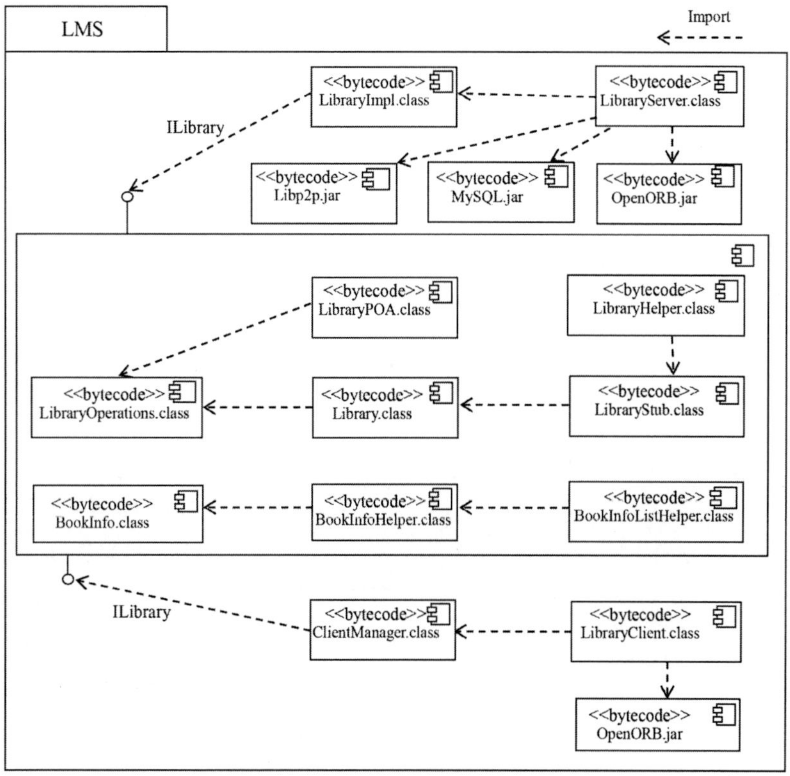

배치 산출물의 정의

디렉토리	파일
Client-side Directory	LibraryClient.jar OpenORB.jar
Server-side Directory	LibraryServer.jar OpenORB.jar Libp2p.jar MySQL.jar

E.2.7 코드 배치뷰

ADD74: ADD09와 동일.

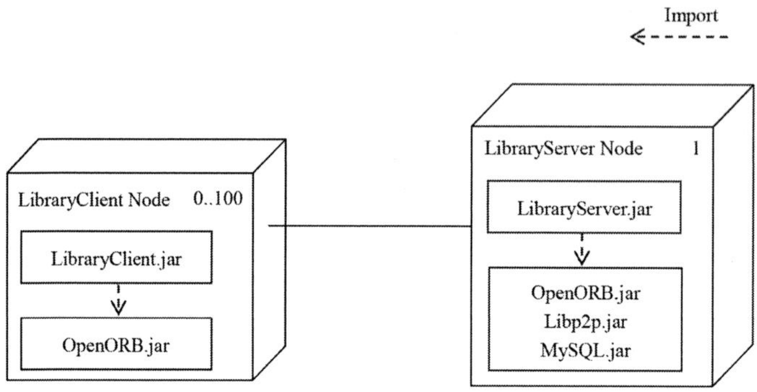

F. 아키텍처 설계결과의 분석

F.1 아키텍처 추가 설계문제 분석표

아키텍처 설계문제	요구사항 (아키텍처 드라이버)	아키텍처 (설계) 전략	이유 (이득/비용/위험요인/ 불확실성 포함)	관련사항 (관련전략/ 파급효과/ 완화전략)
시스템의 변경 용이성	AD5	AS61. 서버와의 통신을 전담하는 기능을 분리된 컴포넌트에 둔다.	• 서버와 통신 컴포넌트를 분리함으로써 높은 변경용 이성이 달성된다.	
		AS62. 클라이언트와의 통신을 전담하는 기능을 분리된 컴포넌트에 둔다.	• 클라이언트와 통신 컴포넌트를 분리함으로써 높은 변경용이성이 달성된다.	
		AS64. 이웃 도서관의 시스템과의 연결을 위한 게이트웨이 컴포넌트를 둔다.	• 도서관 간 대출을 가능하게 한다.	
		AS65. 논리뷰에서 데이터베이스 컴포넌트가 분리되었기 때문에, 그것을 구현하기 위한 데이터베이스 모듈을 하나의 독립된 계층으로 분리한다.	• 시스템과 데이터베이스를 분리함으로써 높은 변경용이성이 달성된다.	

시스템의 처리량	AD3	AS66. 이웃 도서관 시스템과의 통신을 위해서 MLibp2p 모듈을 추가한다.	• Libp2p는 높은 성능의 p2p 네트워킹을 제공한다.	

F.2 아키텍처 설계 결정표

아키텍처 설계결정	설계 전략	적용점	해결조건/방법
ADD01	AS11	E.1.2 논리뷰	효율적인 개발을 위하여 서버와 클라이언트가 분리되어 개발되어야 한다.
ADD02	AS01	E.1.2 논리뷰	OMG standard CORBA를 따르는 Java ORB 미들웨어를 사용한다.
ADD03	AS01	E.1.3 모듈뷰	Java ORB 미들웨어를 사용하여 서버쪽 인터페이스 구현을 생성하고, 클라이언트는 생성된 인터페이스 함수들을 호출한다.
ADD04	AS21	E.1.3 모듈뷰	추후 기능확장을 용이하게 하기 위하여 시스템을 계층화한다
ADD05		E.1.4 실행뷰	서버와 클라이언트의 통신을 위하여 OpenORB가 지원하는 RPC를 사용한다.
ADD06		E.1.5 실행요소 배치뷰	서버 프로세스는 실시간 OS 노드에 배치되고, 클라이언트 프로세스들은 Linux OS 노드들에 배치된다.
ADD07		E.1.6 코드뷰	서버와 클라이언트의 RPC 통신을 위해서 "OpenORB.jar"를 가져오기한다.
ADD08		E.1.6 코드뷰	JVM 컴파일러를 사용하여 소스코드를 컴파일한다.
ADD09		E.1.7 코드 배치뷰	서버의 안정성을 보장하기 위하여 동시에 연결되는 클라이언트의 수가 제한되어야 한다.
ADD61	AS61	E.2.2 논리뷰	서버와의 통신은 독립적인 컴포넌트에 의하여 수행되어야 한다.
ADD62	AS62		클라이언트와의 통신은 독립적인 컴포넌트에 의하여 수행되어야 한다.
ADD63	AS02	E.2.2 논리뷰	개발자들이 친숙하고 사용자들이 쉽고 편리하게 사용할 수 있는 오픈소스 DBMS를 사용해야 한다.

ADD64	AS64	E.2.2 논리뷰	Neighbor Library System과의 연결을 위하여 게이트웨이 컴포넌트를 둔다.
ADD65	AS65	E.2.3 모듈뷰	데이터베이스 모듈이 하나의 독립된 서버측 모듈로 구현되어야 한다.
ADD66	AS66	E.2.3 모듈뷰	서버 모듈은 MLibp2p 모듈을 가져오기 한다
ADD67	AS22	E.2.3 모듈뷰	모듈별로 캡슐화하고 기능별로 메소드를 구분한다.
ADD68	AS12	E.2.4 실행뷰	높은 성능을 위해서 멀티쓰레딩 기법을 사용한다.
ADD69		E.2.5 실행요소 배치뷰	E.1.5절의 Level-1 실행요소 배치뷰를 일관성 있게 따라야 한다.
ADD70	AS02	E.2.6 코드뷰	오픈소스 DBMS를 사용하기 위해, 다음 웹사이트에서 다운로운 할 수 있는 MySQL.jar 모듈을 사용한다: https://dev.mysql.com/downloads/connector/j/.
ADD71			Neighbor Library System과의 통신을 위해서, 다음 웹사이트에서 다운로드 할 수 있는 Libp2p.jar module을 사용한다: https://github.com/libp2p.
ADD72	AS72	E.2.6 코드뷰	AS72. 유지보수가 용이하게 코드를 Client-side Directory와 Server-side Directory로 나눈다.
ADD73		E.2.6 코드뷰	JVM 컴파일러를 사용하여 소스코드를 컴파일한다.
ADD74		E.2.7 코드 배치뷰	서버의 안정성을 보장하기 위하여 동시에 연결되는 클라이언트의 수가 제한되어야 한다.

Note) AS12와 AS31는 동일한 전략이다. 따라서 이 표에는 이 둘 중 하나만 보인다.

F.3 아키텍처 분석

아키텍처 분석은 두 종류를 수행한다. 첫 번째는 E절의 아키텍처 설계가 요구사항들을 충족시키는지를 파악하기 위한 분석으로 품질속성의 달성가능성과, 아키텍처의 민감점, 상충점, 위험요인들을 파악한다. 두 번째 종류의 분석은 분석결과를 아키텍처 평가에 활용하기 위한 분석으로, 아키텍처 설계에 적용할 전략들을 비용과 이득의 관점으로 분석하여 적용된 전략들로 만들어진 아키텍처를 평가하고 이를 대안 아키텍처와 비교하기 위한 분석들이다.

F.3.1 요구사항들의 충족여부를 파악하기 위한 분석

요구사항 관점의 분석

분석방법: 골격시스템(skeletal system)을 구현하여 각 분석관점을 시험한다.

분석관점			분석결과
사용용이성	AAP1	QAS1-1	메뉴식 인터페이스의 경우, 달성된다.
성능	AAP2	QAS2-1	응답에 평균 0.0007초가 걸린다.
	AAP3	QAS2-2	그렇다.
	AAP4	QAS2-3	그렇다.
확장용이성	AAP5	동시 접속 사용자의 최대 허용범위를 늘리는 과정에서 영향을 받는 모듈은 몇 개인가?	ORB 라이브러리가 동시접속기능을 담당하고 있기 때문에 ORB 데몬을 사용하는 서버측 모듈 1개만 수정하면 된다.
	AAP6	QAS3-1	사용자의 수가 늘어나도 수정이 필요한 모듈은 없다.
	AAP7	QAS3-2	새로운 기능을 추가할 경우, 인터페이스와 해당 기능들을 관리하는 두 개의 파일만 수정하면 된다.

AAP: Architecture Analysis Perspective

민감점과 상충점

분석관점		분석결과
민감점	AAP8	전체적인 성능은 client 또는 server의 상태보다는 네트워크 상태에 더 민감하다.
상충점	AAP9	시스템은 동시 접속한 사용자의 수를 제한하지 않기 때문에, 사용자 수와 응답시간은 상충관계에 있다.

위험요인

ID	위험요인/전략	확률	영향	완화전략
AS11: 클라이언트-서버 아키텍처 스타일을 적용한다.				
R1	클라이언트 컴퓨터에서 해킹을 통하여 시스템 서비스를 사용할 가능성이 있다.	낮음	적음 (인가되지 않은 사용자에 의한 시스템 서비스의 사용이 도서관 서비스에 큰 영향을 주지 않는다.)	없음(시스템에 높은 보안성이 요구되지 않는다.)

F.3.2 아키텍처 평가에 활용하기 위한 분석

G절의 CBAM을 응용한 아키텍처 평가를 위한 분석을 다음과 같이 수행한다:

(1) 시나리오 UC01, UC03, QAS2-2, QAS3-1, QAS3-2별로 이득을 분석한다.
(정확한 이득 계산을 위해서는 요구사항의 모든 기능요구사항과 모든 품질속성 시나리오를 고려해야 하나 지면관계상 위와 같이 선정하였다.)

(2) 아키텍처 전략AS01, AS02, AS11, AS12, AS21, AS22의 비용과 이 전략들이 위의 시나리오들 관점에서 발생시킨 이득을 분석한다.
(정확한 비용 계산을 위해서는 아키텍처 설계에 적용된 모든 아키텍처 설계 전략을 고려해야 하나 지면관계상 6개만을 선정하였다.)

1) 시나리오별 이득 분석

시나리오 수집 및 정제

시나리오	시나리오 출처
1	UC01
2	UC03
3	QAS2-2
4	QAS3-1
5	QAS3-2

시나리오 우선순위 결정

시나리오	가중치	응답수준		
		최악의 경우	바람직한 경우	최상의 경우
1	5	구현됨	구현됨	구현됨
2	5	구현됨	구현됨	구현됨
3	25	50개	100개	150개
4	35	110명	200명	210명
5	30	10개	5개	3개
합계	100			

Note) 도서관 관리 시스템은 새로이 개발되는 시스템이므로 "현재의 경우"는 고려되지 않았다.

응답수준별 효용값 부여

시나리오	가중치	응답수준		
		최악의 경우	바람직한 경우	최상의 경우
1	5	100	100	100
2	5	100	100	100
3	25	30	90	100
4	35	10	90	100
5	30	20	90	100
합계	100			

2) 전략별 비용 및 이득 분석

아키텍처 전략별 관련 시나리오의 기대수준

전략	영향받는 시나리오	기대 수준
AS01	1	구현됨
	2	구현됨
AS02	해당없음	해당없음
AS11	4	150명
AS12	3	100개
	4	200명
AS21	5	5개
AS22	5	5개

AS02은 아키텍처 설계에 적용되어도 시나리오 1~5에 영향을 주지 않기 때문에 위의 표에서 기대 수준과 더불어 "해당없음"으로 표시하였다.

아키텍처 전략별 관련 시나리오의 기대효용값

전략	영향받는 시나리오	기대 수준
AS01	1	100
	2	100
AS02	해당없음	0
AS11	4	50
AS12	3	90
	4	90
AS21	5	90
AS22	5	90

아키텍처 전략별 총 이득

전략	영향받는 시나리오	가중치	원시 이득	정규화된 이득	총 이득
AS01	1	5	100	500	1,000
	2	5	100	500	
AS02	해당없음				0
AS11	4	35	50	1750	1750
AS12	3	25	90	2250	5,400
	4	35	90	3150	
AS21	5	30	90	2700	2,700
AS22	5	30	90	2700	2,700

Note) AS01과 AS12는 가중치가 각각 5와 35이지만, 영향받는 시나리오 - 즉 AS01은 시나리오 1과 2, AS12은 시나리오 3과 4 - 각각이 전략의 가중치에 비례하는 이득을 발생시킨다고 가정하였다.

G. 아키텍처 평가

G.1 아키텍처 평가방법

분석관점들의 집합: F.3.2절의 분석관점들

분석결과들의 종합방법: 아키텍처 설계에 적용된 전략들의 총 비용으로 해당 시나리오들의 총이득을 나눈값.

G.2 아키텍처 평가 결과

아키텍처 전략별 비용대비 총 이득

전략	비용	총 이득
AS01	0	1,000
AS02	0	0
AS11	3,400	5,400
AS12	2,100	1,750
AS21	1,000	2,700
AS22	1,500	2,700
합계	8,000	13,550

E절의 아키텍처 설계에 위의 모든 전략이 선택되었으므로, ROI = 13,550/8,000 ≈ 1.69이다.

G.3 대안 아키텍처 및 평가

E절에서 도출한 선택된 아키텍처와 동일하게, B절의 시스템 요구사항과 C.1절의 아키텍처 드라이버에서부터 대안 아키텍처가 설계된다.

G.3.1 대안 아키텍처 설계문제 분석표

대안 아키텍처 설계를 위하여 C.2절의 아키텍처 분석에 추가적으로 다음의 설계문제가 고려되었다.

아키텍처 설계문제	요구사항 (아키텍처 드라이버)	아키텍처 (설계) 전략	이유 (이득/비용/위험요인/불확실성 포함)	관련사항 (관련전략/파급효과/완화전략)
Issue 5 신뢰성	신뢰성은 보편적인 요구사항이므로 명시적인 요구사항은 없음	AS81[147], 백업서버를 두어서 서버가 동작하지 않을 경우에도 백업서버로부터 기능을 사용 할 수 있도록 한다.	서버의 동작 중단 가능성	

G.3.2 대안 아키텍처

논리뷰

ADD81[148]: AS81. 서버관리자 컴포넌트를 두어 주서버와 백업서버가 동작하는지를 주기적으로 확인하고 주서버가 동작하지 않을 경우 서비스 처리 요청을 백업서버로 보낸다.

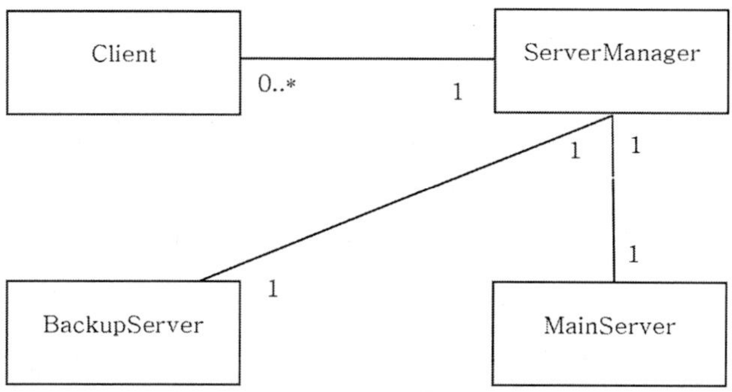

결과적으로 다음과 같은 시나리오가 ServerManager, MainServer와 BackupServer 사이에 일어나야 한다.

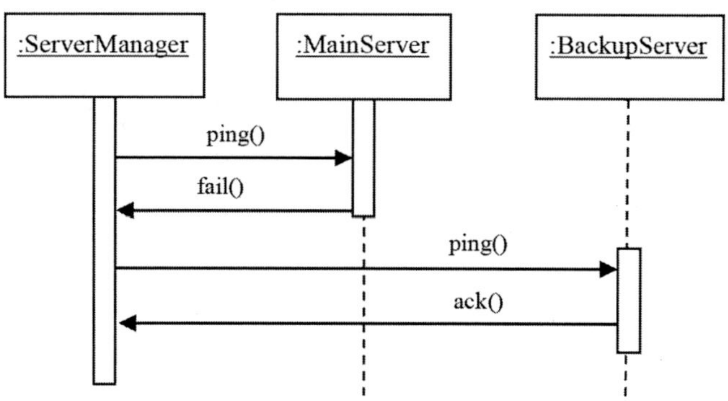

147. 대안 아키텍처의 아키텍처 전략의 번호는 "81"에서 시작한다.

148. 대안 아키텍처의 아키텍처 설계결정의 번호는 "81"에서 시작한다.

실행뷰

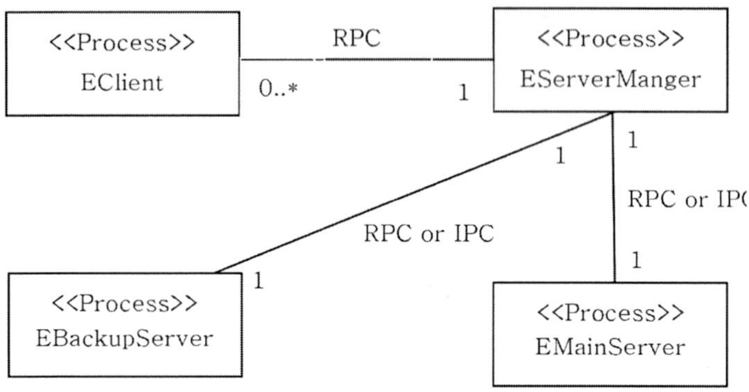

G.3.3 대안 아키텍처 설계 결정표

F.2절의 아키텍처 설계결정ADD01~ADD65외에 설계전략 AS81를 적용하는 추가적인 결정을 하여 대안 아키텍처를 얻는다.

설계결정	해결조건/방법	설계전략	적용점
ADD81	백업서버를 두어서 서버가 동작하지 않을 경우에도 백업서버로부터 기능을 사용 할 수 있도록 한다.	AS81	G.3.2 논리뷰

G.3.4 대안 아키텍처 평가

아키텍처 평가방법: G.1의 아키텍처 평가방법과 동일.

1) 시나리오별 이득 분석

F.3.2의 시나리오 이득 분석과 동일.

2) 전략별 비용 및 이득 분석

아키텍처 전략별 관련 시나리오의 기대수준

전략	영향받는 시나리오	기대 수준
AS01	1	구현됨
	2	구현됨
AS02	해당없음	해당없음
AS11	4	150명
AS12	3	100개
	4	200명
AS21	5	7개
AS22	5	7개
AS81	1	구현됨
	2	구현됨

아키텍처 전략별 관련 시나리오의 기대효용값

전략	영향받는 시나리오	기대 효용값
AS01	1	100
	2	100
AS02	해당없음	0
AS11	4	50
AS12	3	90
	4	90
AS21	5	90
AS22	5	90
AS81	1	100
	2	100

아키텍처 전략별 총 이득

전략	영향받는 시나리오	가중치	원시 이득	정규화된 이득	총 이득
AS01	1	5	100	500	1,000
	2	5	100	500	
AS02	해당없음				0
AS11	4	35	50	1,750	1,750
AS12	3	25	90	2,250	5,400
	4	35	90	3,150	
AS21	5	30	90	2,700	2,700
AS22	5	30	90	2,700	2,700
AS81	1	5	100	500	1,000
	2	5	100	500	

아키텍처 설계 비교

전략	선택된 아키텍처		대안 아키텍처	
	비용	총 이득	비용	총 이득
AS01	0	1,000	0	1,000
AS02	0	0	0	0
AS11	2,100	1,750	2,100	1,750
AS12	3,400	5,400	3,400	5,400
AS21	1,000	2,700	1,000	2,700
AS22	1,500	2,700	1,500	2,700
AS81	해당없음	해당없음	2,000	1,000
합계	8,000	13,550	10,000	14,550

선택된 아키텍처의 ROI = 13,550/8,000 » 1.69이고 대안 아키텍처의 ROI = 14,550/10,000 » 1.46이므로 선택된 아키텍처의 ROI가 더 높다. 따라서 선택된 아키텍처가 더 나은 설계 결과로 평가된다.

제 IV부

좋은 소프트웨어 아키텍처 설계를 위하여

"원칙을 지키며 사는 것은 원칙을 위해 싸우는 것은 보다 항상 더 어렵다." 149

- Adlai Stevenson

이 책의 제 II부에서 아키텍처 설계에 필수적인 12개의 원리를 제시하였고, 제 III부에서는 아키텍처 설계의 사례 연구를 통하여 그 원리들의 어떻게 적용될 수 있고 문서화 될 수 있는지 알아 보았다. 그러나 좋은 아키텍처 설계를 위해서는 아키텍처 설계자인 아키텍트가 근본 원리에 대한 이해뿐만 아니라 많은 지식과 경험을 갖고 있어야 한다. 그러면 이 책에서 자세히 다루지 못하였지만 좋은 아키텍처 설계를 위하여 어떤 지식과 기술이 더 필요한가?

149. "It is always easier to fight for one's principles than to live up to them."

(1) **아키텍처와 비즈니스와의 정렬.** 소프트웨어는 이해당사자의 이해를 반영하고 기업의 비즈니스 목표를 잘 반영하여 이를 잘 지원할 수 있는 형태로 아키텍처가 설계되어야 한다. 아키텍처와 비즈니스와의 정렬은 아키텍처 설계 기술의 실제적 적용에서 매우 중요한 사항이지만, 기업이 속한 분야와 기업의 개별적인 상황에 따라 그 정렬방법이 달라질 것이므로, 이 책에서는 다루지 않았다. [Bass 03a] Section 1.2는 아키텍처-비즈니스 사이클(Architecture Business Cycle)에 대하여 논의한다.

(2) **시스템 아키텍처와의 연결.** 시스템공학에서 시스템은 "하나 이상의 선언된 목적을 달성하기 위한 상호작용하는 요소들의 결합"[150]을 의미하며 시스템공학은 "성공적인 시스템의 실현을 가능하게 하는 학제적인 접근과 방법"[151]으로 정의되고 있다 [INCOSE 11]. 시스템 아키텍처 설계는 시스템의 정의, 명세, 상위아키텍처를 결정하는 활동으로 크게 시스템 전체의 요구사항을 추출, 명세, 검증하는 단계, 서브시스템으로 구성된 시스템 아키텍처를 결정하는 단계, 그리고 시스템의 요구사항을 서브시스템 요구사항으로 배분하고 서브시스템의 인터페이스를 결정하는 단계로 구성된다. 각 서브시스템을 소프트웨어적, 전자적, 기계적, 화학적 구성요소 등의 특정기술의 컴포넌트들로 분할하여, 서브시스템의 요구사항을 컴포넌트의 요구사항으로 배분하고 컴포넌트간의 인터페이스를 정의하게 된다. 그림 1-1은 시스템공학의 논리적 공정[152]과그 안에서소프트웨어공학의역할을보여준다. 시스템의 소프트웨어 아키텍처는 시스템공학단계에서 결정된 시스템 아키텍처의 제약을 충족시켜야 한다.

---

150. "A combination of interacting elements organized to achieve one or more stated purposes."

151. "An interdisciplinary approach and means to enable the realization of successful systems."

152. 논리적 공정은 실제공정이 아니라 공정의 단계들 간의 논리적인 순서를 보여주는 공정이다.

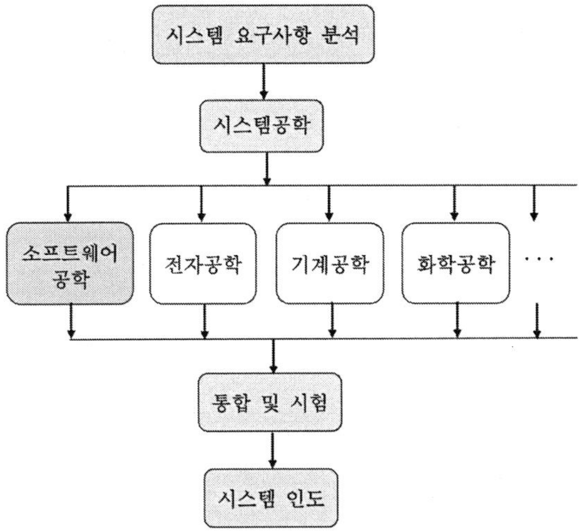

그림 1-1. 시스템공학의 개략적인 논리적 공정

(3) **아키텍처 결.** [Pohl 05]은 아키텍처 결(Architectural texture)을 "시스템을 실현(realize)하기 위하여 시스템의 부분들이 준수하여야 하는 공통적인 개발 규율들의 집합"으로 정의하였다. 그 예로서 코딩규칙(coding rules)과 설계 및 코딩에서 많이 발생하는 상황을 처리하는 일반적인 장치(예를 들어 스타일, 설계패턴)들을 들 수 있다. 아키텍처 결도 아키텍처적인 결정이라는 광범위한 아키텍처 설계 활동에 속한다고 볼 수 있으나, 다른 원리들과는 다르게 아키텍처 설계 그 자체에 직접 관련이 되는 것이 아니라, 프로젝트 전반의 활동을 지배하는 결정이다.

(4) **아키텍처의 집행.** 아키텍처 집행은 결정된 아키텍처를 준수하여 개발이 진행되도록 관리하고 보장하는 활동을 말한다. 이 책에서 아키텍처 집행에 대하여 언급하지는 않았지만, 아키텍처에 부합하는 (혹은 합치되는) 시스템이 만들어지지 않는다면, 아키텍처 설계에 들인 노력이 낭비될 뿐 아니라, 산출물들 간에 추적성도 유지되지 않는 시스템이 만들어지고 만다. 따라서 아키텍트는 아키텍처를 설계하는 책임뿐 아니라, 설계를 집행하는 책임까지 갖는다.

(5) **가변성의 표현.** [Clements 11]은 가변성을 아키텍처 기술문서의 한 항목으로 두고 있다. 그러나 가변성의 문제는 소프트웨어 제품라인에서 체계적으로 다루어지기 때문에, 단일 시스템 아키텍처를 다루는 이 책에서 다루지 않는 것이 이 책의 범위에 더 맞고 독자에게도 가변성의 역할에 대한 혼란을 주지 않기 때문에, 이 책에서는 가변성의 표현에 대하여 논의하지 않는다.

(6) **구현 기술.** 소프트웨어 아키텍트는 소프트웨어가 제공하는 서비스(service)와 소프트웨어를 구현하는 기술(technology)을 연결시키기 위한 결정을 해야 하기 때문에, 훌륭한 소프트웨어 아키텍트는 적용 가능한 구현 기술에 대하여도 잘 알고 있어야 한다.

(7) **기타 근본 원리들로 다루어지지 않은 이슈들.** 그 밖에도 이 책은 아키텍처와 조직의 관계, 아키텍처 설계 프로세스, 데이터 아키텍처 설계 등에 대해서는 다루지 않았다.

또한 좋은 아키텍처 설계를 위하여 우수한 아키텍트가 필요하지만, 이 책에서는 근본원리 이외에 좋은 아키텍트가 되기 위하여 필요한 사항들을 아키텍처 설계의 원리에 포함시키지 않았다. 그 이유는 이들에 대한 설명은 긴 논의를 필요로 하고, 이 책에서는 소프트웨어 아키텍처 설계의 기술적(technical)이면서도 근본적인 부분에 집중하고자 하기 때문이다. 그럼에도 이 책에서 전달하려고 하는 아키텍처 설계의 원리들이 충분히 효과를 발휘하기 위해서는 아키텍트가 다른 관련 지식도 잘 이해하고 적용하는 것이 매우 중요하다.

이 책에서 제시하는 아키텍처 설계의 이론이 아키텍처 설계에 대하여 최종적인 답변으로서의 아키텍처 설계 이론으로 받아들여져서는 안 된다. [Kuhn 62]에 따르면 과학이론은 그 자체로서 옳고 그른 대상이 아니라, 얼마나 많은 알려진 사실들을 주어진 이론으로 설명할 수 있는가에 따라, 한 과학이론이 다른 과학이론보다 더 낫거나 못하다고 말할 수 있을 뿐이다.

기존의 소프트웨어 아키텍처 이론들은 지금까지 알려진 중요한 지식들을 그들간의 유기적인 관계를 갖는 지식으로 충분히 선별적이고 체계적으로 보여주지 못하였다. 따라서 이 책은 그 간극을 메우려는 시도이며, 독자가 기존의 기술과 지식에 대하여 더 중요한 것과 덜 중요한 것, 타당한 것과 그렇지 않은 것을 판단하는데 이 책이 도움을 주었다면, 이 책은 그 임무를 다 한 것이다.

관련연구

아키텍처 언어, 아키텍처와 조직의 관계, 아키텍처 설계 프로세스, 데이터 설계에 대한 내용을 다음과 같은 책들을 통하여 알 수 있다:

아키텍처와 조직의 관계. Phillip Kruchten은 "아키텍트의 일의 50%는 의사소통이다 - 내부적으로는 다른 팀과, 고객과, 협력업체와 회사의 다른 부서들과의 소통이다 - 20%는 계획이고 그 나머지가 기술적인 부분이다"[153]라고 말한 것처럼, 소프트웨어 아키텍처는 기술만큼이나 사람과 조직에 관한 것이다. [Dikel 01]은 소프트웨어 아키텍처와 조직의 관계에 대하여 많은 가이드라인을 제시한다.

아키텍처 설계 프로세스. [Eeles 10], [Rozanski 05]Part II, [Lattanze 08] Section II 는 아키텍처 설계 프로세스에 대한 논의를 한다.

데이터 아키텍처 설계. Zachman 엔터프라이즈 아키텍처 체계[Zachman 08]에서 엔터프라이즈 아키텍처의 세 개의 기술적 관점이 데이터, 기능 및 네트워크로, 데이터 아키텍처는 중요하다. 데이터 아키텍처 설계는 개념적 데이터 모델링, 개념적 데이터베이스 설계 등으로도 불린다. [Bentley 07]Ch.8,

153. http://www.ibm.com/developerworks/rational/library/2940.html

[McGovern 04]Ch.11과 [Spewak 92]Ch.7에서는 데이터 아키텍처에 대한 논의를 한다.

참고문헌

[A]

[Abowd 93] Abowd, G., Allen, R., Garlan, D.,"Using Style to Understand Descriptions of Software Architecture," Proceedings of SIGSOFT '93: Symposium on the Foundations of Software Engineering, December 1993.

[Abowd 95] Abowd, G., Allen, R., Garlan, D., "Formalizing style to understand descriptions of software architecture,"*ACM Transactions on Software Engineering and Methodology*, 4(4): 319-364, Oct. 1995.

[Allen 94] Allen, R. Garlan, D., "Formalizing Architectural Connection," The 16th International Conference on Software Engineering, May 1994.

[Allen 97] Allen, R., Garlan, D., "A Formal Basis for Architectural connection," , 6(3):213-249, July 1997.

[Asundi 01] Asundi, J., Kazman, R., Klein, M., "Using Economic Considerations to Choose Among Architecture Design Alternatives,"CMU/SEI-2001-TR-035, ESC-TR-2001-035. Pittsburgh, PA: Software Engineering Institute, Carnegie Mellon University, 2001.

[Avgeriou 05] Avgeriou, P., Zdun, U., "Architectural patterns revisited: a pattern language," 10th European Conference on Pattern Languages of Programs, 2005.

[B]

[Bass 03a] Bass, L., Clements, P., Kazman, R., *Software Architecture in Practice, 2nd ed.*, Addison-Wesley, 2003.

[Bass 03b] Bass, L, Klein, M., and Bachman, F., "Quality Attribute Design Primitives and the Attribute Driven Design Method," Software

Engineering Institute, Carnegie Mellon University, 2003.

[Bass 13] Bass, L., Clements, P., Kazman, R., *Software Architecture in Practice, 3rd ed.*, Addison-Wesley, 2013.

[Bentley 07] Bentley, L. D., Whitten, J. L., *Systems Analysis and Design for the Global Enterprise*, McGraw-Hill, 2007.

[Berenbach 09] Berenbach, B., Paulish, D., Kazmeier, J., Rudorfer, A., *Software & Systems Requirements Engineering in Practice*, McGraw Hill, 2009.

[Bosch 00] Bosch, J., *Design & Use of Software Architectures*, Addison-Wesley, 2000.

[Boyd 91] Boyd, R., Gasper, P., Trout, J. D., *The Philosophy of Science*, The MIT Press, 1991.

[Brooks 10] Brooks, F. R. Jr., *The Design of Design, Addison, Wesley*, 2010.

[Buschmann 96] Buschmann, F., Meunier, R., Rohnert, H., Sommerlad, P., Stal, M. *Pattern-Oriented Software Architecture, Volume 1: A System of Patterns*, Wiley, 1996.

[Buschmann 07a] Buschmann, F., Henney, K., Schmidt, D. C., *Pattern-Oriented Software Architecture Volume 4: A Pattern Language for Distributed Computing*, Wiley, 2007.

[Buschmann 07b] Buschmann, F., Henney, K., Schmidt, D. C., *Pattern-Oriented Software Architecture Volume 5: On Patterns and Pattern Languages*, Wiley, 2007.

[C]

[Cervantes 16] Cervantes, H., Kazman, R., *Designing Software Architectures: A Practical Approach*, Addison-Wesley, 2016.

[Chen 05] Chen, H. M., Kazman, R., Garg, A.,"BITAM: An engineering-principled method for managing misalignments between business and IT architectures,"*Science of Computer Programming*, 57(1):5~26, July 2005.

[Clements 00] Clements, P. C., "Active Reviews for Intermediate Designs,"SEI, Carnegie Mellon University CMU/SEI-2000-TN-009, 2000.

[Clements 02] Clements, P., Kazman, R., Klein, M., *Evaluating Software Architectures: methods and Case Studies*, Addison-Wesley, 2002.

[Clements 09] Clements, P., Shaw, M., "The Golden Age of Software Architecture" Revisited," IEEE Software, 26(4):70-72, 19 July 2009.

[Clements 11] Clements, P., Bachmann, F., Bass, L., Garlan, D., Ivers, J., Little, R., merson, P., Nord, R., and Stafford, J., *Documenting Software Architectures: Views and Beyond, 2nd Ed.*, Addison-Wesley, 2011.

[Cunningham, 96] Cunningham, W., "Episodes: A Pattern Language of Competitive Development," *Pattern Languages of Program Design 2*, J. Vlissides, ed., Addison-Wesley, 1996.

[D]

[Dikel 01] Dikel, D. M., Kane, D., Wilson, J. R., *Software Architecture: Organizational Principles and Patterns*, Prentice Hall, 2001.

[DoDAF 10] *The DoDAF Architecture Framework Version 2.02*, August 2010.

[E]

[Eeles 10] Eeles, P., Cripps, P., *The Process of Software Architecting*, Addison-Wesley, 2010.

[F]

[Fowler 96] Fowler, M., *Analysis Patterns: Reusable Object Models*, Addison-Wesley, 1996.

[G]

[Gamma 05] Gamma, E., Helm, R., Johnson, R., Vlissides, J., *Design Patterns: Elements of Reusable Object-Oriented Software*, Addison- Wesley, 1995.

[Garlan 94] Garlan, D., Shaw, M., "An Introduction to Software Architecture," Technical Report CMU-CS-94-166, January 1994.

[Garlan 00] Garlan, D., Monroe, R. T., Wile. D., "ACME: An Architecture Description of Component-Based Systems," *Foundations of Component-Based Systems*, ed. by Leavens, G. T., Sitaraman, M., Cambridge University Press 2000, pp. 47-68.

[Gomaa 00] Gomaa, H., *Designing concurrent, distributed, and real-time applications with UML*, Addison-Wesley, 2000.

[H]

[Hall 02] Hall, J.G., Jackson, M., Laney, R.C., Nuseibeh, B., Rapanotti, L., "Relating software requirements and architectures using problem frames," Proceedings of the IEEE Joint International Conference on Requirements Engineering, pp. 137-144, 2002.

[Hall 08] Hall, J. G., Rapanotti, L., Jackson, M., "Problem-oriented software engineering: solving the package router control problem,"I*EEE Transactions on Software Engineering*, 34(2): 226-241, 2008.

[Hofmeister 00] Hofmeister, C., Nord, R., Soni, D., *Applied Software Architecture*, Addison-Wesley, 2000.

[I]

[IEEE1471 00] Institute of Electrical and Electronics Engineers, *Recommended Practice for Architectural Description of Software-Intensive Systems (IEEE Standard 1471-2000)*, New York, NY: Institute of Electrical and Electronics Engineers, 2000.

[INCOSE 11] INCOSE, *Systems Engineering Handbook, Version 3.2.2*, October 2011.

[ISO9126-1 01] *ISO/IEC 9126-1:2001 Software engineering — Product quality — Part 1: Quality model*, 2001.

[ISO10746 98] ISO/IEC, *Reference Model of Open Distributed Processing, ISO/IEC 10746-1~4*, 1998.

[J]

[Jackson 95] Jackson, M., *Software Requirements & Specifications*, Addison-Wesley, 1995.

[Jackson 01] Jackson, M., *Problem Frames*. Addison-Wesley, 2001.

[Jackson 04] Jackson, M., *Problem Frames and Software Engineering*, 2004.

[Jacobson 99] Jacobson, I., Booch, G., Rumbaugh, J., *The Unified Software Development Process*, Addison-Wesley, 1999.

[Jones 92] Jones, C. J., *Design Methods*, 2ndEd.JohnWiley&Sons, Ltd.,1992.

[K]

[Kazman 94] Kazman, R., Bass, L., Abowd, G., Webb, M., "SAAM: A method for analysing the properties of software architectures," 16th International Conference on Software Engineering, 1994.

[Kazman 98] Kazman, R., Klein, M., Barbacci, M., Longstaff, T., Lipson, H., Carriere, J., "The Architecture Tradeoff Analysis Method," Proceedings of the IEEE ICECCS, 1998.

[Kazman 00] Kazman, R., Klein, M., Clements, P., "The Architecture Tradeoff Analysis Method," Technical Report CMU/SEI-2000-TR-004, 2000.

[Kazman 02] Kazman, R., Asundi, J., Klein, M., "Making Architecture Design Decisions: An Economic Approach," CMU/SEI-2002-TR-035, ESC-TR-2002-035, Pittsburgh, PA: Software Engineering Institute, Carnegie Mellon University, 2002.

[Kazman 07] Kazman, K., "Software Architecture Design and Analysis," 선진 S/W 아키텍처 활용기법 세미나, Coex, 2007년 10월 18일.

[Kircher 04] Kircher, M., Jain, P., *Pattern-Oriented Software Architecture, Volume 3 - Patterns for Resource Management*, Wiley, 2004.

[Kroll 03] Kroll, P., Kruchten, P., *The rational unified process made easy: a practitioner's guide to the RUP*, Pearson Education, 2003.

[Kruchten 01] Kruchten, P., *The Rational Unified Process: An Introduction, 2nd Ed.*, Boston, MA: Addison-Wesley, 2001.

[Kruchten 95] Kruchten, P., "Architectural Blueprints - the '4+1'View Model of Software Architecture,"*IEEE Software* 12(6):42-50, Nov. 1995.

[Kruchten 06] Kruchten, P., Obbink, H., Stafford, J.,"The Past, Present, and Future for Software Architecture," *IEEE Software*, 23(2):22-30, March 2006.

[Kuhn 62] Kuhn, T. S., *The Structure of Scientific Revolutions*, Chicago: University of Chicago Press, 1962. (2nd ed. with postscript, 1970).

[L]

[Larman 02] Larman, C., *Applying UML and Patterns: An Introduction to Object-Oriented Analysis and Design and the Unified Process*, Prentice-Hall, 2002.

[Lattanze 09] Lattanze, A. J., *Architecting software intensive systems: a practitioner's guide*, CRC Press, 2009.

[Lee 09] Lee, J., Kang, S., Kim, C., "Software Architecture Evaluation Methods Based on Cost benefit Analysis and Quantitative Decision Making," *Empirical Software Engineering, International Journal*, 14(2):453~475, April 2009.

[Luckham 98] Luckham, D. C., "Rapide: A language and toolset for causal event modelling of distributed system architectures," Worldwide Computing and Its Applications 1998, *LNCS, Volume 1368*, pp. 88-96, 1998

[M]

[Maier 09] Maier, M., Rechtin, E., *The Art of Systems Architecting, 3rd Ed.*, CRC Press, 2009.

[Malveau 00] Malveau, R. C., Mowbray, T. J., *Software Architect Bootcamp, 2nd ed.*, Prentice Hall, 2000.

[McGovern 04] McGovern, J., Ambler, S. W., Stevens, M. E., Linn, J., Sharan, W., Jo, E. L., *A Practical Guide to Enterprise Architecture*, Pearson Education, Inc., 2004.

[Medvidovic 96] Medvidovic, N., Oreizy, P., Robbins, J. E., Taylor, R. N.,"Using Object-Oriented Typing to Support Architectural Design in the C2 Style,"ACM SIGSOFT '96 Fourth Symposium on the Foundations of Software Engineering, pp. 24-32, ACM SIGSOFT. San Francisco, CA, Oct., 1996.

[Medvidovic 97] Medvidovic, N., Taylor, R. N., "A Framework for Classifying and Comparing Architectural Description Languages," ESEC/FSE'97, November 1997.

[Metha 00] Mehta, N. R., Medvidovic, N., Phadke, S., "Towards a taxonomy of software connectors," 22ndInternational Conference on Software Engineering, pp. 178-187, 2000.

[Minsky 88] Minsky, M., *The Society of Mind*, Simon and Schuster, New York. March 15, 1988.

[Moor 03] Moor, M., Kazman, R., Klein, M., Asundi, J., "Quantifying the Value of Architecture Designs: Lessons from the field," 25th International Conferenceon Software Engineering, May 2003.

[Myers 78] Myers, G., *Composite Structure Design*, Van Nostrand, 1978.

[N]

[Nuseibeh 01] Nuseibeh, B. A., "Weaving Together Requirements and Architecture," *IEEE Computer*, 34(3):115-117, March 2001.

[P]

[Parnas 86] Parnas, D. L., Clements, P. C., "A Rational Design Process: How and Why to Fake It," *IEEE Transactions on Software Engineering*, 12(2): 251-257, February 1986.

[Perry 92] Perry, D. E., Wolf, A. L., "Foundations for the Study of Software Architecture," *ACM SIGSOFT Software Engineering Notes*, 17(4):40-52, October 1992.

[Pohl 05] Pohl, K., Böckle, G., van der Linden, F., Springer, *Software Product Line Engineering: Foundations, Principles, and Techniques*, Springer, 2005.

[Popper 59] Popper, K. R., *The Logic of Scientific Discovery, 5th ed.*, London: Hutchinson, 1959, pp. 40-41, 46.

[Putnam 00] Putman, J., *Architecting with RM-ODP*, Prentice Hall, 2000.

[R]

[Rozanski 12] Rozanski, N., Woods, E., *Software Systems Architecture: Working With Stakeholders Using Viewpoints and Perspectives, 2nd Ed.*, Addison-Wesley, 2012.

[S]

[Schmidt 00] Schmidt, D., Stal, M., Rohnert, H., Buschmann, F., *Pattern-Oriented Software Architecture, Volume 2, Patterns for*

Concurrent and Networked Objects, Wiley, 2000.

[Shaw 95] Shaw, M., DeLine, R., Klein, D. V., Ross, T. L., Young, D. M., Zelesnik, G., "Abstractions for Software Architecture and Tools to Support Them," *IEEE Trans. Software Engineering*, 21(6): 314-335, 1995.

[Shaw 96] Shaw, M., Garlan, D., Software *Architecture: Perspectives on an Emerging Discipline*, Prentice-Hall, 1996.

[Singh 2004] Singh, I., Brydon, S., Murray, G., Ramachandran, V., Violleau, T., Stearns, B., *Designing Web Services with the J2EE 1.4 Platform*. Pearson Education, May 2004.
http://java.sun.com/blueprints/guidelines/designing_webservices/

[Spewak 92] Spewak, S. H., *Enterprise Architecture Planning: Developing a Blueprint for Data, Applications and Technology*, Pearson Education, Inc., 2004.

[T]

[Taylor 09] Taylor, R. N., Medvidovic, N., Dashofy, E., *Software Architecture: Foundations, Theory, and Practice*, Wiley, January 2009.

[TOGAF 09] The Open Group, *The Open Group Architecture Framework (TOGAF) Version 9*, 2009.

[U]

[UML2.4.1 11] OMG, *UML Superstructure ver. 2.4.1*, August 2011.

[W]

[Weiser 91] Weiser, M., "The Computer for the Twenty-First Century," *Scientific American*, September 1991.

[Wikipedia 10] http://en.wikipedia.org/wiki/Problem_Frames_Approach

[Wing 87] Wing, J. M., "A Study of Twelve Specifications of the Library Problem," *IEEE Software*, 5(4): 66-76, July 1988.

[Wojcik 06] Wojcik, R., Bachmann, F., Bass, L., Clements, P. C., Merson, P., Nord, R., Wood, W. G.,"Attribute-Driven Design (ADD), Version 2.0,"SEI, November 2006.

[Y]

[Yourdon 79] Yourdon, E., Constantine, L., S*tructured Design*, Prentice-Hall, 1979.

[Z]

[Zachman 87] Zachman, J., "A Framework for information systems architecture," *IBM Systems Journal*, 26(3):276-292, 1987.

[Zachman 08] http://www.zachman.com/about-the-zachman-framework

부록 1. 용어 번역

우리말의 영어 번역*

가용성	availability
가져오기	import
개발	development
개발순기	development life cycle
개체	entity
결	texture
결합도	coupling
결함	fault
공개화	publish
공수	labor
공정	process
공통 상호작용 프로토콜	common interaction protocol
공용 클래스	class utility
관점	viewpoint
관련관계	association
교착상태	deadlock
구문론	syntax
구조	structure
구축용이성	buildability
규모확장성	scalability
깊이우선	depth-first
그림	diagram

* 유틸리티와 같이 영어를 소리나는대로 우리말로 표기하는 경우 리스트에 포함시키지 않았다.

기대치	expected value
논리뷰	logical view
단계	step
단계군	phase
도형	diagram
동인	driver
매개변수	parameter
매개변수 클래스	parameterized class
매개변수화	parameterization
마감시간	deadline
모듈성	modularity
무결성	integrity
물리적 시스템	physical system
민감점	sensitivity point
배치	deployment
배치 설계	deployment layout
변경용이성	modifiability
병렬	parallel
병행(= 동시실행)	concurrency
보안성	security
부작용	side effect
비위험	non-risk
사용용이성	usability
사용 시나리오	use case scenario
상충관계	tradeoff
상충점	tradeoff point
상하향식	top-down bottom-up
상향식	bottom-up
생명주기	lifecycle
성능	performance
숙어	idiom
순차도	sequence diagram

시각	perspective
시나리오 정돈	scenario collation
시스템	system
시장적시성	time-to-market
시험용이성	testability
신뢰성	reliability
실시간성	realtime
실행	execution
쌍대비교	pairwise comparison
아키텍처 설계문제	issue
아키텍처 표현	architecture description
안전성	safety
역공학	reverse engineering
완화	mitigation
요구사항	requirements
요인	factor
위험요인	risk
유지보수성	maintainability
응답	response
응집도	cohesion
의견일치	consensus
의존가능성	dependability
이식성	portability
이해관계자	stakeholder
이해용이성	understandability
자극	stimulus
재구축	reconstruction
재사용성	reusability
저장소	repository
적응성	adaptability
전략	strategy
절차	procedure

접근방법	approach
정형명세언어	formal specification language
정확도	accuracy
제약사항	constraint
종합	consolidation
중재자	arbitrator
조립	assembly
진화성	evolvability
질의	query
집중토론	brainstorm
집합	aggregation
캡슐화	encapsulation
통합용이성	integrability
투자수익률	Return On Investment (ROI)
파급효과	consequence
품질속성	quality attribute
폭우선	breadth-first
하향식	top-down
합성	synthesis
확장개발성	extendibility (= extensibility)
할당	allocation
해결책	solution
핵심 자산	core asset
호출 그래프	call graph
효용	utility

영어의 우리말 번역**

abstraction	추상화
accuracy	정확도
adaptability	적응성
approach	접근방법
aggregation	집합
allocation	할당
approach	접근방법
arbitrator	중재자
assembly	조립
association	관련관계
availability	가용성
bottom-up	상향식
brainstorm	집중토론
breadth-first	폭우선
buildability	구축용이성
call graph	호출 그래프
categorized class	분류 클래스
class utility	공용클래스
code view	코드뷰
cohesion	응집도
common interaction protocol	공통 상호작용 프로토콜
component	컴포넌트
component & connector view	컴포넌트커넥터뷰
conceptual view	개념뷰
concurrency	동시실행(= 병행실행)
concurrent system	동시실행 시스템 (= 병행 시스템)
consequence	파급효과
consensus	의견일치

** 기본단어의 합성으로 이루어진 복합단어가 기본단어의 번역으로 이루어질 경우 리스트에 포함시키지 않았다.

consolidation	종합
constraint	제약사항
contain	포함
context	문맥
core asset	핵심 자산
coupling	결합도
deadline	마감시간
deadlock	교착상태
dependability	의존가능성
deployment	배치
deployment layout	배치설계
depth-first	깊이우선
design	설계
development life cycle	개발순기
development	개발
diagram	도형, 그림
driver	동인
encapsulation	캡슐화
entity	개체
evolvability	진화성
execution	실행
expected value	기대치
extendibility	확장개발성
factor	요인
fleshing out	구체화
fault	결함
formal specification language	정형명세언어
general problem solving strategy	일반적인 문제 해결 전략
glue code	접착코드
guideline	지침서
idiom	숙어
import	가져오기

instance	실현된 결과
integrability	통합용이성
integrity	무결성
issue	아키텍처 설계문제
labor	공수
lifecycle	생명주기
logical architecture	논리아키텍처
logical view	논리뷰
maintainability	유지보수성
method	방법
mitigation	완화
modifiability	변경용이성
modularity	모듈성
non- observable	관찰불가능한
non-risk	비위험
observable	관찰가능한
pairwise comparison	쌍대비교
parallel	병렬적
parameter	매개변수
parameterized class	매개 변수 클래스
parameterization	매개변수화
partitioning	분할
performance	성능
perspective	시각
physical	물리적
portability	이식성
prescriptive	처방적인
problem domain	문제영역
procedure	절차
process	공정
proposition	명제
publish	공개화

quality attribute	품질속성
query	질의
realistic	실제적인
realtime	실시간성
reconstruction	재구축
reliability	신뢰성
recursive	재귀적인
repository	저장소
requirements	요구사항
response	응답
responsibility	책임
Return On Investment (ROI)	투자수익률
reusability	재사용성
reverse engineering	역공학
risk	위험요인
safety	안전성
scalability	규모확장성
scenario collation	시나리오 정돈
security	보안성
sensitivity point	민감점
sequence diagram	순차도
side effect	부작용
solution	해결책
stakeholder	이해관계자
step	단계
stimulus	자극
strategy	전략
structure	구조
structure decision	구조결정
subsequent	차후
subsystem	서브시스템
substep	하위단계

syntax	구문론
synthesis	합성
system	시스템
task	작업
testability	시험용이성
texture	결
time-to-market	시장적시성
top-down	하향식
top-down bottom-up	상하향식
tradeoff	상충관계
tradeoff point	상충점
understandability	이해용이성
usability	사용용이성
use case view (= usage view)	쓰임새뷰
use case scenario	사용 시나리오
utility	효용
viewpoint	관점

찾아보기

[ㄴ]

[ㄷ]

[ㄹ]

[ㅁ]

[ㅂ]

[ㅅ]

[ㅇ]